棋王

象棋棋王经典100局丛书

黄少龙 梁文斌 主编

杨官璘经典100局

黄少龙 著

经济管理出版社·棋书中心

图书在版编目（CIP）数据

棋王杨官璘经典 100 局/黄少龙著. —北京：经济管理出版社，2015.8
ISBN 978-7-5096-3827-9

Ⅰ.①棋…　Ⅱ.①黄…　Ⅲ.①中国象棋—对局（棋类运动）　Ⅳ.①G891.2

中国版本图书馆 CIP 数据核字（2015）第 144476 号

组稿编辑：郝光明　郭丽娟　王　琼

责任编辑：郝光明　史岩龙

责任印制：黄章平

责任校对：超　凡

出版发行：经济管理出版社
　　　　（北京市海淀区北蜂窝 8 号中雅大厦 A 座 11 层　100038）

网　　址：www.E-mp.com.cn

电　　话：（010）51915602

印　　刷：保定金石印刷有限公司

经　　销：新华书店

开　　本：720mm×1000mm/16

印　　张：12.25

字　　数：226 千字

版　　次：2015 年 8 月第 1 版　2015 年 8 月第 1 次印刷

印　　数：1—5000 册

书　　号：ISBN 978-7-5096-3827-9

定　　价：88.00 元

·版权所有　翻印必究·

凡购本社图书，如有印装错误，由本社读者服务部负责调换。

联系地址：北京阜外月坛北小街 2 号

电话：（010）68022974　邮编：100836

总 序

自从1956年举办首届全国象棋赛以来，我国棋坛陆续产生了一批全国冠军，俗称"棋王"，象棋发展也进入了历史上的繁荣昌盛时期。棋手们特别重视全国个人赛，争取夺魁，它标志着当年棋艺最高水平，并获得较高的棋手等级分，也取得参加亚洲赛、世界赛的参赛资格。

本丛书荟萃棋王的经典名局，使读者了解到我国象棋发展的最新成就，同时也可使读者的棋力得到明显提高。

棋王们的棋艺底蕴、个人风格、练棋过程均不同，但最后都能达到顶尖状态。他们的共同点是对象棋无比热爱，在实战中不断总结经验教训，并善于从旁人与古人对局中汲取营养，理论与实战相结合，不断创新、不断提高。棋王们的对局百花齐放，不仅有大刀阔斧的对杀，悬崖搏斗的惊险；也有绵里藏针的暗斗，细腻蚕食的功夫；还有灵活机动的战术，丝丝入扣的妙手；令人大开眼界、回味无穷。

丛书还简述每个棋王的生平及其对象棋运动发展的贡献，使读者了解棋王的象棋人生及其个性特点，从中受到启发。为了体现棋王的精彩棋艺，每本书原则上多选胜局，上佳和局不超过10局，可按实战的时间顺序选局，亦可按布局分类选局，力求反映各个棋王的风格。

我们相信，本丛书的出版，必将受到各种水平的象棋爱好者的欢迎。

黄少龙
2015年元旦于天津

序　言

　　杨官璘是象棋界无人不晓的名字，不仅因为他获得全国第一届象棋冠军，而且他对象棋艺术的贡献巨大，超过古人。

　　杨官璘原籍广东省东莞凤岗人，1925年生，2008年病逝。他6岁习棋，在棋摊观战，自学成才。他家境不好，只读了5年书，从14岁起就当搬运工、小裁缝等，帮助父母维持生计。但业余时间仍然迷于象棋，锲而不舍。当时能接触到的就是古谱残局，他下苦功不厌其烦地解拆各种实用残局和江湖排局，然后再研究古谱全局及让子局等，年仅10岁已成为乡里小棋王，但一直没机会接触真正的高手。

　　1948年，杨官璘初上大城市广州，在中山路同志茶座棋坛攻卢辉的擂台。他虽然不懂开局套路而走出双边马，而中残局棋路严谨多变、细腻的风格困逼卢辉成和，轰动广州棋坛。

　　1949年9月，香港南华体育会举办穗港澳三角埠际赛，杨官璘赶到香港观战，从此决定留在香港棋坛，在茶楼、咖啡室下棋。当时香港成立第一届中国象棋研究会，并于1950年4月举办个人赛，结果杨官璘获得冠军。

　　1951年，杨官璘回到广州，当年与陈松顺一起赴上海参加首届华东华南名手对抗赛，结果华南队胜，个人成绩以杨官璘为最好。1951~1955年，杨官璘多次去上海以及武汉、北京以棋会友。面对全国各地精英，均所向披靡，被誉为弈林第一高手。

　　杨官璘在首届全国象棋赛夺魁后，又在1957年、1959年、1962年三次获全国冠军。1977年、1980年、1981年、1982年、1987年五次代表广东队获全国象棋团体冠军。1987年夺得健力杯国际名手个人赛冠军，1999

年获元老杯全国个人赛冠军。1960～1982年间作为广东队主将兼教练，1982年被国家体委授予"象棋特级大师"称号。他棋艺精深，开、中、残局技术全面，走子稳健，但常有出人意料的攻杀妙手，尤其残棋功夫深厚，能在微优中出奇制胜。

  杨官璘曾任广东省政协委员，全国象棋协会副主席和象棋月刊主编，1999年被国家体育总局授予"新中国棋坛十大杰出人物"称号。

  本书选录杨官璘100局胜局，都是在全国赛或重大对抗赛中的精彩记录，有开局的新颖变例、中局的惊险搏杀、残局的细腻斗智，读者可以从中体会到杨官璘对棋局的深刻理解、对局势发展的把握和超群的想象力，从中受到启发，提高自己的棋艺水平。

黄少龙

2014年12月31日

目 录

一、中炮过河车对屏风马平炮兑车 1

第 1 局　朱剑秋　负　杨官璘 1
第 2 局　杨官璘　胜　李义庭 3
第 3 局　王嘉良　负　杨官璘 5
第 4 局　杨官璘　胜　朱永康 7
第 5 局　徐乃基　负　杨官璘 10
第 6 局　左永祥　负　杨官璘 12
第 7 局　王嘉良　负　杨官璘 13
第 8 局　刘世镇　负　杨官璘 15
第 9 局　陈孝堃　负　杨官璘 17
第 10 局　杨官璘　胜　李来群 19

二、中炮过河车对屏风马左马盘河 22

第 11 局　薛占金　负　杨官璘 22
第 12 局　李义庭　负　杨官璘 24
第 13 局　杨官璘　胜　何顺安 26
第 14 局　金启昌　负　杨官璘 27
第 15 局　孟立国　负　杨官璘 29
第 16 局　季本涵　负　杨官璘 30
第 17 局　杨官璘　胜　赵明 32
第 18 局　陈新全　负　杨官璘 33
第 19 局　李义庭　负　杨官璘 35
第 20 局　刘殿中　负　杨官璘 37
第 21 局　杨官璘　胜　郭福人 39
第 22 局　赵国荣　负　杨官璘 40

第23局　戴荣光　负　杨官璘 …………………………… 42
第24局　蔡忠诚　负　杨官璘 …………………………… 44
第25局　王嘉良　负　杨官璘 …………………………… 46
第26局　胡远茂　负　杨官璘 …………………………… 47
第27局　傅光明　负　杨官璘 …………………………… 49

三、中炮对屏风马双炮过河 …………………………… 51

第28局　杨官璘　胜　何顺安 …………………………… 51
第29局　杨官璘　胜　刘忆慈 …………………………… 53
第30局　李义庭　负　杨官璘 …………………………… 55
第31局　刘剑青　负　杨官璘 …………………………… 57
第32局　杨官璘　胜　方孝臻 …………………………… 59
第33局　刘殿中　负　杨官璘 …………………………… 61
第34局　杨官璘　胜　王国栋 …………………………… 63

四、中炮对屏风马3卒 …………………………… 65

第35局　杨官璘　胜　侯玉山 …………………………… 65
第36局　王嘉良　负　杨官璘 …………………………… 68
第37局　任德纯　负　杨官璘 …………………………… 69
第38局　杨官璘　胜　胡荣华 …………………………… 71

五、中炮对屏风马7卒其他 …………………………… 75

第39局　杨官璘　胜　李义庭 …………………………… 75
第40局　李义庭　负　杨官璘 …………………………… 76
第41局　杨官璘　胜　王嘉良 …………………………… 78
第42局　杨官璘　胜　侯玉山 …………………………… 80
第43局　朱剑秋　负　杨官璘 …………………………… 81
第44局　杨官璘　胜　何顺安 …………………………… 83
第45局　任德纯　负　杨官璘 …………………………… 85
第46局　孟立国　负　杨官璘 …………………………… 86
第47局　杨官璘　胜　朱剑秋 …………………………… 88
第48局　杨官璘　胜　刘殿中 …………………………… 89
第49局　李来群　负　杨官璘 …………………………… 90

六、中炮挺中兵对屏风马 ……………………………………………… 93

  第 50 局　刘剑青　负　杨官璘 ……………………………………… 93
  第 51 局　杨官璘　胜　刘殿中 ……………………………………… 95
  第 52 局　陈孝堃　负　杨官璘 ……………………………………… 97
  第 53 局　李忠雨　负　杨官璘 ……………………………………… 98
  第 54 局　杨官璘　胜　柳大华 ……………………………………… 100
  第 55 局　杨官璘　胜　刘殿中 ……………………………………… 101

七、顺　炮 …………………………………………………………… 103

  第 56 局　朱剑秋　负　杨官璘 ……………………………………… 103
  第 57 局　李义庭　负　杨官璘 ……………………………………… 104
  第 58 局　晏宗晋　负　杨官璘 ……………………………………… 107
  第 59 局　杨官璘　胜　胡荣华 ……………………………………… 108
  第 60 局　杨官璘　胜　朱剑秋 ……………………………………… 109
  第 61 局　杨官璘　胜　李义庭 ……………………………………… 111
  第 62 局　杨官璘　胜　郭长顺 ……………………………………… 113
  第 63 局　杨官璘　胜　曹霖 ………………………………………… 116
  第 64 局　杨官璘　胜　孟立国 ……………………………………… 118
  第 65 局　杨官璘　胜　胡荣华 ……………………………………… 120
  第 66 局　杨官璘　胜　陈孝堃 ……………………………………… 122
  第 67 局　杨官璘　胜　言穆江 ……………………………………… 124
  第 68 局　杨官璘　胜　孟立国 ……………………………………… 127

八、列　炮 …………………………………………………………… 129

  第 69 局　杨官璘　胜　张增华 ……………………………………… 129
  第 70 局　杨官璘　胜　赵庆阁 ……………………………………… 130
  第 71 局　杨官璘　胜　孟立国 ……………………………………… 131
  第 72 局　杨官璘　胜　傅光明 ……………………………………… 134

九、中炮横车对屏风马 …………………………………………………… 136

  第 73 局　杨官璘　胜　李义庭 ……………………………………… 136
  第 74 局　杨官璘　胜　李义庭 ……………………………………… 137
  第 75 局　臧如意　负　杨官璘 ……………………………………… 138

第 76 局　杨官璘 胜 沈芝松 …………………………… 140
第 77 局　臧如意 负 杨官璘 …………………………… 142
第 78 局　杨官璘 胜 陈新全 …………………………… 144
第 79 局　杨官璘 胜 王贵福 …………………………… 145
第 80 局　杨官璘 胜 赵国荣 …………………………… 146

十、中炮对三步虎 ……………………………………… 149

第 81 局　杨官璘 胜 侯玉山 …………………………… 149
第 82 局　王嘉良 负 杨官璘 …………………………… 150
第 83 局　杨官璘 胜 朱永康 …………………………… 151
第 84 局　杨官璘 胜 赵汝权 …………………………… 153
第 85 局　杨官璘 胜 戴荣光 …………………………… 155
第 86 局　杨官璘 胜 梁文斌 …………………………… 156

十一、中炮对其他 ……………………………………… 159

第 87 局　杨官璘 胜 胡荣华 …………………………… 159
第 88 局　杨官璘 胜 王嘉良 …………………………… 161
第 89 局　杨官璘 胜 胡荣华 …………………………… 162
第 90 局　杨官璘 胜 任德纯 …………………………… 164
第 91 局　杨官璘 胜 王嘉良 …………………………… 166
第 92 局　杨官璘 胜 王嘉良 …………………………… 169
第 93 局　蒋全胜 负 杨官璘 …………………………… 170

十二、非中炮开局 ……………………………………… 172

第 94 局　杨官璘 胜 沈志奕 …………………………… 172
第 95 局　胡荣华 负 杨官璘 …………………………… 174
第 96 局　杨官璘 胜 施觉民 …………………………… 175
第 97 局　胡荣华 负 杨官璘 …………………………… 178
第 98 局　蒋志梁 负 杨官璘 …………………………… 180
第 99 局　王嘉良 负 杨官璘 …………………………… 182
第 100 局　王嘉良 负 杨官璘 ………………………… 184

一、中炮过河车对屏风马平炮兑车

第 1 局　朱剑秋 负 杨官璘

1960 年 10 月 27 日弈于北京

这是全国赛对局，朱剑秋掌握先手，下得紧凑，直至残局才分胜负。

1. 炮二平五　马 8 进 7　　2. 马二进三　车 9 平 8
3. 车一平二　马 2 进 3　　4. 兵七进一　卒 7 进 1
5. 马八进七　象 3 进 5　　6. 车二进六　炮 8 平 9

杨官璘没跳自己擅长的左马盘河，而改为平炮兑车，可能估计对方已有准备，故另辟蹊径。

7. 车二平三　车 8 进 2　　8. 马七进六　炮 2 进 4
9. 马六进四　……

如兵三进一，炮 2 退 1，打串，红失先。

9. ……　　车 1 进 1　　10. 兵五进一　炮 2 退 5
11. 兵五进一　炮 2 平 7　　12. 车三平四　马 7 进 6
13. 兵五平四　……

黑马兑掉红跳出多走的马，是合算的。

13. ……　　车 8 进 4　　14. 车四平三　炮 9 平 8
15. 车九平八　炮 8 进 3

黑如此曲折运炮少见，准备摆中路。

16. 炮八进六　炮 7 平 4　　17. 车八进三　炮 8 平 7
18. 马三退一　车 8 平 9　　19. 车三平二　士 4 进 5
20. 炮五平一　炮 7 平 4　　21. 马一退三　车 9 进 1

图 1，兑子后红有过河兵。黑虽得相，但右马呆滞易受攻。

22. 车二退四　车 9 退 2　　23. 车二平六　炮 4 平 9
24. 相七进五　卒 3 进 1　　25. 兵七进一　象 5 进 3

26. 兵四平三　车9平5
27. 仕六进五　象3退5
28. 车六平七　车1进1
29. 马三进四　车5退1
30. 前兵进一　马3进2
31. 马四进三　车5平7

伏马2进4咬车相。

32. 车七进二　车1退1
33. 炮八进一　车1退1
34. 炮八退三　车1平2
35. 炮八平七　炮4平2
36. 车八平六　炮2平1
37. 前兵平四　马2进1

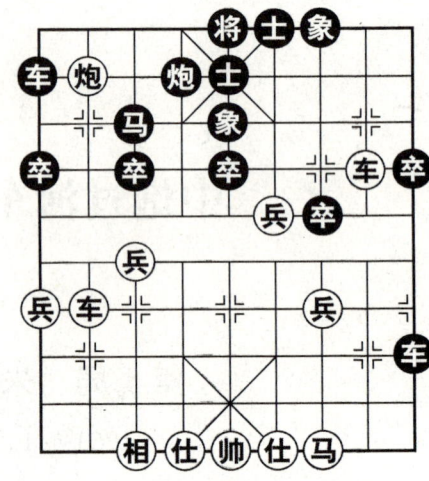

图1

通过互缠，黑方局势有所改善，足见杨官璘的中局功夫。

38. 车七平五　马1进3　　39. 兵四平五　车2进9
40. 仕五退六　车2退4　　41. 车五平八　马3退2
42. 炮七退二　马2进1　　43. 兵五进一　象7进5
44. 炮七平五　马1进3　　45. 车六退二　马3退2

黑车压制红马，黑马则有骚扰作用。

46. 仕六进五　马2退3
47. 炮五退一　炮1平4
48. 车六平八　将5平4
49. 车八进八　将4进1
50. 相五进七　炮4平3
51. 炮五平七　炮3进3
52. 炮七进二　炮3平5
53. 仕五进六　象5进3

图2，进入残局，红缺相怕黑炮攻。黑又多卒，已呈优势。

54. 车八退三　卒9进1
55. 车八平九　卒9进1

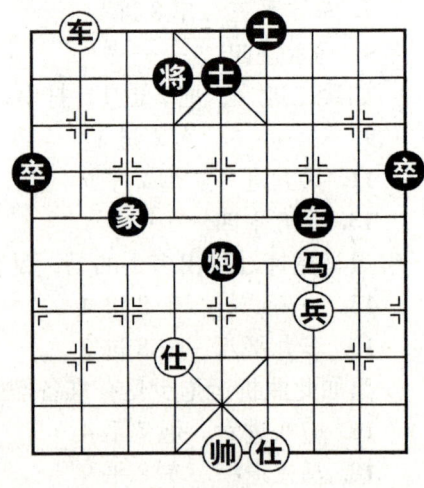

图2

56. 车九平六　士5进4　　57. 车六平五　炮5平6
58. 车五退二　炮6退3　　59. 车五进一　车7退1
60. 车五平七　车7平5　　61. 帅五平六　炮6平5

一、中炮过河车对屏风马平炮兑车

| 62. 车七进三 | 将4退1 | 63. 车七进一 | 将4进1 |
| 64. 车七平四 | …… | | |

破士,增加了对攻机会。

| 64. …… | 士4退5 | 65. 车四退三 | 车5进4 |
| 66. 马三进二 | …… | | |

如仕四进五,车5进1,车四平六,炮5平4,马三进二,车5退1,红难走。

66. ……	车5平4	67. 帅六平五	车4进2
68. 帅五进一	车4退1	69. 帅五退一	车4进1
70. 帅五进一	车4退4	71. 车四平八	车4平5
72. 帅五平四	士5进4	73. 兵三进一	炮5退2

伏车5平6,帅四平五,士4退5叫杀。

| 74. 车八平四 | 士4退5 | 75. 车四平六 | 士5进4 |
| 76. 车六平四 | …… | | |

如马二退一,炮5平6,马一进三,车5平7,马三进五,将4平5,帅四平五,车7平5,帅五平四,炮6进3,亦黑胜定。

76. ……	卒9平8	77. 兵三进一	卒8进1
78. 马二进四	炮5进2	79. 马四退二	卒8进1
80. 仕四进五	卒8平7	81. 仕五进六	车5进2
82. 马二退三	卒7进1	83. 帅四退一	车5平4
84. 帅四平五	炮5退2	85. 车四进三	士4退3
86. 车四平五	卒7平6		

伏车4进2杀,红认输。

第2局　杨官璘 胜 李义庭

1962年11月21日弈于合肥

这是全国赛对局,李义庭因输掉此局而与冠军无缘。

1. 炮二平五	马8进7	2. 马二进三	卒7进1
3. 车一平二	车9平8	4. 车二进六	马2进3
5. 兵七进一	炮8平9	6. 车二平三	炮9退1
7. 马八进七	士4进5	8. 车九进一	炮9平7
9. 车三平四	象3进5	10. 车九平六	……

红中炮过河车对黑屏风马平炮兑车阵式,红再起横车左肋,控制黑右车

出路。

| 10. …… | 马7进8 | 11. 车四进二 | 炮7进1 |
| 12. 车六进七 | 卒7进1 | 13. 兵五进一 | …… |

图3，杨官璘很少采用这样凶猛的对攻下法，双车成两鬼拍门之势，不顾右马受攻而挺中兵对攻，就是为了争夺冠军而拼搏。

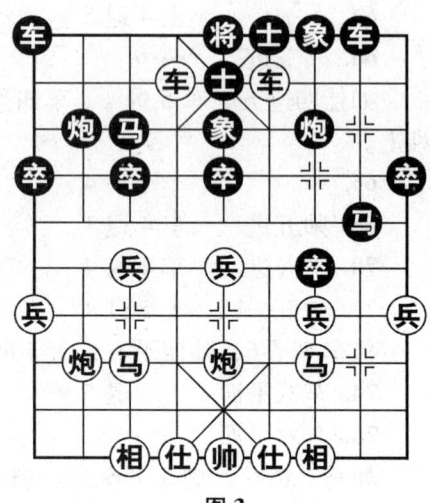

图3

13. ……	卒7进1
14. 马三退五	车8进3
15. 车四退三	马8进9
16. 相三进一	车8进1
17. 兵五进一	卒5进1
18. 车四进三	……

红不愿兑车，表明杨官璘勇于拼搏的决心。至此黑可车1平4邀兑车，削弱红方对攻力量。

| 18. …… | 卒5进1 | 19. 炮八进二 | …… |

黑冲中卒轻率，被红升炮打死。

| 19. …… | 车8退1 | 20. 炮八平五 | 马9退8 |
| 21. 车六退三 | 车8平6 | 22. 车四平三 | …… |

黑邀兑车又一步错着，造成丢子。

22. ……	马8进6	23. 车三退一	卒3进1
24. 车六进三	卒7平6	25. 后炮平三	马3进5
26. 炮三进七	象5退7	27. 车三进二	……

不吃炮而吃象，保持攻杀态势，是重要的决策。守住卧槽位置，防马6进8则马五进六对攻。

27. ……	车6退2	28. 马五进四	卒3进1
29. 马四进二	卒3平4	30. 马七进六	车1平4
31. 马六进五	车4进1		

如马6退5，车六平八，黑双车均受牵制。现在黑又失一马。

32. 马五进六	炮2平5	33. 仕六进五	马6进8
34. 车三退六	车6进4	35. 车三平二	车6平9
36. 马二进三	炮5平4		

图4，经过一番厮杀兑子，局势平静下来，但红已多一子，呈现优势。

一、中炮过河车对屏风马平炮兑车

37. 车二平七　……

伏车七进六，士5退4，马六退四，将5进1，车七退一杀。

37. ……　　　将5平4
38. 马六退八　将4平5
39. 车七进六　士5退4
40. 马八退七　车4平4
41. 马七进六　车4退3
42. 车七退三　卒1进1
43. 马三退五　车4平1
44. 车七平一　士4进5
45. 车一平七　士5退4
46. 相七进五　士6进5
47. 马五退七　将5平6

如卒1进1，马七进八，车1平2，兵九进一，红胜定。

48. 车七平三　将6平5　　49. 车三退一　卒1进1
50. 马七进八　车1平2　　51. 马八退九　车2进4
52. 马九进七　车2平1　　53. 车三进四　士5退6
54. 马七进六　……

黑费尽心机吃掉兵，仍陷败势。

54. ……　　　将5平1　　55. 车三退一　将5平1
56. 马六进八　士4进5　　57. 马八退七　将5平6
58. 马七退五　将6平5　　59. 车三退二

伏车三平五，将5平4，车五进二杀，黑认输。

第3局　王嘉良 负 杨官璘

1963年5月9日弈于广州

这是东北联队与广东队的对局。

1. 炮二平五　马8进7　　2. 马二进三　车9平8
3. 车一平二　马2进3　　4. 兵七进一　卒7进1
5. 车二进六　炮8平9　　6. 车二平三　炮9退1
7. 兵五进一　士4进5　　8. 兵五进一　……

王嘉良直冲中兵过河，表现了勇猛向前的北派棋手风格。

8. ……　　　炮9平7
9. 车三平四　象3进5
10. 兵五平六　……

图5，等待车1平4，则马三进五保兵，续有炮八平六打车的手段。

10. ……　　　马7进8
11. 马八进七　车8进2

准备卒7进1，车四平三，马8退7，车三平四，卒7进1，对攻。

12. 车四平一　卒7进1
13. 马三进五　卒7进1
14. 相三进一　卒7平6
15. 马五进四　车1平4
16. 兵六进一　炮2进2

伏炮2进2叫将，有重大反击力。

17. 炮五平六　车4平3　　18. 兵六平七　炮2平5

弃马摆空头炮，争先佳着，也是杨官璘少见的凶狠着法。

19. 前兵进一　马8进6　　20. 车一平五　炮7进3
21. 马七进六　车8进6

伏炮7进5杀。

22. 相一进三　车3平2　　23. 马六进七　……

如炮八进五，卒6进1，伏卒6平5，仕六进五，卒5进1，帅五平六，卒5平4，帅六平五，车8平5杀，红难应付。

23. ……　　　车2进7　　24. 马七退五　车2平4
25. 马五退四　车4退3　　26. 仕六进五　……

如车五平四，马6进4，后马退六，马4进6，马六退四，车4平5，仕六进五，车8平6，黑得子大优。

26. ……　　　车4平6

黑得子优，红只有靠过河兵拼搏一下。

27. 车九平八　炮7退3　　28. 车五平六　士5退4
29. 前兵平六　车6平4　　30. 车六退一　马6退4
31. 马四进五　士6进5　　32. 车八进五　马4进5
33. 车八退二　马5退6　　34. 车八退二　车8平6
35. 车八退二　炮7进3　　36. 马五进七　士5进4

37. 马七进八　士4进5
38. 马八退九　车6退3
39. 相七进五　……

图6，黑多一炮，红多三兵，但红兵没有威胁力，无法抵御黑方攻势。

39. ……　　　马6进4
40. 车八平六　炮7平4
41. 车六平五　马4进6
42. 仕五进四　炮4平8
43. 仕四进五　炮8进2
44. 车五进三　车6平7
45. 车五平二　炮8平1
46. 车二平四　车7进1
47. 车四退二　车7平9

红见大势已去，认输。

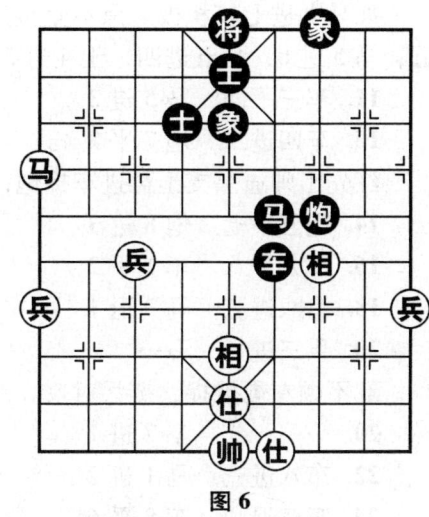

图6

48. 相五退三　马6进8

第4局　杨官璘　胜　朱永康

1963年12月25日弈于广州

这是上海队访问广州队时的对局。

1. 炮二平五　马8进7
2. 马二进三　马2进3
3. 车一平二　车9平8
4. 兵七进一　卒7进1
5. 车二进六　炮8平9
6. 车二平三　炮9退1
7. 马八进九　车8进5
8. 兵五进一　……

红不平七炮而先跳边马，为以后左炮过河埋下伏笔，是正确的次序。

8. ……　　　马3退5
9. 炮八进四　炮2平5

图7，黑退窝心马后补中炮，是强有力的反击手段。

10. 仕四进五　炮9平7

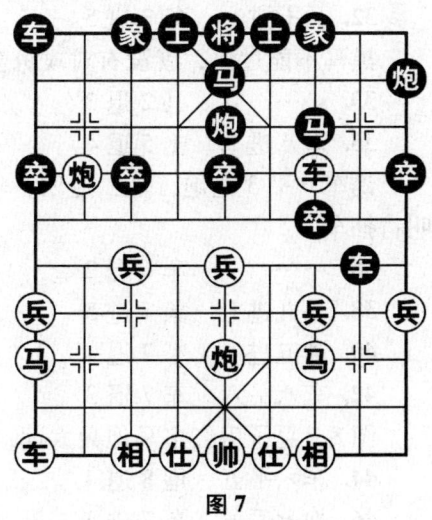

图7

如马九进七较积极。黑不宜接走炮9平7，车三平四，炮5进3，马七进五，马5进6，马五进四，士4进5，马四进三，红得子。

11. 车三平四　马5进3　　　　12. 帅五平四　士4进5
13. 车四进二　炮7平8

红先出帅逼黑支士再进车捉炮，否则黑有车1进1邀兑车的棋。

14. 炮五平七　炮8进3　　　　15. 相三进五　车8进2
16. 车九平八　车1平2　　　　17. 车四退二　马7进6
18. 车八进三　马3退1　　　　19. 兵五进一　卒5进1
20. 兵三进一　……

红不顾左炮被捉，挺兵对攻。

20. ……　　　卒7进1　　　　21. 车四退一　车2进3
22. 车八进三　马1进2　　　　23. 车四平三　车8退1
24. 车三退一　车8平6　　　　25. 帅四平五　炮8进3
26. 炮七进四　炮8平5

黑弃炮破相，决心对攻。

27. 相七进五　炮5进5　　　　28. 仕五进四　……

正着。如随手仕五退四，炮5退2，帅五进一，马2进3，马九进七，车6平4（马3进5，马七进五，车6进2叫将抽车，黑优），帅五平四，马3进1，红难走。

28. ……　　　车6进1　　　　29. 马三进二　炮5退2
30. 车三退二　车6退2　　　　31. 马二进三　车6退2
32. 兵七进一　象3进5　　　　33. 车三平八　……

黑马不能过河，就没有对攻机会。

33. ……　　　马2退3　　　　34. 马三进二　象5进3
35. 车八进七　士5退4　　　　36. 车八退一　……

诱车6平3吃炮，马二退四，将5进1，车八平七，车3退2，马四退六叫将抽车。

36. ……　　　车6退2　　　　37. 马二退一　车6平7
38. 马九进七　象7进5　　　　39. 马一退二　车7进8
40. 帅五进一　车7退1　　　　41. 帅五退一　马3进4
42. 车八平六　车7退3　　　　43. 车六退二　炮5平8

图8，兑子后红多马但兵太远，而单仕防守力差，取胜还有一定难度。

44. 车六平五　炮8退4　　　　45. 车五退一　炮8平5
46. 炮七平五　车7进4　　　　47. 帅五进一　车7退3

一、中炮过河车对屏风马平炮兑车

48. 马七进九	车7平1
49. 马九进七	炮5进2
50. 车五进一	士4进5
51. 车五进一	车1平9
52. 车五平九	车9平5
53. 帅五平六	士5进6
54. 车九退一	……

如车九进二，将5进1，车九平四，车5退2，红逃马则车5平4杀。

54. ……	车5退2
55. 马七进六	将5平4
56. 车九平六	士6进5
57. 马六退八	将4平5
58. 仕六进五	将5平6
59. 仕五进六	车5进1
60. 车六平三	车5退1
61. 马八进七	车5平3
62. 马七退六	车3平5
63. 车三进三	将6进1
64. 车三退一	将6退1
65. 车三退二	将6进1
66. 马六进八	车5平4
67. 车三平四	将6退1
68. 马八退六	将6平5
69. 车四平三	将5平6
70. 帅六平五	……

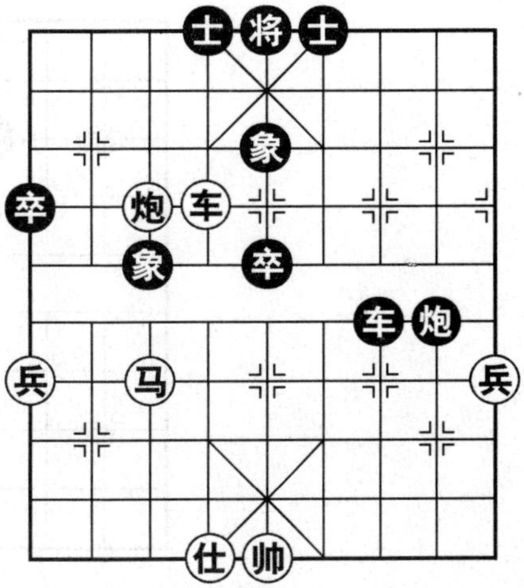

图8

诱车4进3吃仕，马六退五，车4平8，马五进三，车8退7，车三平八，车8进8，帅五退一，车8平4，车八平二，车4平7，车二进三，将6进1，马三进五杀。

70. ……	将6进1
71. 帅五平四	车4进1
72. 仕六退五	车4平6
73. 仕五进四	士5进4
74. 车三退一	车6退2
75. 马六退五	车6平8
76. 车三进三	将6退1
77. 车三进一	将6进1
78. 马五进三	士6退5
79. 帅四平五	车8进5
80. 帅五退一	车8进1
81. 帅五进一	车8退6
82. 车三退一	将6退1
83. 车三进一	将6进1
84. 帅五进一	……

图9，帅有仕掩护，黑车不能叫将。黑车为了抵御马三进二或进五的攻杀，又不能离位，于是只能走士而败。

| 84. …… | 士5进6 |
| 85. 车三退一 | 将6退1 |

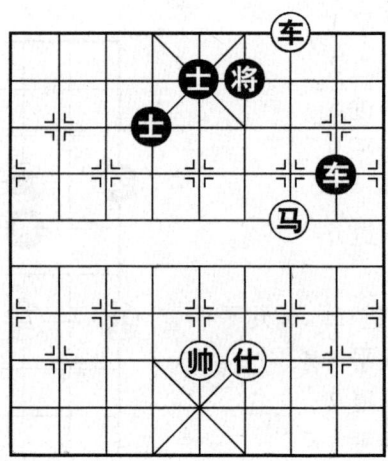

图9

86. 车三进一　将6进1　　87. 车三退二　士6退5
88. 马三进二

伏车三进一，将6进1，车三平四杀。黑认输。

第5局　徐乃基 负 杨官璘

1974年7月6日弈于成都

这是全国赛的精彩对局，杨官璘弈出妙弃双车的着法。

1. 炮二平五　马8进7
2. 马二进三　车9平8
3. 车一平二　卒7进1
4. 车二进六　……

急进过河车是必然的，否则怕炮8进4对攻。

4. ……　　　马2进3
5. 兵七进一　炮8平9
6. 车二平三　炮9退1
7. 马八进七　士4进5
8. 炮八平九　车1平2
9. 车九平八　炮9平7
10. 车三平四　马7进8

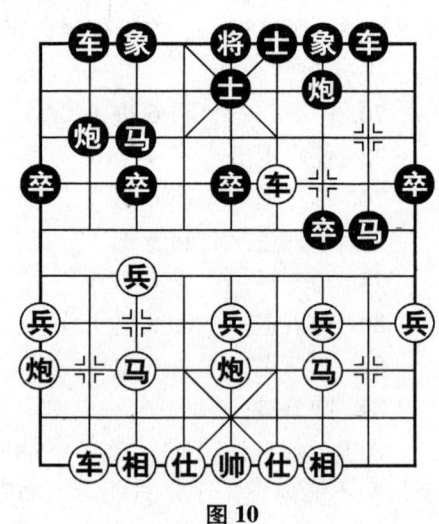

图10

图 10，黑跳肋马，伏冲 7 卒露马咬马，配合左炮在 7 线反击。

11. 炮五进四　马 3 进 5　　**12.** 车四平五　……

此时曾出现过黑弃卒抢攻的下法，即卒 7 进 1，兵三进一，马 8 进 6，马三进四，炮 7 进 8，仕四进五。经过棋手反复研究，认为演变结果红优。

12. ……　　　炮 7 进 5　　**13.** 相三进五　……

以后右马显得呆板，改马三退五较灵活。

13. ……　　　炮 2 进 6　　**14.** 马七进六　车 2 进 7
15. 车五平七　象 3 进 1

伸车拦炮佳着，使红右马失根。

16. 马六进四　车 8 进 2　　**17.** 马四进六　车 8 平 4
18. 炮九进四　卒 7 进 1　　**19.** 炮九退二　马 8 进 6
20. 兵七进一　……

图 11，红渡兵败着，一心只想平肋炮打车，却不料黑马吃马后有杀着。故应平炮兑马，但也属下风了。

20. ……　　　马 6 进 7
21. 炮九平六　炮 2 平 9

棋高一着妙极！同时弃双车。此时红如接走炮六进三，炮 9 进 1，仕四进五，马 7 进 8，仕五退四（相五退三，马 8 退 9，仕五退四，马 9 进 7，帅五进一，炮 9 退 1 杀），马 8 退 6，帅五进一，炮 7 进 2，帅五平四，炮 9 退 1，帅四进一，卒 7 进 1，黑胜定。

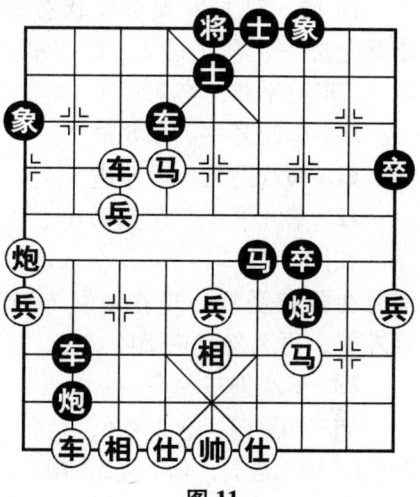

图 11

22. 车八进二　炮 9 进 1　　**23.** 仕四进五　马 7 进 9
24. 马六进四　……

如帅五平四，马 9 进 7，帅四进一，马 7 退 8，帅四进一，炮 9 退 2 杀。

24. ……　　　车 4 平 6　　**25.** 炮六平五　士 5 退 4
26. 车七平五　士 6 进 5　　**27.** 车五平二　将 5 平 6
28. 仕五进四　马 9 进 7　　**29.** 车二退六　车 6 平 8

红认输。车二平一，马 7 退 6，帅五平四，炮 7 平 6 杀。

第6局　左永祥 负 杨官璘

1975 年 6 月 30 日弈于北京

这是全国赛对局。

1. 炮二平五	马8进7	2. 马二进三	车9平8
3. 车一平二	马2进3	4. 兵七进一	卒7进1
5. 车二进六	炮8平9	6. 车二平三	炮9退1
7. 兵五进一	士4进5		
8. 炮八平七	炮9平7		
9. 车三平四	马7进8		

图 12，双方进入对攻状态。红如接走兵七进一，卒 7 进 1，车四平三，马 8 退 7，车三平四，卒 7 进 1，红失先。

10. 车四退三　车8进2
11. 马八进九　马8进7
12. 车九平八　车8平6

如按习惯车 1 平 2，车八进六，黑右马存在弱点受攻。现在邀兑车把右炮调到左翼，再飞象就巩固阵式了。

13. 车八进三　……

如车四进四，炮 2 平 6，兵七进一，卒 3 进 1，炮七进五，马 7 进 5，相三进五，炮 7 进 6，车八进六，红略先，局面平淡。

13. ……　　　车6进4
14. 车八平四　象3进5
15. 兵七进一　象5进3
16. 车四平八　车1平2
17. 马九进七　炮2平1

图 13，黑虽多两卒，但子力位置欠佳，所以杨官璘决定兑车，发挥自己的残局优势。对一般棋手来说，认为无车棋比较容易成和，但杨官璘却能取胜，是见其残局功夫深厚。

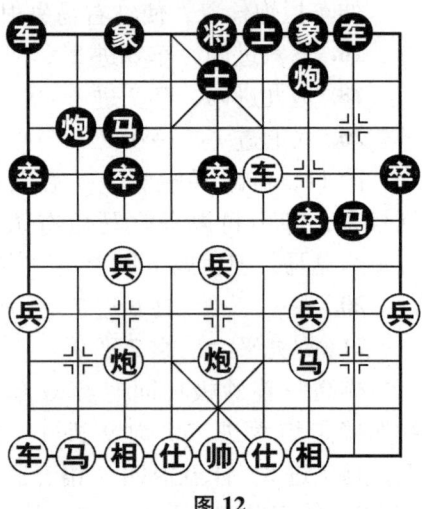

图 12

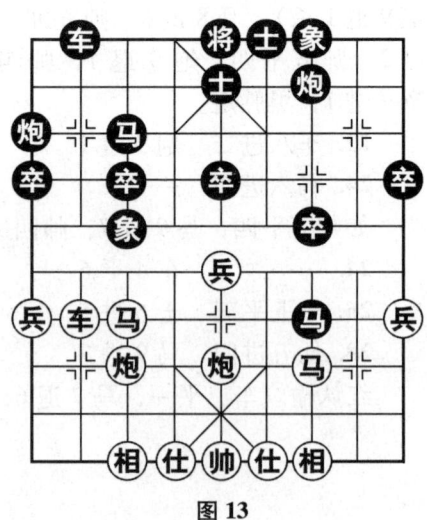

图 13

一、中炮过河车对屏风马平炮兑车

18. 车八进六　马3退2
20. 马七进六　……
防止炮1平3打串。
20. ……　　　马7退5
22. 仕四进五　炮1进4
24. 炮七平二　马2进4
26. 炮八退三　马4进5
红子力无攻势，黑多3个卒占优。
28. 马五进四　炮7退4
30. 帅五平四　马5进6
32. 帅四进一　炮5平6
伏重炮杀，红认输。

19. 炮五进四　象3退5
21. 马三进五　炮7进8
23. 兵一进一　卒3进1
25. 炮五平八　马5进3
27. 马六退七　炮1平3
29. 炮八进三　炮7平5
31. 炮二进七　马6进7

第7局　王嘉良 负 杨官璘

1977年9月19日弈于太原

这是全国赛对局。
1. 炮二平五　马8进7
3. 车一平二　卒7进1
5. 马八进七　卒3进1

2. 马二进三　车9平8
4. 车二进六　马2进3
6. 兵五进一　……

王嘉良是攻杀型棋手，喜欢挺中兵猛攻。
6. ……　　　士4进5
7. 炮八进四　象3进5
红左炮过河，防黑炮2进1逐车。
8. 马七进五　车1平4
9. 兵三进一　卒7进1
10. 马五进三　车4进3
11. 炮八退四　炮8平9
12. 车二平三　车8进2
图14，红中路及右翼均有攻势，但左车晚出是不足之处。
13. 仕四进五　炮9退1
14. 炮八平六　马3进2
15. 兵五进一　炮9平7

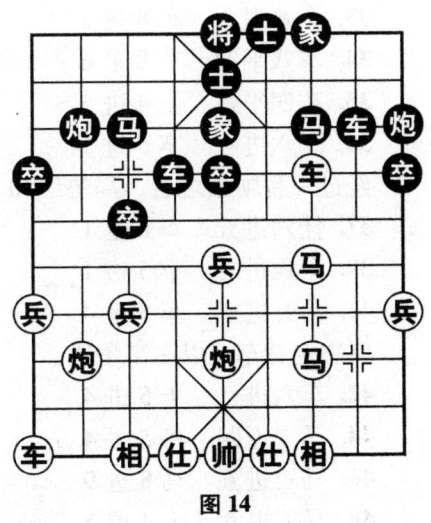

图14

16. 车三平二　车8进1　　17. 前马进二　炮2退1
18. 车九平八　……

亮出左车,黑炮不敢吃,因马二进三卧槽叫将杀。

18. ……　　　马2进3　　19. 兵五平四　车4进3
20. 马三进四　车4退1　　21. 马四退三　车4进1
22. 马三进四　车4平7　　23. 炮六进六　……

红进炮邀兑,破除黑担子炮,发起攻势。

23. ……　　　炮7平4　　24. 车八进八　车7进3
25. 仕五退四　马3进5　　26. 车八平六　……

如相七进五,车7退6,车八平六,车7平8,兑子平稳,现吃炮求攻,双方都出现惊险局面。

26. ……　　　马5进7　　27. 帅五进一　前马退6
28. 帅五平六　马7退8

图15,呈现对攻状态,是王嘉良所希望的。

29. 车六平八　象5退3
30. 兵四进一　车7退7
31. 兵四进一　车7平8

如士5进6,马二进三叫将,黑只能舍车砍马。

32. 车八进一　士5退4
33. 车八退六　车8进1
34. 车八平四　车8平6
35. 车四平六　士4进5
36. 车六进一　卒5进1

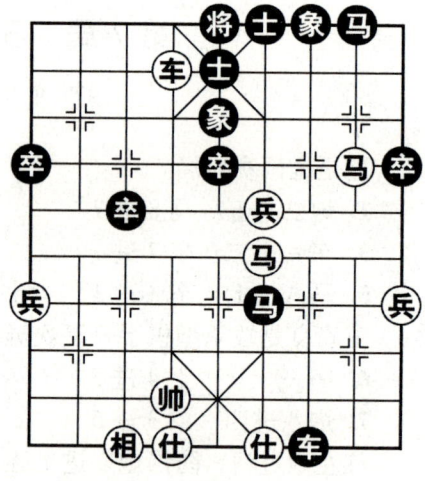

图15

经过一番厮杀之后,局势缓和,但黑多卒略优。

37. 仕六进五　车6退1　　38. 马四退六　象3进1
39. 车六进二　卒5进1　　40. 马六进五　车6平5
41. 马五进三　车5平4

黑决定兑车,以多卒争胜。

42. 车六进一　士5进4　　43. 马三进七　卒9进1
44. 马二退四　将5平4　　45. 马四退三　卒5进1
46. 马三进七　马8进9　　47. 相七进九　卒1进1
48. 马五退六　士4退5　　49. 帅六退一　马9进7

50. 帅六平五　马7进5　　　51. 仕五退六　马5进4

黑意欲取红边相，以后再考虑谋边兵。

52. 马六进七　马4进3　　　53. 帅五进一　马3退1
54. 马七退九　马1进2　　　55. 马九进七　马2退3
56. 帅五退一　马3进4　　　57. 马七进八　将4进1
58. 马八退七　将4退1　　　59. 马七进八　将4进1
60. 马八退七　将4退1　　　61. 马七退五　马4退5
62. 仕四进五　马5进7　　　63. 帅五平四　马7退6
64. 马五退三　卒5进1　　　65. 仕五退六　马6退8

红破仕，黑双卒过渡已够杀力，红认输。

第8局　刘世镇 负 杨官璘

1978年4月27日弈于厦门

这是全国赛对局。

1. 炮二平五　马8进7　　　2. 马二进三　车9平8
3. 车一平二　马2进3　　　4. 兵七进一　卒7进1
5. 车二进六　车1进1

杨官璘很少用风险较大的右横车变例，本局对贵州棋手，有意用新变。

6. 马八进七　车1平4　　　7. 炮八平九　炮2进4
8. 车九平八　炮2平7　　　9. 相三进一　炮8平9
10. 车二进三　马7退8
11. 兵五进一　车4进5
12. 兵五进一　炮9平5

图16，黑反架中炮，积极对攻。

13. 车八进五　马8进7
14. 车八平六　车4平3
15. 马七进五　士6进5
16. 车六退三　……

红找不到切入点，便退车伏马五进六咬双。

16. ……　　　卒3进1
17. 兵七进一　车3退2
18. 兵五平四　炮7平1

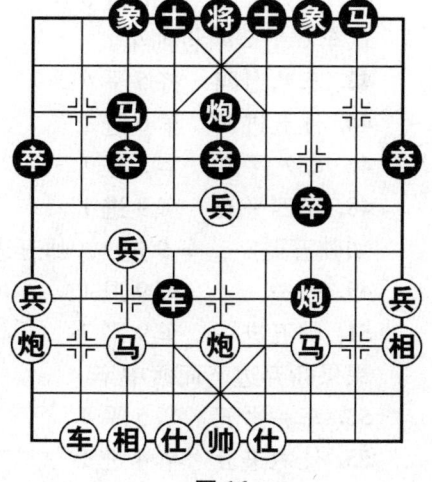

图16

19. 兵四平三　车3平7　　　　20. 车六平七　马3进2
21. 车七进七　炮1平9　　　　22. 马五进七　炮9平2

红马难以发展，而黑子已显活跃，又多卒，具有潜力。

23. 车七退三　炮5进5　　　　24. 相七进五　马2进4

红不慎退车，被黑跳马咬双而失相。

25. 车七平六　马4进5　　　　26. 车六退四　马5进7
27. 帅五进一　炮2平8　　　　28. 帅五平六　车7平3
29. 马三进五　后马进6

图17，红受攻处于劣势，如接走马五进四，炮8进2，仕六进五，马7退6抽车。

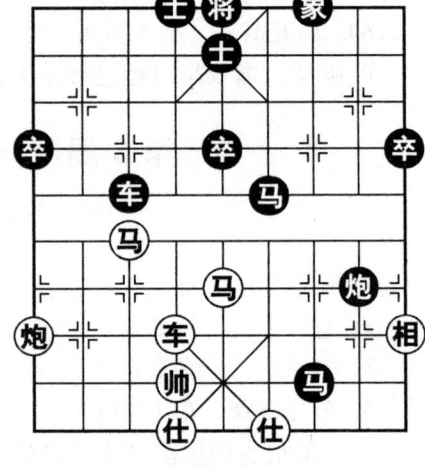

图17

30. 车六平三　马6进5
31. 马七退五　车3进4
32. 帅六进一　车3退2
33. 车三进七　士5退6
34. 车三退八　车3平4
35. 帅六平五　车4平5
36. 帅五平四　士4进5
37. 车三平八　炮8退5
38. 帅四退一　炮8平6
39. 车八进八　士5退4
40. 仕四进五　车5平6
41. 炮九平四　士6进5

伏车6平2叫将抽车。

42. 车八退四　将5平6　　　　43. 车八进一　炮6进6
44. 仕五进四　车6进1　　　　45. 帅四平五　车6平9
46. 车八平九　卒5进1　　　　47. 车九平四　将6平5
48. 车四平五　车9进1　　　　49. 帅五进一　……

如帅五退一，车9进1，帅五进一，车9平4，黑保住一个卒可胜。

49. ……　　　　车9退1　　　50. 帅五退一　车9退3
51. 帅五进一　车9平7　　　　52. 车五平一　卒5进1

黑果断弃边卒而渡中卒。

53. 车一平五　卒5平4　　　　54. 车五退三　车7平4
55. 仕六进五　卒4进1　　　　56. 车五进一　车4平6
57. 车五进二　将5平6　　　　58. 车五退二　车6平1

59. 车五平四　将6平5　　　60. 帅五平四　卒4平5
61. 帅四退一　卒5进1

伏车1进4捉仕。

62. 仕五进四　车1平5　　　63. 车四进二　车5退2

红认输。下面车四退二，车5平6，车四进三，士5进6，仕四退五，卒5进1得仕胜。

第9局　陈孝堃 负 杨官璘

1978年9月22日弈于郑州

这是全国个人决赛对局。

1. 炮二平五　马8进7　　　2. 马二进三　车9平8
3. 车一平二　卒7进1　　　4. 车二进六　马2进3
5. 兵七进一　炮8平9　　　6. 车二平三　炮9退1
7. 马八进七　士4进5　　　8. 炮八平九　车1平2
9. 车九平八　炮9平7　　　10. 车三平四　马7进8
11. 炮五进四　马3进5　　　12. 车四平五　炮7进5
13. 马三退五　……

图18，回窝心马是灵活的新变化。以往多相三进五，卒7进1，马七进六，马8进6，车五退二，炮2进6，红右马受制。

13. ……　　　炮2进6
14. 车五平一　……

可马五进四跃出窝心马，既增强攻击能力，又免除后患。

14. ……　　　卒7进1
15. 车一退二　马8退6
16. 炮九进四　……

红子力分散，进攻方向不明确。

16. ……　　　卒7平8
17. 车一进二　马6进7
18. 相三进五　炮7平6
19. 马五退三　车8平2
20. 仕六进五　车8平2
21. 车一平五　前车进4　　22. 兵九进一　前车平3
23. 马七进九　炮2退2　　　24. 兵九进一　象3进5

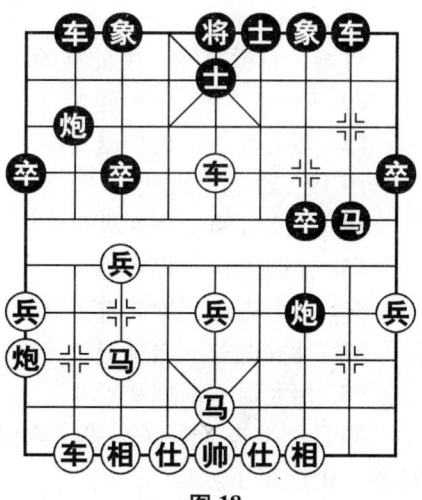

图18

如炮2平5，车五退三，四车相见。

25. 马九进八	车3平5	**26.** 车五平七	马7退5
27. 车七平六	车5平4	**28.** 车八进二	车2平4
29. 车八平六	……		

双方互缠，四车同线互兑。

29. ……	前车进1	**30.** 车六退四	车4进7
31. 仕五进六	炮6平5	**32.** 仕六退五	马5进3
33. 马八退七	马3退1		

兑掉双车后，黑马借杀吃回两兵，于是双方子力相当，黑势略优。

34. 马三进四	炮5退3	**35.** 兵一进一	卒8平9
36. 马四进三	卒9平8	**37.** 马三进四	士5进6
38. 炮九平六	炮2进3	**39.** 相七进九	炮2退8
40. 马四退五	马1进2	**41.** 炮六进二	炮5进1
42. 炮六平七	将5平4	**43.** 马五退六	马2退3
44. 相九进七	马3退2	**45.** 相七退九	象5进3
46. 马六进五	象7进5	**47.** 马五退六	马2进4
48. 马六进七	炮5平9	**49.** 帅五平六	将4平5
50. 炮七平六	……		

劣着，自投罗网，由此被困。

50. ……	士6进5	**51.** 前马进五	炮2平3
52. 马七进九	炮9退1	**53.** 马九进七	将5平4

图19，红炮被困死。

54. 仕五进四	卒8进1	
55. 仕四进五	将4进1	
56. 马七进八	炮3进1	
57. 马五退七	炮9退3	
58. 相九退七	炮9平4	

眼看红要吃回一马，但黑有退底炮巧着，仍能得子。

59. 相七进九	士5退6	
60. 马七进六	炮4进3	
61. 马八退七	炮4进1	
62. 马七退九	炮3平4	
63. 帅六平五	前炮平9	

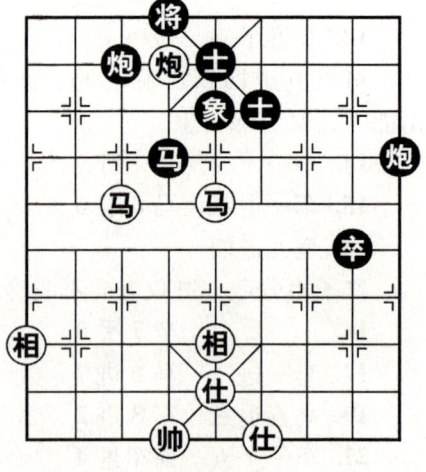

图19

64. 马九退八　象5进7
65. 马八进七　炮4平3
66. 马七进六　象7退5
67. 马六退四　炮9退2
68. 相九进七　士6进5
69. 相七退九　炮3退2
70. 相九进七　炮3平6
71. 马四退二　卒8平7
72. 帅五平四　炮9平8
73. 帅四平五　炮8进2
74. 相五退七　炮8平5
75. 帅五平四　士5进4
76. 相七进九　士6退5
77. 马二进四　炮5退1

伏炮5平6打死马，红认输。

第10局　杨官璘 胜 李来群

1980年4月21日弈于福州

这是全国赛对局。

1. 炮二平五　马8进7
2. 马二进三　卒7进1
3. 车一平二　车9平8
4. 车二进六　马2进3
5. 兵七进一　炮8平9
6. 车二平三　炮9退1
7. 马八进九　车8进5

进车骑河控制红七路马出路，必将引起对攻局面。

8. 兵五进一　马3退5
9. 炮八进四　……

图20，红双炮抢中卒佳着，不怕黑接走炮9平7，炮八平五，马5进3，炮五平九，士4进5，车三平七，仍属红先手。

9. ……　　　炮2平5
10. 马九进七　炮9平7
11. 车三平四　马5进3

不能炮5进3，马七进五，马5进6，马五进四，士6进5，马四进三，红得子。

12. 车九进一　卒7进1
13. 车九平四　士4进5
14. 前车进二　炮7平8
15. 炮八退二　车1平2
16. 后车平八　卒7进1
17. 兵七进一　车8退1
18. 兵七平八　……

可马七进八，车2平1，马八进七，卒7进1，炮八进五，象3进1，车八

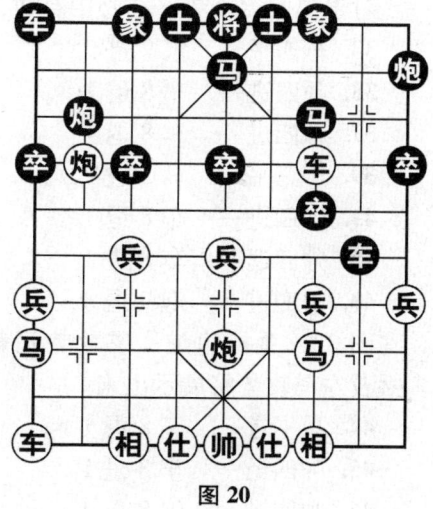

图20

平六，对攻激烈，应属红优。

18. …… 车2平1
20. 车八平四 车1进1

图21，红方选择了缓和的变化，局面又进入互缠状态。

21. 炮八退一 车1平4
22. 后车平六 车4进7
23. 马七退六 马7进6
24. 兵八平七 马6进4
25. 炮八平三 车8平7
26. 炮三进一 马4进5
27. 相三进五 炮8进8
28. 仕四进五 炮8平9
29. 兵七进一 炮5平8
30. 帅五平四 马3退4
31. 马六进八 马4进5

19. 马三进五 卒3进1

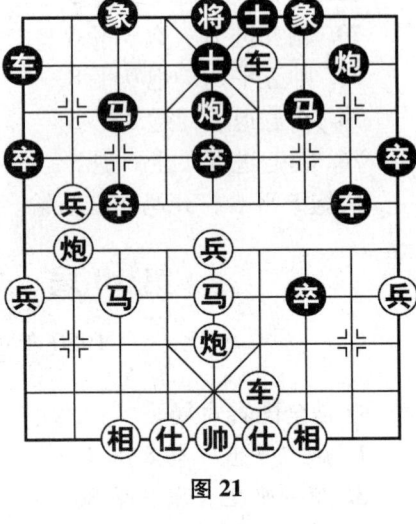

图21

32. 兵七平六 车7平8

对于黑侧翼攻势，红心中有数，自有应付之策。

33. 车四平三 象7进9
35. 帅四进一 车8退1
37. 帅四进一 车8退1
39. 车三平二 马5进7
41. 帅四进一 车8退1
42. 帅四退一 车8退1
43. 帅四进一 炮9退4

34. 车三退一 车8进5
36. 帅四退一 车8进1
38. 帅四退一 炮8进5
40. 炮三平一 车8进1

图22，兑掉边炮，黑攻势瓦解，红多兵及左马攻势将展示出来。

44. 兵一进一 车8退1
45. 帅四退一 车8进1
46. 帅四进一 炮8退4
47. 马五退三 车8退3
48. 马八进七 车8平6
49. 仕五进四 炮8进3
50. 马三退一 炮8退1
51. 车二平三 车6平7

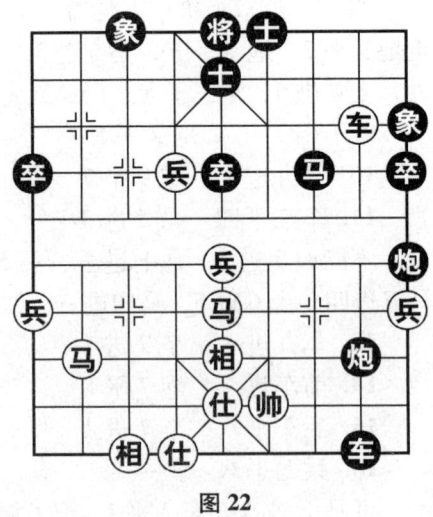

图22

一、中炮过河车对屏风马平炮兑车

52. 马七进八	车7进2	53. 帅四退一	车7平9
54. 车三退一	车9平4	55. 车三平五	车4进1
56. 帅四进一	车4退1	57. 仕四退五	炮8退4

进入红多兵残局，是杨官璘擅长的。

58. 兵五进一	象9进7	59. 车五平四	车4退2
60. 兵九进一	车4退1	61. 车四平一	车4平6
62. 仕五进四	炮8平6	63. 帅四平五	车6进2
64. 兵一进一	车6退2	65. 兵一平二	象7退5
66. 兵六平七	车6平5	67. 车一平四	炮6平9
68. 兵五平四	车5平2	69. 兵二进一	车2进3
70. 帅五退一	车2退4	71. 兵二进一	卒1进1
72. 兵九进一	车2平1	73. 车四平六	炮9平6
74. 兵四进一	车1平8	75. 兵二平三	车8平7
76. 兵四平三	炮6平9	77. 前兵进一	士5进4
78. 兵七进一			

黑大势已去，认输。

二、中炮过河车对屏风马左马盘河

第 11 局 薛占金 负 杨官璘

1956 年 12 月 20 日弈于北京

这是全国赛对局，薛占金是天津选手。

1. 炮二平五　马 8 进 7　　　2. 马二进三　马 2 进 3
3. 车一平二　车 9 平 8　　　4. 兵七进一　卒 7 进 1
5. 车二进六　马 7 进 6

杨官璘在屏风马应中炮过河车局中，喜欢走左马盘河，取得较好成绩。

6. 马八进七　象 3 进 5　　　7. 炮八进二　卒 7 进 1
8. 车二平四　卒 7 进 1　　　9. 马三退五　马 6 退 4
10. 车四退二　……

图 23，先前红升巡河炮准备跳马七进六兑马，使黑左翼无根车炮被牵，于是黑被迫冲卒对攻。

第 10 回合红如不退车而改相七进九保兵，则黑炮 2 进 1，伏挺 3 卒再跳马 4 进 3 打车叫杀的棋，所以红退车免得飞边相散架。

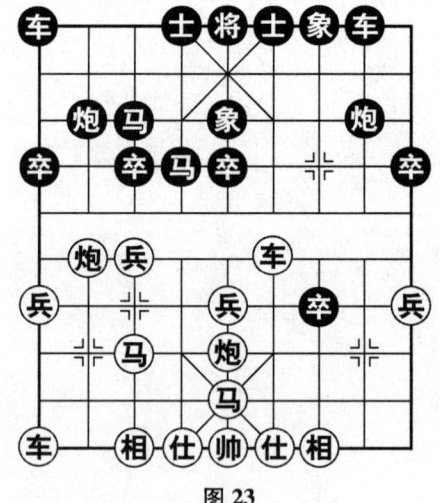

图 23

10. ……　　　炮 2 进 2

防止红伸左炮打马，又可移黑炮至左翼反击。如改炮 2 进 1，虽稳健但不够积极。

11. 车四平二　车 1 进 1
12. 车九进一　……

如急于炮五平二，车 1 平 8，车二平六，炮 2 平 8，炮二进五，前车进 1，

二、中炮过河车对屏风马左马盘河

车六进二，前车平6，马五进六，炮8进5，仕六进五，车8进7，车九进二，车8平7，相七进五，车6进6，黑有强烈攻势。

12. ……　　　车8进1　　　13. 车九平六　　马4进3

图24，黑弃马有胆识，红不能吃。试演如下：车二平七，车1平6，车七平二，车6进7，车六进三，车8平6，车二平四，炮2平7，黑胜定。

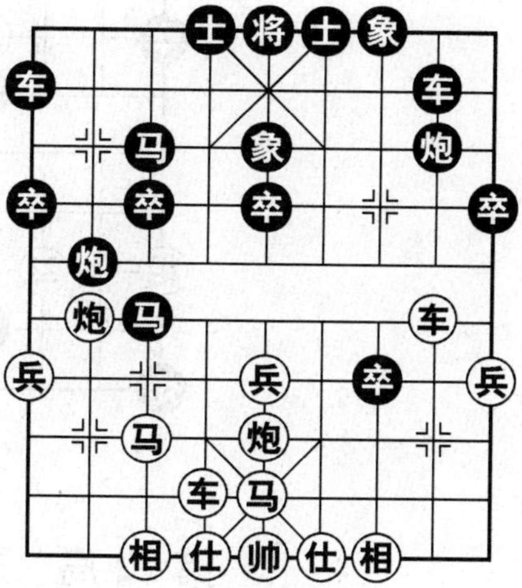

14. 车六进三　　卒3进1
15. 相七进九　　前马进2
16. 炮五平八　　炮2进3
17. 车六平三　　炮2退1
18. 炮八平五　　卒5进1
19. 炮五进三　　……

红已无先手，弃炮勉强一搏。

19. ……　　　象7进5
20. 车三进三　　马3进4

跃马保象，送回一炮，保持先手。

21. 车三平二　　车8进1　　　22. 车二进三　　卒3进1
23. 车二退三　　……

如车二退二，卒3进1，车二平五，车1平4，马七退八，炮2平5，马五退七，亦黑优。

23. ……　　　卒3进1　　　24. 车二平六　　车1平4
25. 马七退八　　炮2平5　　　26. 马五退七　　车4进1
27. 马七进六　　马4退2　　　28. 车六进三　　马2退4

兑车后，黑不仅多卒，而且兵种亦优，已属胜势。

29. 马六进七　　炮5平9　　　30. 马八进六　　卒7平6
31. 马七进六　　士6进5　　　32. 后马进八　　马4进2
33. 马八退七　　卒3进1　　　34. 马七进九　　卒3平2
35. 马九退七　　卒2平3　　　36. 马七进九　　卒3平4
37. 仕六进五　　炮9平1　　　38. 相九退七　　卒4进1
39. 马九进七　　炮1进3　　　40. 相七进九　　马2进4

图25，黑方胜定，红认输。

图24

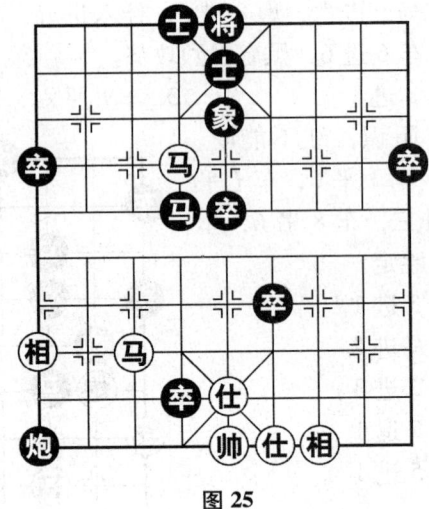

图 25

第 12 局　李义庭 负 杨官璘

1958 年 8 月 1 日弈于广州

1. 炮二平五　马 8 进 7
2. 马二进三　车 9 平 8
3. 车一平二　马 2 进 3
4. 兵七进一　卒 7 进 1
5. 车二进六　马 7 进 6
6. 马八进七　象 3 进 5
7. 兵五进一　卒 7 进 1
8. 车二平四　马 6 进 7

杨官璘用擅长的左马盘河应战，李义庭挺中兵进攻，准备再挺中兵，跳盘头马邀兑。迫使黑必须冲 7 卒过河。

9. 兵五进一　卒 5 进 1
10. 马三进五　卒 5 进 1
11. 马五进三　炮 8 平 7
12. 车四退三　士 4 进 5
13. 炮八进二　……

图 26，双方均走流行着法，红只能炮打中卒再亮左车，则先手较大，但问题是轮到黑方走。

13. ……　　　车 8 进 5
14. 炮五平三　车 8 进 2

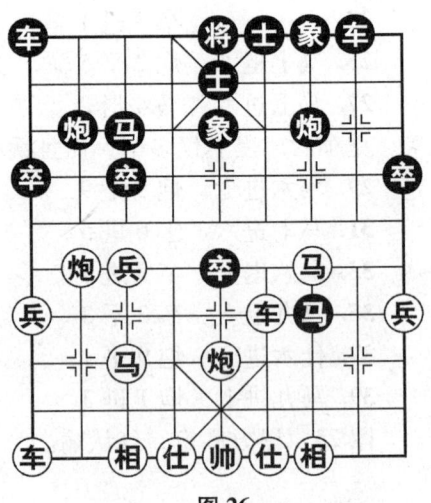

图 26

15. 炮三平五	卒5平6	16. 炮八平四	马3进5
17. 炮四进四	车1平4		

明知红炮打象叫将，黑开贴身车敢于对杀，考虑到红左车晚出，杀力不够。

18. 炮五进五	士5进6	19. 炮五平三	炮2平7
20. 车四进四	……		

红进车吃士决心搏杀，未料到后防空虚。似可改车四进三，车8平3，车四平五，士6退5，相七进五，亦有对攻机会。

20. ……	士6进5	21. 车四平五	车8平3
22. 车五退一	车3平6	23. 车五进二	……

图27，车杀士无奈，忽略了黑方的反击手段，是致败的根源。可改马三进四，炮7平5，车五进一，车6退4，车五进一，将5平6，仕六进五，车6退2，车五平四，将6进1，车九进二，比实战着法稍好些。

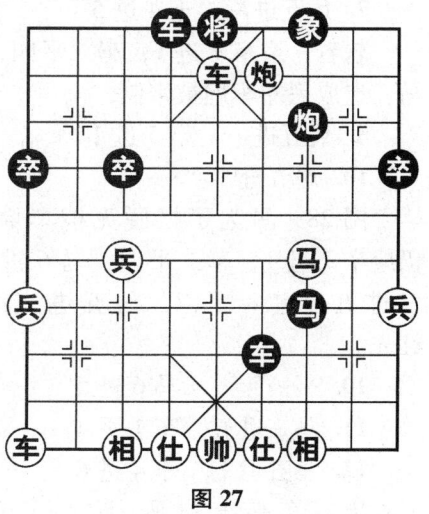

图27

23. ……	将5平6		
24. 车九进二	车6进2		

妙着。弃车，由此兑子占优。此着出乎李义庭意料之外，奠定胜势。

25. 帅五平四	车4进9		
26. 车五退八	马7进8		
27. 帅四进一	车4平5		
28. 车九平二	……		

防马8退7，帅四进一，车5平6杀。

28. ……	车5平7		

佳着，兑马后再吃七兵，构成胜势。

29. 车二退一	车7退4	30. 炮四退六	车7平3
31. 车二进五	车3进3	32. 帅四退一	车3退1
33. 帅四进一	车3退1	34. 帅四退一	车3退1
35. 车二平四	将6平5	36. 车四平五	将5平6
37. 炮四进四	卒3进1		

虽然双方都是车炮，但黑保留3路卒及底象，是能够取胜的。

38. 车五平九	车3平6	39. 帅四平五	车6平5

40. 帅五平六　将6平5　　　　41. 车九平六　卒3进1

红抵挡不住黑卒攻势，认输。

第13局　杨官璘 胜 何顺安

1959年9月22日弈于北京

这是全国赛对局。

1. 炮二平五　马8进7　　　　2. 马二进三　车9平8
3. 车一平二　马2进3　　　　4. 兵七进一　卒7进1
5. 车二进六　马7进6　　　　6. 马八进七　象3进5
7. 兵五进一　士4进5

软着，应卒7进1，车二平四，马6进7，避免红冲中兵再跳盘头马邀兑马，造成黑左车炮被牵制。

8. 兵五进一　卒5进1　　　　9. 马七进五　卒5进1
10. 炮五进二　……

图28，黑为了摆脱无根车炮被牵，仍应卒7进1，车二平四，马6进5，马三进五，炮8平7，马五进三，仍属红先。

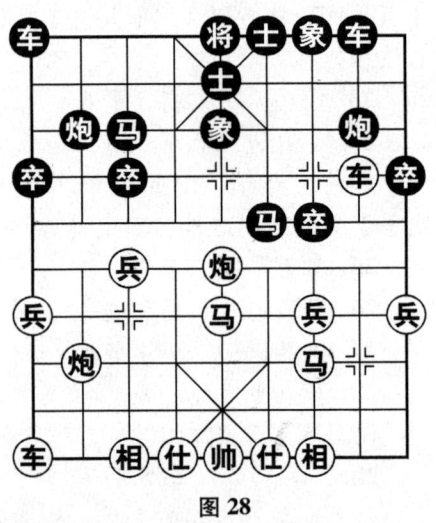

图 28

10. ……　　　　马6进5
11. 马三进五　车1平4
12. 马五退七　车4进6

黑右车亮出制马，弥补了左翼的弱点。

13. 炮八平九　车4平2
14. 相七进五　车2进1
15. 马七进五　车2退1
16. 马五退七　车8进1
17. 炮九进四　炮2进1
18. 车二平七　车8平6

黑左车找到出路，但处于少卒状态。

19. 仕六进五　车6进3　　　　20. 炮九退二　车6平5
21. 车九平六　马3退1　　　　22. 炮五平四　车2平3
23. 炮四进四　……

图29，杨官璘不顾左马被捉，却伸炮打马，积极反击。

23. ……	士 5 进 4		
24. 车七平二	炮 8 平 6		
25. 炮四平七	车 3 平 6		
26. 炮九进三	车 6 平 2		
27. 兵九进一	炮 2 退 3		
28. 车六进六	车 2 退 4		
29. 炮九退二	车 2 进 3		
30. 炮七平二	炮 2 进 3		
31. 车六退二	车 5 平 2		
32. 车二平四	炮 6 平 8		
33. 车四进二	士 4 退 5		
34. 车六进四	车 3 平 4		

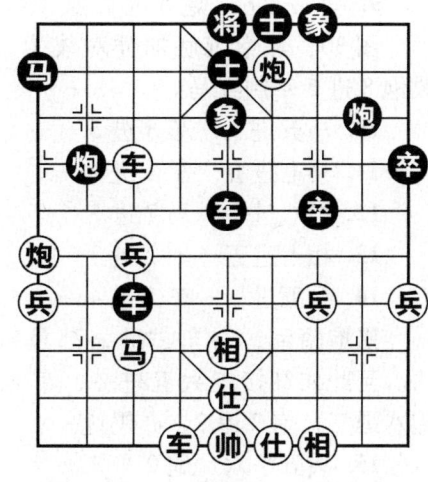

图 29

诱红车六平九，吃马，则炮 2 退 2，车九进一，车 4 退 2，车九平六，将 5 平 4，车四退二，炮 2 平 8，车四进二，前炮进 5，马七退六，后炮进 1，车四退六，前炮退 2，车四进二，卒 7 进 1，车四平三，前炮退 1，仍属红多兵优。

35. 车六平八　车 4 平 2

难防炮二进一攻杀手段，只好弃马。

36. 车八平九　炮 2 平 3　　37. 炮二进一　后车退 1
38. 车九平八　车 2 退 3　　39. 炮九平五

红多子胜定。

第 14 局　金启昌 负 杨官璘

1964 年 4 月 25 日弈于杭州

这是全国赛对局，金启昌代表黑龙江队。

1. 炮二平五　马 8 进 7　　2. 马二进三　车 9 平 8
3. 车一平二　马 2 进 3　　4. 兵七进一　卒 7 进 1
5. 车二进六　象 7 进 5

飞左象诱车二平三，车 8 平 7，马八进七，炮 2 进 1，黑争取反击机会。

6. 马八进七　马 7 进 6　　7. 兵五进一　……

杨官璘还是用其擅长的左马盘河局，红准备再冲中兵，然后跳盘头马邀兑马。

7. ……　　　卒 7 进 1　　8. 车二平四　马 6 进 7

9. 马三进五　炮8进7

图30，黑炮沉底加强对攻力，也可改炮8进5牵制红马。

10. 马五进三　车8进5
11. 马七进五　车1进1
12. 炮八进一　马7进5
13. 相七进五　炮2进3
14. 兵五进一　车1平4

黑炮骑河，右车占肋，都是抢攻着法。至此如红接走兵五进一，车4进5，炮八退三，炮2退2，亦黑优。

15. 兵五平六　炮2平7
16. 相五进三　炮8平9
17. 车九平八　车8进4
18. 相三退五　车8退2
19. 车八进二　车4平7

伏车7进8破相。

20. 炮八进三　车7进5
21. 马五进四　车7进3
22. 相五退三　车8平2
23. 马四进二　……

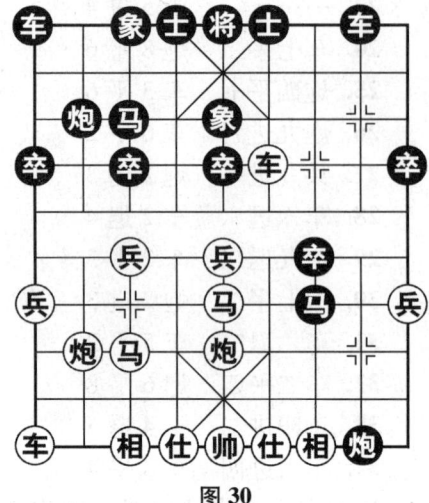

图30

图31，跳卧槽马并不能构成杀势，只能炮八平五，马3进5，车四平五，车2平6，兵六平五，车6进2，帅五进一，红不致失子。

23. ……　　士4进5

补士佳着，红炮困死，不能炮八平五打卒，黑车2平5叫将抽吃红炮。

24. 兵六平五　车2退4
25. 兵五进一　卒3进1
26. 马二进三　将5平4
27. 车四退三　车2平5
28. 仕六进五　将4进1

黑多子胜定，红认输。

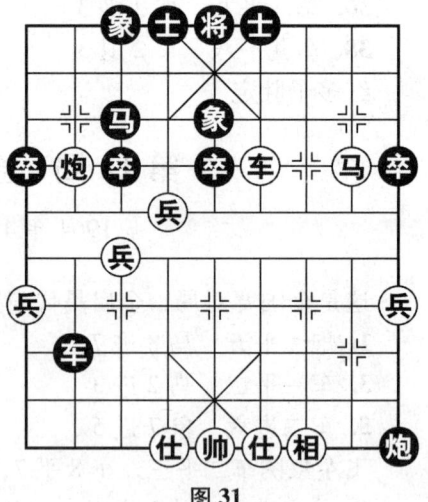

图31

二、中炮过河车对屏风马左马盘河

第15局　孟立国 负 杨官璘

1964年5月13日弈于杭州

这是全国赛对局，杨官璘还是左马盘河阵式，但对攻变例不同。

1. 炮二平五　马8进7
2. 马二进三　车9平8
3. 车一平二　马2进3
4. 兵七进一　卒7进1
5. 车二进六　马7进6
6. 马八进七　象3进5
7. 车九进一　士4进5
8. 车九平六　……

如车九平四，炮8平6，车二进三，炮6进6，仕四进五，炮2进4，黑能抗衡。

8. ……　　　卒7进1

图32，黑冲卒对攻，避免红车六进四捉马，造成黑左车炮被牵制。

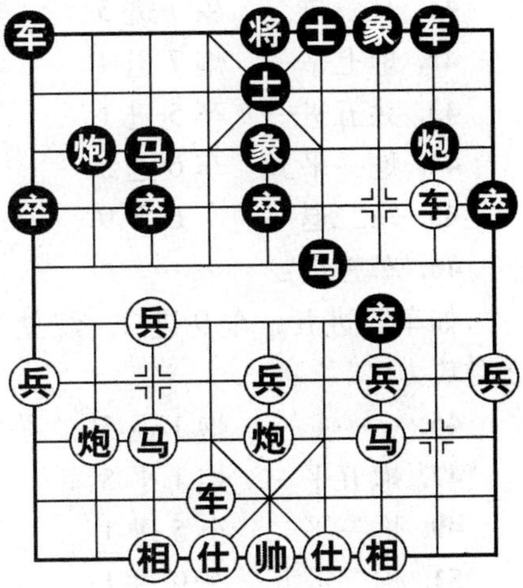

9. 车二平四　马6进8
10. 马三退一　卒7进1
11. 炮八进二　马8进6
12. 车四平二　车8进1
13. 马七进六　马6退7

退马保炮，左车有活动余地。

14. 马六进四　车8平6
15. 马四退三　车6平5
16. 马三进一　马7进9
17. 兵一进一　炮8平6
18. 车二退三　车6退2

局势缓和下来，红方先手不大。

19. 车二进一　卒1进1
20. 车六进三　炮2平1
21. 马一进三　车1平7
22. 兵七进一　车6平3
23. 炮五平八　车2平4
24. 车六进五　士5退4
25. 相三进五　炮1进4
26. 后炮平九　炮1平2

黑不知不觉多两卒，为残局打下良好基础。

27. 炮八进三　炮2平3
28. 炮九平六　炮2平1
29. 车二平八　炮6平9
30. 仕四进五　车3平7
31. 马三进一　卒9进1
32. 马一退三　卒9进1
33. 车八平一　炮9平7
34. 马三进四　车7平2

图32

红炮位置欠佳，至此如炮六进五，炮 7 退 1，炮八平九，炮 1 退 7，炮六平九，炮 7 平 1，车一平三，士 4 进 5，红炮被困。

35. 车一平三　炮 7 进 2　　　**36.** 炮八平五　……

过早弃炮。仍应炮六进五，有炮八平九及马四进五等纠缠手段。

36. ……　　　象 7 进 5　　　**37.** 马四进三　象 5 退 7
38. 兵五进一　车 2 平 6

图 33，黑已多一子占优。

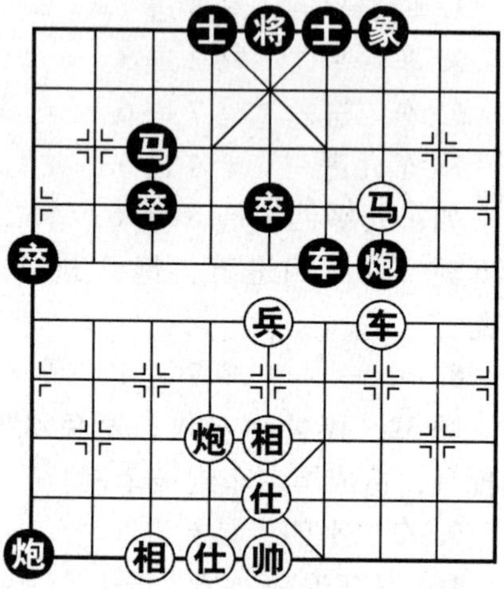

39. 炮六平七　马 3 进 1
40. 相五进七　马 1 进 3
41. 马三进二　象 7 进 5
42. 炮七平一　炮 7 退 4
43. 兵五进一　卒 5 进 1
44. 炮一平五　车 6 退 3
45. 马二退一　车 6 平 9
46. 车三进二　……

如车三进五，车 9 进 2，红兑子后缺乏对攻力。

图 33

46. ……　　　炮 1 退 3
47. 炮五平一　炮 1 平 5　　　**48.** 相七进五　车 9 平 4
49. 炮一平二　卒 5 进 1　　　**50.** 炮二进七　车 4 平 9
51. 炮二退九　车 9 进 1　　　**52.** 车三平四　车 9 平 8
53. 炮二平三　车 8 进 7　　　**54.** 炮三平四　士 4 进 5
55. 马一进三　炮 5 平 9

红见大势已去，认输。

第 16 局　季本涵 负 杨官璘

1964 年 5 月 18 日弈于杭州

这是全国赛对局。季本涵是江苏名将。

1. 炮二平五　马 8 进 7　　　**2.** 马二进三　车 9 平 8
3. 车一平二　马 2 进 3　　　**4.** 兵七进一　卒 7 进 1
5. 车二进六　马 7 进 6　　　**6.** 马八进七　象 3 进 5
7. 兵五进一　卒 7 进 1　　　**8.** 车二平四　卒 7 进 1
9. 车四退一　卒 7 进 1　　　**10.** 车四平二　车 1 进 1

兑马后，红肋车返回二路牵制黑车炮，黑起右横车便于接应左翼。

11. 兵五进一　卒5进1　　12. 车二平五　士4进5
13. 马七进五　炮8平7

图34，红冲中兵兑卒，逼黑支士自塞横车通路，但黑移炮瞄相，开通了左翼子力。

14. 相三进一　卒7进1
15. 车九进一　车8进8
16. 炮八退一　车8退2
17. 炮八进二　车8进2
18. 车五平四　车1平4
19. 马五进六　车8退2
20. 炮八退三　车8平7
21. 仕四进五　炮2进5

黑保住过河卒是红方之后患，又进炮瞄边相，谋求反击。

22. 马六进七　炮7平3　　23. 车九平八　……

让黑炮吃相，造成车炮卒三子归边之势，如相一退三，炮2退1，车九平八，炮2平5，也是黑反先。

23. ……　　　炮2平9　　24. 车八进八　车4退1
25. 帅五平四　卒7进1　　26. 帅四进一　车7进2
27. 帅四进一　炮9平5
28. 车八平六　将5平4
29. 相七进五　车7退1
30. 帅四退一　炮3平1

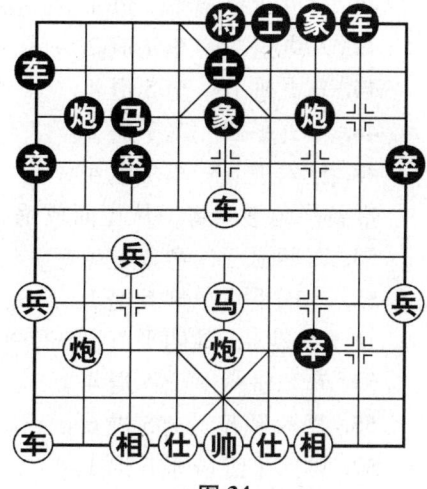

图34

图35，大量兑子后，残棋红缺相，帅位欠佳，黑略优。

31. 车四进一　炮1进4
32. 车四平七　卒1进1
33. 车七平一　卒1进1

黑算准边卒过河够杀力，保留底卒，使红帅不安于位。

34. 兵七进一　炮1进1
35. 仕五进六　车7进1

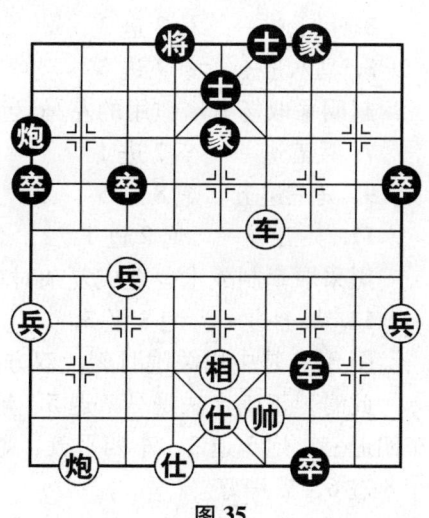

图35

36. 帅四进一	车7退2	37. 车一平六	将4平5
38. 帅四退一	卒1平2	39. 车六退二	车7进2
40. 帅四进一	卒2进1	41. 车六平九	炮1平3
42. 车九退二	车7退2	43. 帅四退一	炮3平5
44. 车九进七	士5退4	45. 车九退三	炮5平8
46. 车九平四	车7进2	47. 帅四进一	士4进5
48. 仕六进五	车7退4	49. 兵七进一	炮8退5

准备平角炮叫将，从正面攻杀。

50. 车四退三	卒2进1	51. 炮八平五	炮8平6
52. 车四平八	炮6退1		

伏士5进6，帅四平五，车7平5杀。

53. 车八进六	士5退4	54. 兵七平六	士6进5
55. 兵六平五	士5进6	56. 兵五平四	车7平6
57. 帅四平五	车6退1		

伏炮6平5杀，红认输。

第17局　杨官璘 胜 赵明

1964年6月11日弈于杭州

这是全国赛对局，赵明是吉林名将。

1. 炮二平五	马8进7	2. 马二进三	卒7进1
3. 兵七进一	马2进3	4. 车一平二	车9平8
5. 马八进七	象7进5	6. 车二进六	马7进6

赵明采取杨官璘惯用的左马盘河战术，看他如何应对。

7. 兵五进一	卒7进1	8. 车二平四	马6进7
9. 马三进五	炮8进5	10. 兵五进一	士4进5
11. 兵五进一	炮2进1		

黑采取牵制战术，造成复杂对攻局面。

12. 兵七进一	炮8平3	13. 兵七进一	……

图36，是中局关键时刻，双方只要走错一步就会满盘皆输。

此时黑正确走法是马7退5，炮五进二，炮2平5，兵七进一，炮5进3，车四退三，炮3退3，车四平五，炮3平5，车五退二，炮5进4，仕六进五，车8进6，黑稍好。

但临场赵明走左车过河，效果欠佳。

| 13. ……   车8进6 | 14. 炮八进一   …… |

如马五退七，炮2平5，仕六进五，马7退5，车四退一，车8平3，黑反先。

14. …… 马7进5	15. 炮八平二 马5进3
16. 帅五进一 炮2进5	17. 马五退六 车1平2
18. 兵五进一 ……	

图37，黑不能象3进5吃兵，因炮二进六，象5退7，车四进三杀。

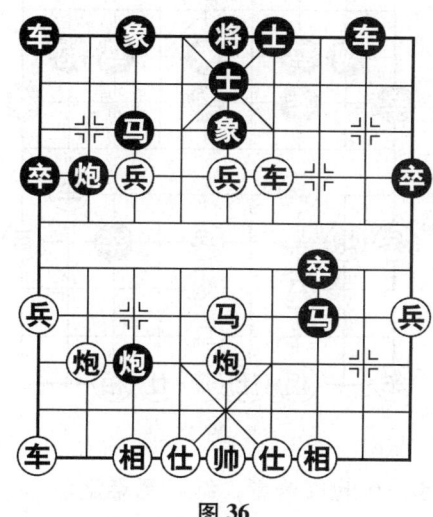

图36　　　　　　　　图37

18. …… 卒7平8	19. 炮二平七 炮2退5
20. 兵五进一 士6进5	21. 炮七平五 象3进5
22. 兵七进一 马3进1	23. 帅五平四 将5平4
24. 车四平六 将4平5	25. 车六平一 炮2平5

走其他着法亦败。

26. 车一进三

黑认输。士5退6，车一平四叫将抽车胜定。

第18局　陈新全　负　杨官璘

1965年11月22日弈于银川

这是全国赛对局。

| 1. 炮二平五   马8进7 | 2. 马二进三   车9平8 |
| 3. 车一平二   马2进3 | 4. 兵七进一   卒7进1 |

5. 车二进六　马7进6　　　6. 马八进七　象3进5
7. 炮八进一　……

红用高左炮攻左马盘河，布局正确。

7. ……　　　卒7进1　　　8. 车二退一　卒7进1
9. 马三退五　马6退7　　　10. 车二退一　……

图38，退车嫌软，可车二进一，继续加强攻势，炮8平9，车二平三，车8进2，炮五平四，红仍先手。

10. ……　　　炮8平9
11. 车二进五　马7退8
12. 炮八平三　车1进1

黑提横车灵活，便于移左对红施加压力。

13. 车九平八　炮2退1
14. 炮三进五　炮2进5
15. 炮三退二　炮2平9
16. 车八进一　车1平7
17. 炮三平七　前炮进3

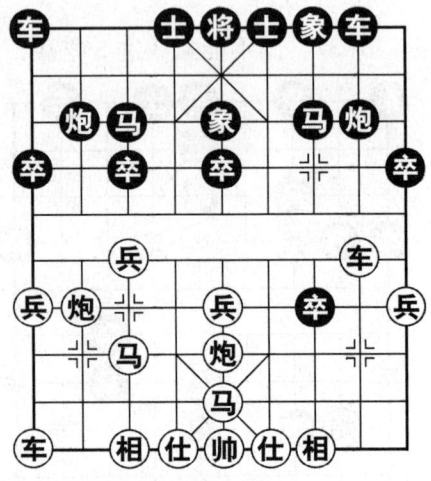

图38

红窝心马无路可出，黑又有车7进7再平6的攻杀着，红已感难走。

18. 炮七平六　后炮平6　　　19. 炮五平六　车7进7

图39，面临黑方威胁，红已无能为力。如后炮退一，炮6进6，接有车7进1吃相叫杀的手段。

20. 车八进七　车7平6
21. 马五进六　车6进1
22. 帅五进一　士6进5

稳健，防止红车移至右翼防守。

23. 兵七进一　车6平5
24. 帅五平六　炮6进6
25. 后炮平二　车5退2
26. 炮二进五　炮9退1
27. 炮二退六　车5平3
28. 车八退五　炮6平7

红认输。

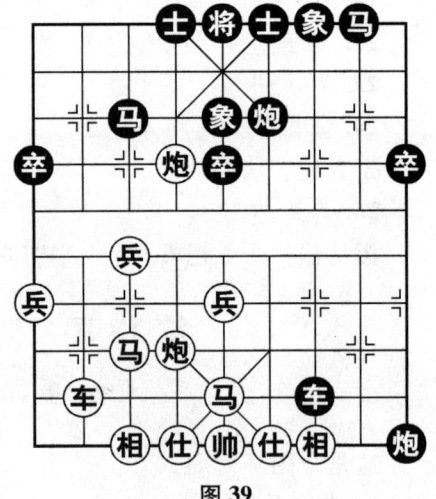

图39

二、中炮过河车对屏风马左马盘河

第 19 局　李义庭 负 杨官璘

1966 年 5 月 4 日弈于郑州

这是全国赛对局。双方对攻激烈，最后杨官璘以献车入局。

1. 炮二平五　马 8 进 7　　2. 马二进三　车 9 平 8
3. 车一平二　卒 7 进 1　　4. 车二进六　马 2 进 3
5. 兵七进一　炮 8 平 9　　6. 车二平三　炮 9 退 1
7. 马八进七　士 4 进 5　　8. 马七进六　炮 9 平 7
9. 车三平四　象 3 进 5　　10. 炮五平六　马 7 进 8
11. 车四平三　马 8 退 9　　12. 车三平一　炮 7 进 5
13. 相三进五　卒 7 进 1

图 40，红卸中炮瞄住黑贴身车出路，黑左车又不宜车 8 进 5 捉马，因红炮八进二伏跳开马打车。现在黑渡 7 卒是罕见的应法，诱红相五进三，则炮 2 进 3 打马得相。

14. 炮八平七　炮 2 进 6
15. 仕四进五　马 9 进 7
16. 马六进四　车 8 进 4

黑右炮起到封车的作用，左翼子力又困住红另一只车，红只靠单马的攻力是不够的。

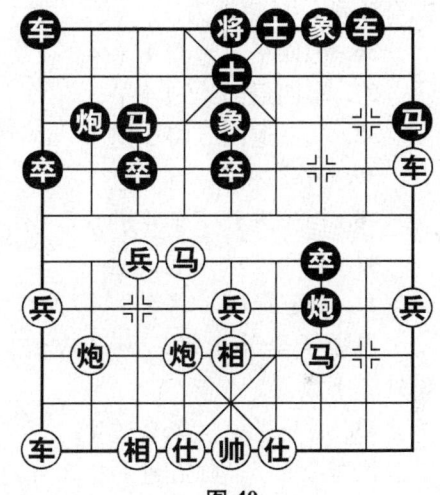

图 40

17. 马四进六　士 5 进 4
18. 兵七进一　车 8 平 3　　19. 马六退七　车 3 平 2
20. 兵五进一　卒 3 进 1　　21. 马七退五　马 3 进 4
22. 马五进三　马 4 进 6　　23. 炮六进二　……

企图破黑连环马，又增加右车活动范围。

23. ……　　炮 2 进 1　　24. 炮六平四　马 7 进 6
25. 后马退四　炮 7 平 6　　26. 马四进三　炮 6 平 7
27. 后马退四　炮 7 平 4　　28. 车一平四　炮 4 退 1

退炮护马保持互缠之势，又随时伏马 6 进 5，马四进五，炮 4 平 7 得相。

29. 相五退三　卒 3 进 1

黑卒渡河对红不利。

30. 炮七平四　士4退5　　　　**31. 马三进二　卒3进1**

冲卒对卒，不怕马二进三，将5平4，炮四平六，炮4平3，车九平八，车2进5，相七进五，炮3退4，马三进一，马6进8，黑有对攻实力。

32. 车四退一　卒5进1

巧挺卒挡车。如接走车四平五，车2平5，兵五进一，车1平2，红攻势受阻。

33. 车四进一　……

可马二进三，将5平4，车四进一，攻击力较强些。

33. ……　　　　士5进6　　　　**34. 车四进一　马6进8**

35. 马二进三　将5进1

图41，黑弃士升将，敢于对攻。红左车未动，显然乏力。

36. 炮四平二　车1平4
37. 车四退四　炮4平3
38. 马三退四　将5退1
39. 前马进三　将5进1
40. 相三进五　车4进6
41. 车四进六　炮3退4
42. 马三退四　将5平4

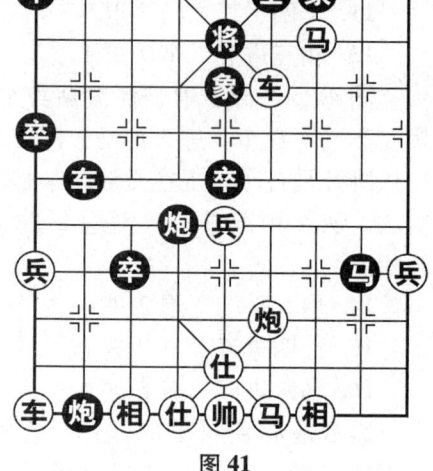

图41

黑强子全部出动，展开攻势，红明显处于下风。

43. 后马进三　车2进4

伏车2平5，帅五进一，车4进2，帅五退一，车4进1，帅五进一，车4退1杀。

44. 车九平八　车2进1

红无奈弃车解杀。

45. 车四平七　炮3进3　　　　**46. 兵五进一　车2退6**
47. 车七退一　将4退1　　　　**48. 马四进二　将4平5**
49. 马二进四　车2平6　　　　**50. 兵五进一　车6退1**
51. 兵五进一　炮3进5　　　　**52. 相五退七　车6平5**
53. 车七进一　将5进1　　　　**54. 车七退一　将5退1**
55. 车七退二　车4平7　　　　**56. 马三退四　车7退3**

弃车伏马跳士角杀。

57. 车七进三　将5进1　　　　**58. 车七退一　将5退1**

59. 车七进一	将5进1	60. 车七退一	将5退1
61. 相七进五	车5进5	62. 车七进一	将5进1
63. 车七退一	将5退1	64. 车七进一	将5进1
65. 车七退一	将5退1	66. 前马退六	将5平4
67. 车七平四	车5平8	68. 车四进一	将4进1
69. 马六进四	将4平5	70. 前马退三	车8平6

伏卧槽马杀，红认输。

第20局 刘殿中 负 杨官璘

1977年9月17日弈于太原

这是全国赛对局。

1. 炮二平五　马8进7　　2. 马二进三　车9平8
3. 车一平二　卒7进1　　4. 车二进六　马2进3
5. 兵七进一　马7进6　　6. 马八进七　象3进5
7. 炮八进一　……

杨官璘拿出擅长的左马盘河应战，刘殿中则用流行的高左炮进攻。

7. ……　　　卒7进1　　8. 车二平四　马6进7
9. 炮五平六　……

图42，红伏车四平三，再吃卒困马的手段，黑要注意。

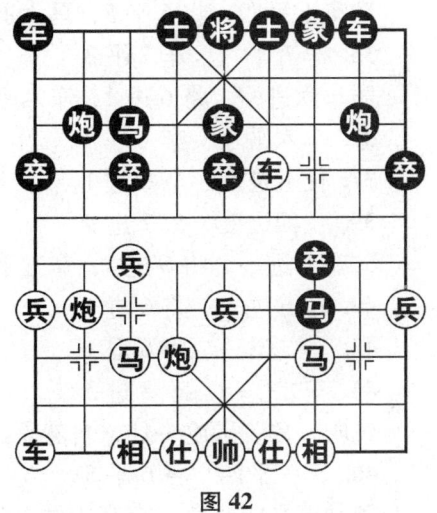

图42

9. ……　　　炮8进5
10. 相七进五　炮2进2
11. 马七进六　炮2平7
12. 车九进二　……

应车四进二，伏马六进四咬象的凶着，黑难应付。所以黑移炮7线嫌早，可先补士4进5，防车四进二则炮2退3逐车。

12. ……　　　车1平2
13. 炮八平七　车2进6
14. 车九平七　马7退5

退马献吃，完全出人意料。细想是先弃后取，为了打通兵林线。

15. 兵五进一　车8进6　　16. 炮七进三　车2平4

17. 马六进五　车4退3

捉双必吃回一子。

18. 兵五进一　车4平3
19. 兵七进一　炮7平3
20. 马五退七　车3平6
21. 兵五进一　车6平5
22. 马七进六　将5进1
23. 车七进五　……

图43，红车换马炮，并有杀势。

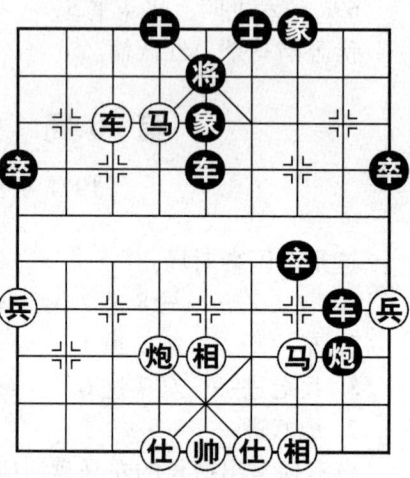

图43

23. ……　　　将5平6
24. 炮六进七　士6进5
25. 车七进一　炮8平5
26. 相三进五　车5进4
27. 仕六进五　车8平2
28. 马六进八　车2进3
29. 炮六退九　车5平7

双方对攻，各有所长。红兵种齐全，破士有势，黑双车灵活，过河卒有潜力。

30. 车七平六　车2退6
31. 马八进六　将6退1
32. 车六平五　车2平6

防车五平四，将6平5，马六退五吃象。

33. 车五平六　车7平3
34. 马六退八　车3退7

防车六进一，将6进1，车六平三吃象。

35. 车六平三　卒7平8
36. 马八退六　车3进2
37. 仕五进六　卒8进1
38. 车三平五　车6平5
39. 仕四进五　象7进9

防车五进一，将6进1，车五平三吃象。

40. 车五进一　将6进1
41. 车五平二　卒8平7
42. 车二退一　将6退1
43. 车二退一　将6进1
44. 车二平一　车3进5
45. 马六进五　车3平4

红吃一象，黑吃一仕，自然是红的防守能力大为减弱。

46. 车一平四　将6平5
47. 马五退七　车4退1

防帅五平四叫杀，有车4平6兑车手段。

48. 车四平三　将5平6
49. 车三进一　将6退1
50. 车三退四　将6进1
51. 车三平四　将6平5
52. 车四平二　将5平6
53. 兵九进一　车4平5

54. 车二进四	将 6 退 1		55. 车二退七	前车平 6	
56. 炮六平八	象 5 退 7		57. 车二进八	车 6 平 2	
58. 炮八平六	车 2 平 5		59. 车二退八	后车平 3	
60. 马七退九	车 3 退 1		61. 马九进八	车 3 平 4	
62. 兵一进一	将 6 平 5		63. 帅五平四	车 4 平 6	
64. 帅四平五	车 6 平 5				

红守不住心仕，认输。

第 21 局 杨官璘 胜 郭福人

1977 年 9 月 29 日弈于太原

这是全国赛分组预赛对局。

1. 炮二平五　马 8 进 7
2. 马二进三　卒 7 进 1
3. 兵七进一　车 9 平 8
4. 马八进七　马 2 进 3
5. 车一平二　象 3 进 5
6. 车二进六　马 7 进 6

左马盘河是杨官璘熟悉的变例。郭福人用此阵式，除非有新变高着，否则是容易吃亏的。

7. 炮八进一　卒 7 进 1
8. 车二平四　马 6 进 7
9. 炮五平四　……

图 44，红没按流行着法卸左仕角炮，而改为右仕角炮。黑仍应炮 8 进 5 对攻。

9. ……　　　士 4 进 5
10. 车四平二　炮 2 进 1
11. 炮四进四　车 1 平 4
12. 相七进五　车 8 进 1

黑左翼车炮被拴链，但开出右肋车可以消除过河马所受威胁。

13. 仕六进五　车 4 进 6
14. 炮八进一　车 8 平 6
15. 车九平六　车 4 进 3
16. 帅五平六　卒 7 平 8
17. 兵七进一　……

巧着。黑如象 5 进 3，车二进一得子。

17. ……　　　炮 8 平 7
18. 炮八平四　车 6 进 2

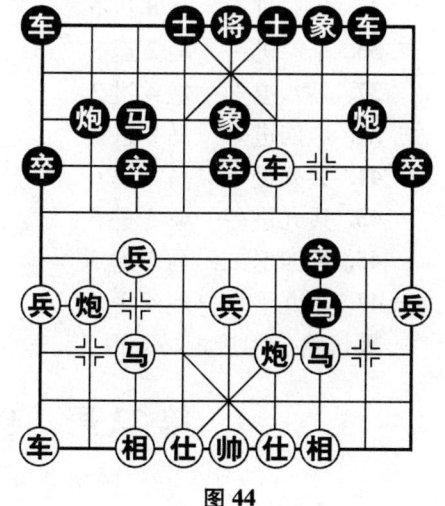

图 44

如车 6 平 7，车二平三，马 7 退 8，兵七进一捉双，亦红优。但舍车换马炮，以后无车战有车，也是下风了。

19. 车二平四　卒 3 进 1　　20. 车四进二　炮 7 进 5
21. 炮四退二　马 3 进 4　　22. 车四平二　炮 2 平 3
23. 马七进八　炮 3 平 4　　24. 帅六平五　卒 3 进 1
25. 马八进九　……

图 45，黑子力位置稍好，红欲取胜不容易。

25. ……　　　　马 7 退 6
26. 兵五进一　炮 7 平 8
27. 车二平四　马 6 退 8
28. 车四退五　卒 3 平 4
29. 兵五进一　马 4 退 2
30. 马九进八　卒 5 进 1
31. 车四进一　卒 5 进 1
32. 车四平二　……

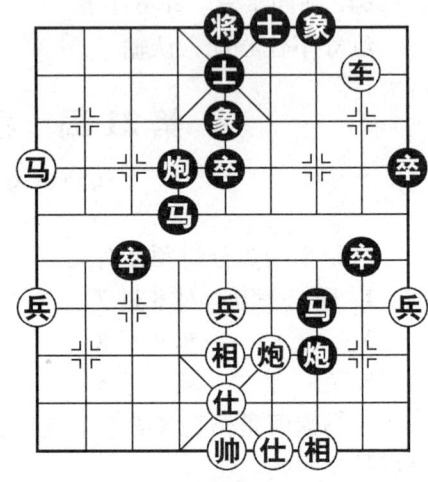

图 45

红终于找到黑方弱点，捉双得子。

32. ……　　　　炮 8 平 5
33. 相三进五　马 8 进 6　　34. 车二进一　马 6 进 7
35. 车二进一　马 2 退 3　　36. 相五退三　炮 4 退 2
37. 马八退七　炮 4 进 3　　38. 马七退五　卒 9 进 1
39. 炮四进六　马 3 进 1　　40. 车二平九　象 5 退 3
41. 兵九进一　马 7 退 6　　42. 车九平四　马 6 进 5
43. 兵九进一　象 3 进 5　　44. 车四平九　象 5 进 3
45. 炮四退二　马 5 退 3　　46. 炮四平五　象 7 进 5
47. 车九平六　炮 4 平 1　　48. 马五进三

黑认输。因接走马 1 退 3，车六进二，后马进 1，马三进一再跳卧槽杀。

第 22 局　赵国荣 负 杨官璘

1978 年 9 月 12 日弈于郑州

这是全国个人决赛对局。

1. 炮二平五　马 8 进 7　　2. 马二进三　车 9 平 8
3. 车一平二　马 2 进 3　　4. 兵七进一　卒 7 进 1

二、中炮过河车对屏风马左马盘河

5. 车二进六　马7进6
6. 马八进七　象3进5
7. 炮八进一　卒7进1
8. 车二退一　……

退车捉马，仍保持对黑车炮的牵制。

8. ……　　　卒7进1
9. 马三退五　马6退7
10. 车二进一　炮8平9
11. 车二进三　……

图46，兑车偏稳。可车二平三，车8进2，炮五平四，马3退5，炮八平三，形成对攻局面。

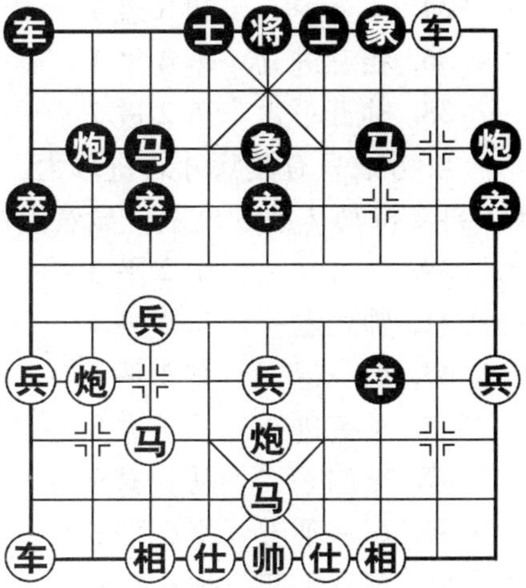

11. ……　　　马7退8
12. 炮八平三　车1进1
13. 车九平八　炮2退1
14. 车八进五　马8进7
15. 炮五平三　卒3进1
16. 前炮进六　……

赵国荣号称"小东北虎"，继承王嘉良敢于拼搏的风格，决定炮换双象叫将，并维持骑河车控制局面的威力。

16. ……　　　象5退7
17. 炮三进七　士6进5
18. 车八平七　炮2进1
19. 马五进三　……

另外的进攻思路是为七兵渡河准备条件，即车七平三，炮9退1，车三退一，炮9平7，车三平二，接有炮三平一或兵七进一等手段，黑不易应付。

19. ……　　　车1平4
20. 马三进四　车4进6
21. 马七进八　车4退2
22. 马四进三　马3进4

图47，黑马拦车，双炮互保，红车不能移右支援底炮，攻势受阻。黑在坚守中寻求对攻机会。

23. 炮三平一　车4进3
24. 马八进七　炮9退1
25. 车七平八　炮2平4
26. 仕四进五　炮9平7
27. 马七进五　马4退5

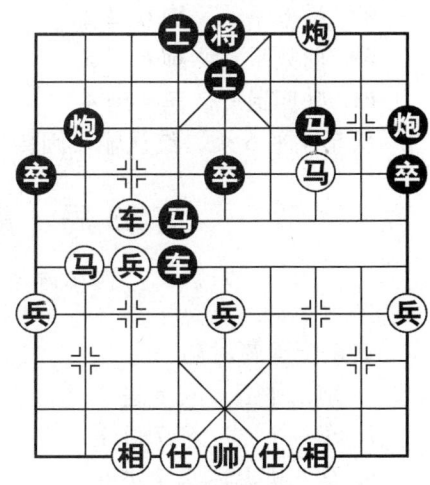

图46

图47

28. 马三进五	士5进6	29. 车八进一	炮4平3
30. 仕五进六	……		

解杀并拦黑车4退6困马。

30. ……	车4退1	31. 马五进七	车4退6
32. 车八平五	炮7平5	33. 马七退九	车4进2
34. 车五退一	炮3进7	35. 仕六进五	车4退1
36. 相三进五	车4平1	37. 相五退七	车1平2
38. 帅五平六	车2进7	39. 兵七进一	……

红考虑只有渡兵才有进攻力。如车五平六，车2平3，帅六进一，炮5平6，再支持马7进6攻杀，显然黑棋速度快。

39. ……	车2平3	40. 帅六进一	车3退1
41. 帅六退一	车3进1	42. 帅六进一	车3退3
43. 炮一退二	车3平4	44. 仕五进六	将5平6
45. 车五进二	马7进8	46. 车五平四	将6平5
47. 车四平二	马8退9	48. 车二平一	炮5平4
49. 车一平五	将5平6	50. 帅六平五	车4进1
51. 车五平四	炮4平6	52. 兵九进一	车4退1
53. 车四退四	士4进5	54. 兵七进一	炮6进1
55. 兵一进一	将6平5	56. 车四平二	将5平4
57. 兵七平八	炮6退2	58. 兵八平九	士5进6
59. 前兵平八	炮6平5	60. 帅五平四	车4进2
61. 帅四退一	车4退4		

伏车4平6杀，红认输。因接车二平四，炮5平6打死车。

第23局　戴荣光 负 杨官璘

1978年9月19日弈于郑州

这是全国赛对局。

1. 炮二平五	马8进7	2. 马二进三	车9平8
3. 车一平二	卒7进1	4. 车二进六	马2进3
5. 马八进九	马7进6	6. 车二退二	炮2退1
7. 车九进一	炮2平7		

对攻性新变着。以往多象3进5，车二平四，炮8进2，车九平二，马6退7，车二平六，仍红先。

二、中炮过河车对屏风马左马盘河

8. 车二平四　车1平2

图48，红如炮八平七，车2进4，车九平四，炮8进2，接有炮7平6打车的手段，黑可抗衡。

9. 车四进一　车2进7
10. 车九平二　炮8进4
11. 车四平三　车8进1
12. 兵三进一　象3进5
13. 车三进一　车2退2
14. 炮五平六　炮7平4
15. 相三进五　士4进5

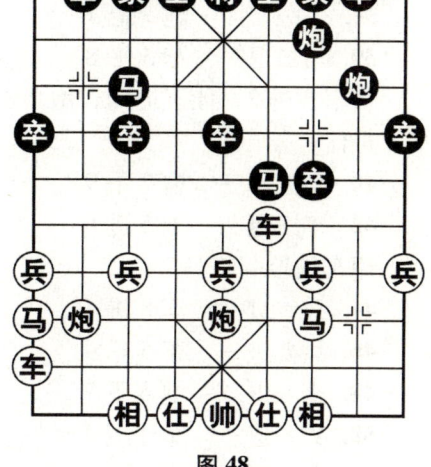

图48

红仅多一兵，但子力未能施展，先手不大。

16. 兵三进一　卒3进1
17. 兵三平二　车8进3
18. 车三退二　车2进2
19. 仕四进五　车8退3

红希望兑车简化局势。但黑避兑，宁可纠缠等待机会。

20. 兵七进一　炮8进1
21. 马三进四　炮8平4
22. 车二进七　后炮平8
23. 仕五进六　卒3进1
24. 马四进三　炮8平1
25. 车三平七　马3进4

图49，如急于车2平4吃仕，车七进二压马，则子力受制。

26. 车七平六　马4进2
27. 仕六进五　马2进1
28. 相七进九　车2平1

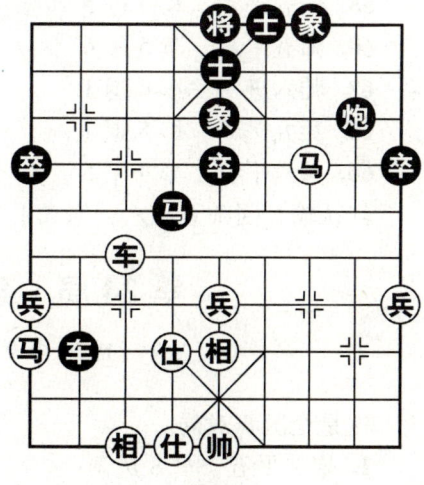

图49

黑跃出马来兑马，吃掉相而先前不吃仕，就是考虑残棋时红缺相怕炮。

29. 车六平二　炮8平6
30. 车二平九　车1进2
31. 仕五退六　炮6进5
32. 仕六退五　炮6退4
33. 车九平四　炮6退1
34. 马三进二　炮6平8
35. 车四平二　炮8平7
36. 车二平九　车1退2
37. 车九进二　……

伏车九进三，士5退4，马二退四，将5进1，车九退一杀。

37. ……　　炮7退1　　　**38.** 车九平五　车1平5
39. 马二退一　车5平8

伏车8进2，仕五退四，炮7进8，仕四进五，炮7平4，仕五退四，炮4平6得仕。

40. 车五平三　炮7平9　　　**41.** 马一进三　车8退5
42. 车三退二　士5进6　　　**43.** 仕五退四　炮9平6

用车炮控制红马。

44. 兵一进一　车8进4　　　**45.** 仕六进五　车8平5
46. 兵九进一　车5平4　　　**47.** 车三平八　象5退3
48. 车八退二　炮6平7　　　**49.** 车八平七　象3进1
50. 兵一进一　车4退3　　　**51.** 车七平四　车4退1
52. 车四平二　士6退5　　　**53.** 车二进五　士5退4
54. 兵一进一　炮7平2　　　**55.** 兵一平二　炮2进1
56. 兵九进一　……

眼看红马被拴死，如改兵二平三，车4平3，帅五平六，车3进7叫将抽车。

56. ……　　炮2平7　　　**57.** 兵二平三　炮7平5
58. 仕五进六　车4进5　　　**59.** 兵三平四　车4平5
60. 帅五平六　车5平6　　　**61.** 车二退一　车6进2
62. 帅六进一　车6退1　　　**63.** 帅六退一　车6退2
64. 兵九进一　炮5退1　　　**65.** 车二进一　车6平4
66. 帅六平五　车4平5

红认输，因帅五平六，炮5平4，车二退一，车5平4杀。

第24局　蔡忠诚 负 杨官璘

1979年9月12日弈于北京

这是全国赛对局。

1. 炮二平五　马8进7　　　**2.** 马二进三　卒7进1
3. 车一平二　车9平8　　　**4.** 车二进六　马2进3
5. 兵七进一　马7进6　　　**6.** 马八进七　象3进5
7. 炮八进一　卒7进1　　　**8.** 车二平四　马6进7
9. 炮五平四　炮8进5

二、中炮过河车对屏风马左马盘河

黑伸左炮是对攻必然之着。如士4进5，车四平二，黑左翼受制。

10. 炮四进七　象7进9
11. 炮四退二　……

图50，福建青年棋手蔡忠诚属攻击型棋手，自然敢于挥炮打士对攻。

11. ……　　　车8平6
12. 相七进五　士4进5
13. 车四平二　车6进2
14. 车二退四　车1平4

黑虽失士，但双车出动较快。

15. 仕六进五　车4进6
16. 炮八进一　车4平3
17. 车九平七　卒7平6

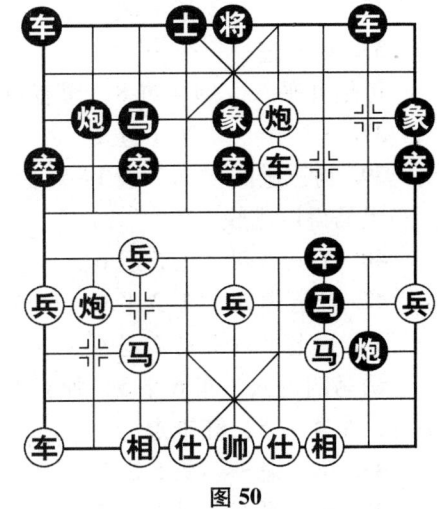

图50

18. 车二进一　卒6进1
20. 车二进一　卒6进1

19. 兵一进一　象9退7

黑抓紧冲卒，采取急攻策略。

21. 车二平三　马7进5
22. 仕五进四　马5进4
23. 帅五平六　车6进5
24. 相三进五　车6平5
25. 马三退五　车5平8

防炮八退二打死车。

26. 帅六平五　炮2进2

黑用马卒换取红双相仕，使红处于守势。

27. 马五进三　车3平2
28. 车七平六　车2进1

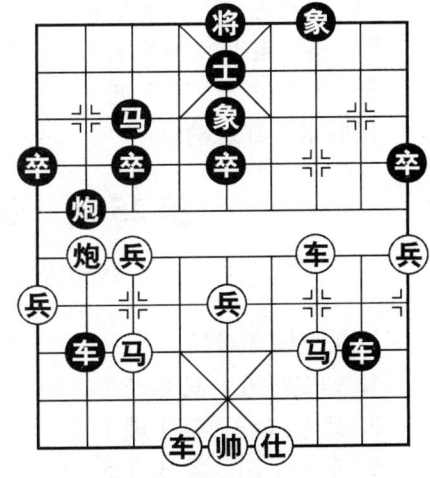

图51

图51，黑仍控制局面。

29. 车六进二　炮2退4
30. 仕四进五　炮2平1
31. 炮八平九　炮1平4
32. 马七退六　车2退2
33. 马六进七　车2进2
34. 马七退六　车2进2

杨官璘对局势充满信心，主动求变。

35. 车六进六　……

可兵七进一送吃，则红炮可获自由。

35. ……	卒1进1	36. 车六平七	车2退7
37. 兵七进一	……		

可炮九平八，炮4进8，黑有攻势。

37. ……	卒1进1	38. 兵七进一	车2进5
39. 马三进四	马3进1		

黑马得以逃脱。

40. 车三进四	士5退6	41. 车七平四	车8进2
42. 仕五退四	车2平6	43. 马六进五	马1进2
44. 兵七平六	马2退4		

诱马四进六，车6平5，帅五平六，车5平4，帅六平五，车4退3，兵六平五，车4平5，红难走。

45. 车三退一	象5进7	46. 车三退一	马4进6
47. 车三平五	马6退5	48. 车四退六	马5进4

经过一番厮杀，反而黑多一子占优。

49. 兵六进一	车8退3	50. 兵六进一	车8平5
51. 兵六进一	将5平4	52. 帅五平六	将4平5
53. 马五退七	车5平3	54. 车四平六	车3进2
55. 车六进二	卒1进1		

黑胜定，红认输。

第25局　王嘉良 负 杨官璘

1980年4月26日弈于福州

这是全国赛对局。

1. 炮二平五	马8进7	2. 马二进三	车9平8
3. 兵七进一	卒7进1	4. 马八进七	马2进3
5. 车一平二	象3进5	6. 车二进六	马7进6
7. 炮八进一	卒7进1	8. 车二平四	马6进7
9. 炮五平四	炮8进5	10. 相七进五	……

诱炮8平6，车四退四，炮2进2，相五进三，炮2平7，马七进六，伏马六进四咬马的先手。

10. ……	炮2进2	11. 炮四进七	车8进1
12. 车九进一	车1进1		

图52，黑先前没有飞边象，而提双横车，弈出新变化。

13. 炮四平六　马 3 退 4
14. 车九平四　车 1 平 4

黑车马守住两肋，有惊无险。

15. 炮八进一　马 7 进 5
16. 马七进六　卒 7 进 1
17. 马三退二　炮 8 退 1
18. 马六退五　炮 8 平 5
19. 马五进三　炮 2 平 5
20. 马三进五　……

为了吃掉卒，给黑空头炮。

20. ……　　　车 4 进 6
21. 前车进三　将 5 进 1
22. 马二进三　将 5 平 4

双方对攻激烈，黑移将保马，准备进车吃仕，抓紧攻杀。

23. 马三进五　车 4 进 2
24. 帅五进一　车 8 进 6

图 53，伏车 4 退 1，帅五退一，车 8 平 5，仕四进五，车 4 进 1 杀。

25. 前车退七　车 4 退 3

弃车妙着。如红接走前车平二，车 4 平 5，车二平五，车 5 进 1 杀。

26. 帅五退一　车 4 平 5
27. 仕四进五　车 5 平 2

又是弃车妙着，伏车 2 进 3 杀。红认输。

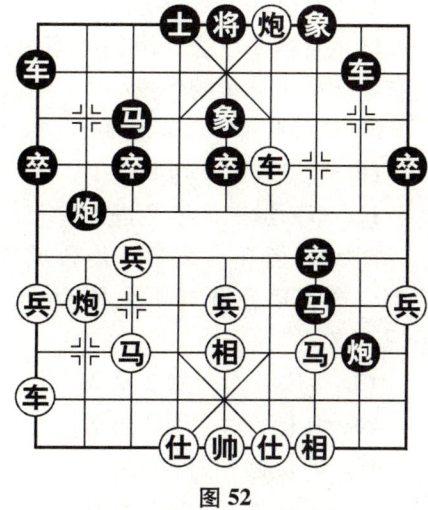

图 52

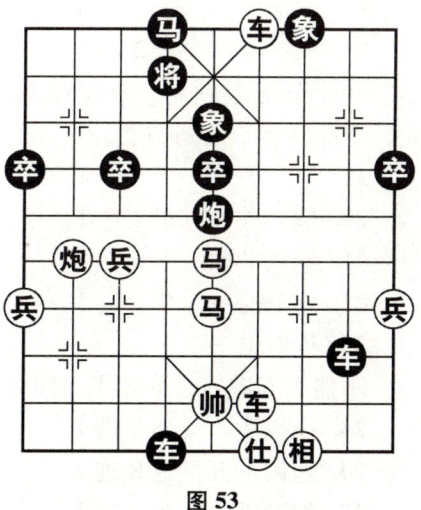

图 53

第 26 局　胡远茂 负 杨官璘

1981 年 9 月 14 日弈于温州

这是全国赛对局。

1. 炮八平五　马 2 进 3　　2. 马八进七　卒 3 进 1
3. 车九平八　车 1 平 2　　4. 车八进六　马 8 进 7
5. 兵三进一　马 3 进 4　　6. 马二进三　象 7 进 5

7. 车一进一　卒3进1

红用直横车攻法，黑仍冲卒过河。也可士6进5，不怕红车一平六捉马，因有炮2平4兑车的手段。

8. 车八平六　马4进3　　**9.** 炮五平六　士6进5
10. 炮二进二　炮8进1　　**11.** 炮二平七　卒7进1
12. 车六退三　卒7进1　　**13.** 车六平七　……

图54，黑弃马渡卒，是否成立有待观察。杨官璘在开局不久便弃子，这种情况不多见。

13. ……　　　炮2平3
14. 炮七平六　炮3进5
15. 车七退一　卒7进1
16. 车一平二　马7进6
17. 前炮平一　车9平6
18. 马三退一　车2进5

红开车捉炮软着，被黑跳马盘河抢先，至此红多子但陷被动。

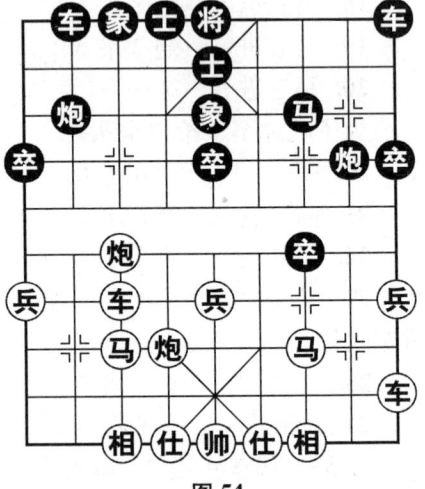

图 54

19. 炮一平七　卒5进1
20. 炮六进二　车2进1
21. 炮六平四　车6平8
22. 炮七退一　卒5进1
23. 炮四退三　……

不能兵五进一，炮8平5叫将抽车。

23. ……　　　卒5进1
24. 炮四平五　炮8进2
25. 炮七进一　车8进3
26. 炮七平五　车2平4

图55，黑渡双卒，其势已超过马之损失。

27. 后炮平七　象3进1
28. 仕四进五　车4退1
29. 炮五进一　车4退1
30. 炮五退一　车4退1
32. 炮五平八　车4平2

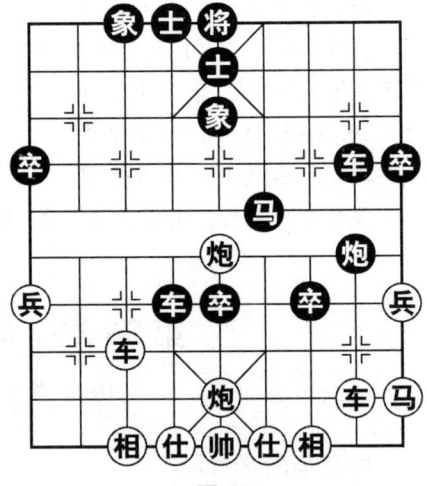

图 55

31. 炮五进一　车8平5
33. 炮八平六　士5退6

二、中炮过河车对屏风马左马盘河

34. 炮六进三 士4进5	35. 炮六平九 象1进3
36. 车二进一 炮8平5	37. 相三进五 马6进4
38. 车七平六 车5平6	39. 马一退三 马4进2

黑转入进攻状态，红子力分散退守。

| 40. 车六平八 将5平4 | 41. 炮七平八 车2平4 |

伏卒5进1吃相叫杀。

42. 车二进二 卒5进1	43. 车二平五 卒5进1
44. 仕六进五 车4平5	45. 车八进一 车6平4
46. 炮八退一 卒7进1	47. 车八退一 卒7进1
48. 相七进五 车5退2	

攻不忘守。防车八进七，将4进1，炮八进八，将4进1，炮八平七叫杀。

49. 马三进一 卒7平6	50. 马一进三 卒6平5
51. 帅五进一 车4进5	52. 帅五退一 车5平4
53. 帅五平四 后车平6	54. 帅四平五 车6进5

伏车4进1杀，红认输。

第27局 傅光明 负 杨官璘

1982年5月7日弈于武汉

这是全国赛对局，杨官璘此胜便获团体冠军。

1. 炮二平五 马8进7	2. 马二进三 卒7进1
3. 车一平二 车9平8	4. 车二进六 马2进3
5. 兵七进一 马7进6	6. 马八进七 象3进5
7. 炮八进一 卒7进1	8. 车二退一 卒7进1
9. 马三退一 ……	

流行着法是马三退五。本局傅光明退边马，别具一格，另有不同变化。

| 9. …… 马6退7 | 10. 车二进一 炮2进2 |

图56，黑右炮巡河也是一步新变着，诱车二平三，炮2平7，炮八平三，炮8进6，炮三平二，炮8平7，车三平四，车8进5，对攻。

| 11. 车九进一 马7进6 | 12. 车二平四 卒3进1 |
| 13. 兵七进一 象5进3 | 14. 炮八平七 马3进4 |

估计兑子会丢象，但黑炮活跃，比红马的攻击力更强。

| 15. 车四退一 马4进3 | 16. 车四平七 马3进5 |
| 17. 相七进五 炮2退3 | 18. 车七进三 炮2进1 |

19. 车七退一　炮2退1
20. 车七进一　炮2进1
21. 车七退一　炮2退1
22. 车七平三　车1平3
23. 马七进八　炮8平9
24. 车三退三　……

图57，不宜车三退四吃卒，车8进5，车三进一，车8平7，相五进三，车3进5，马八进九，炮2进8，帅五进一，车3平7，红难走。

24. ……　　　炮9平5
25. 车九平六　士4进5
26. 车三退一　车8进5
27. 马八退九　车3进7
28. 车六平八　炮2进6
29. 马一进三　车8平4
30. 车八退一　炮2退2
31. 车八平九　车3平2
32. 车三进二　炮5平1

红马受困难逃。

33. 兵九进一　炮2退3
34. 仕六进五　炮1进3
35. 车九平六　车4进4
36. 仕五退六　车2平1
37. 车三平八　炮2平5
38. 车八进四　士5退4
39. 车八退三　卒1进1
40. 车八平五　车1平3
41. 车五平八　炮1进4
42. 仕六进五　车3进2
43. 仕五退六　车3退6
44. 车八退六　炮5平1
45. 仕四进五　卒1进1
46. 兵五进一　车3进3
47. 马三进二　车3平2
48. 车八平七　车2平9
49. 马二进四　士6进5
50. 马四进六　将5平6
51. 马六进七　后炮进1
52. 马七退八　卒1进1
53. 马八退七　车9平2
54. 兵五进一　卒1进1

红认输。

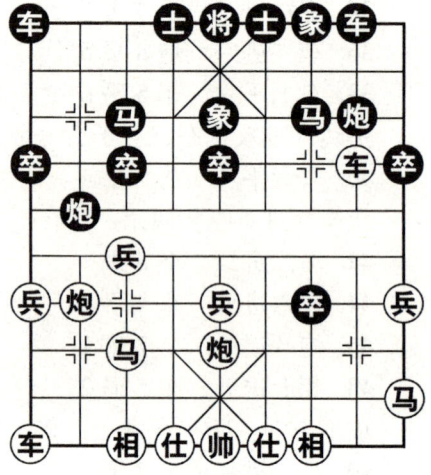

图 56

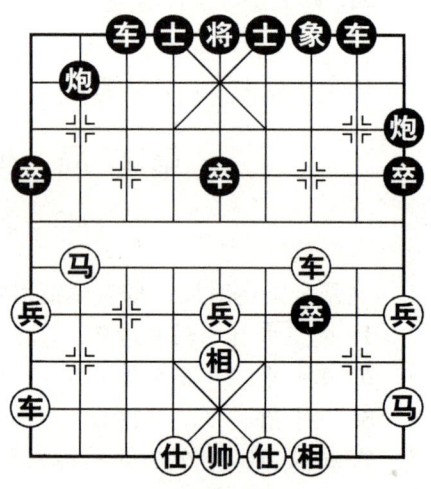

图 57

三、中炮对屏风马双炮过河

第 28 局 杨官璘 胜 何顺安

1955 年 7 月 17 日弈于上海

何顺安当时是上海第一高手，杨官璘这盘棋靠残局苦斗才胜。

1. 炮二平五　马 8 进 7　　2. 马二进三　车 9 平 8
3. 车一平二　马 2 进 3　　4. 兵七进一　卒 7 进 1
5. 马八进七　炮 2 进 4

当时红方流行中炮巡河炮布局，效果较好。擅长开局战术的何顺安伸右炮过河，打乱红方计划。

6. 兵五进一　炮 8 进 4
7. 车九进一　象 3 进 5
8. 车九平六　……

图 58，红横车占左肋控制黑右车贴身出路，比较稳健。如车九平四，士 4 进 5，兵三进一，炮 8 平 3，车二进九，马 7 退 8，兵三进一，车 1 平 4，相七进九，车 4 进 6，黑有较强对攻力。

8. ……　　　　士 4 进 5
9. 兵三进一　车 1 平 4

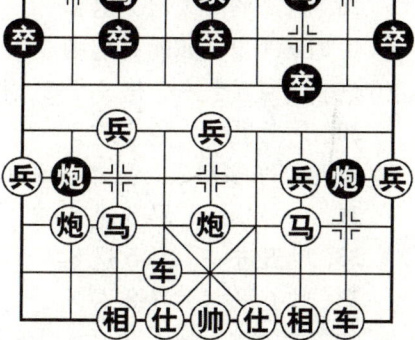

图 58

邀兑车防止车六进二捉双。如炮 2 平 7，兵三进一，象 5 进 7，马三退一，炮 8 进 1，车二进二，车 8 进 7，炮五进四，马 7 进 5，炮八平二，红较优。

10. 车六进八　马 3 退 4　　11. 兵三进一　象 5 进 7
12. 兵五进一　卒 5 进 1　　13. 马七进五　象 7 进 5
14. 炮五进三　炮 2 退 2　　15. 兵九进一　炮 8 平 7

16. 车二进九　马7退8
17. 炮八平九　马4进2

图59，黑先后主动兑掉双车，较量马炮残局。目前双方子力相当，红势略优，估计和棋的可能性相当大。但杨官璘下定决心，发挥自己高超的残局技巧，不放过微小的取胜希望。

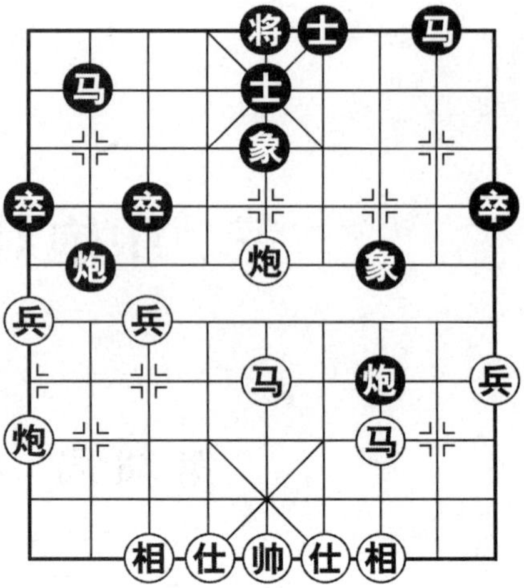

18. 炮九进四　马2进1
19. 兵九进一　马1退2
20. 兵九平八　马2进4

无车棋在平淡局势下，首先是谋取兵卒，此时红已谋得一卒。

图59

21. 炮五退一　马8进7
22. 相三进五　马7进5　　23. 炮五平二　马5进6
24. 相五进三　马6进7　　25. 马五退三　马4进5
26. 相三退五　象7退9　　27. 炮二退三　象9退7

虚着。应马5进6，炮二平七，卒3进1，兵七进一，象5进3，兵八平七，黑损失一象，争取暂保边卒。

28. 炮二平一　炮7退2　　29. 兵八进一　卒3进1

可炮7平9，如能兑炮则成和。如红接走炮一平五，马5进6，兵八平七，马6进4，炮五平六，炮9平5，仕四进五，马4退3，黑还有求和希望。

30. 兵七进一　象5进3　　31. 炮一进五　……

至此红净多双兵，黑难求和了。

31. ……　　马5进7　　32. 马三进二　马7进6
33. 帅五进一　马6进8　　34. 兵一进一　炮7平5
35. 帅五平六　马8退7

如马8进6，帅六进一，马6退8，马二进四，马8退6，炮一平五，黑势更弱。

36. 兵一进一　象3退5　　37. 马二进三　炮5平4
38. 马三退四　马7退5　　39. 兵八平七　炮4平5
40. 相五进七　炮5平2　　41. 兵一平二　马5退6
42. 兵二进一　马6进5　　43. 兵二平三　炮2平1
44. 兵七进一　炮1平6　　45. 兵三进一　……

双兵分别从左右进逼，发起攻势。

45. ……	马5退3	46. 马四进六	将5平4
47. 炮一退二	炮6平5	48. 炮一平六	将4平5
49. 兵三进一	炮5平6	50. 兵七进一	士5进6
51. 兵七平六	士6进5	52. 炮六平二	炮6平8
53. 兵三平四	……		

图60，黑为了拦住红炮沉底的威胁，被兵入象眼形成两鬼拍门之势。

53. ……	炮8平5		
54. 马六进五	马3退4		

如马3退5，兵六平五，士6退5，马五进七，马5退4，炮二平五，将5平4，兵四平五，炮5平4，马七退八，马4进3，马八进九，马3退2，帅六进一，炮4退2，炮五退三，再平六牵死黑炮胜定。

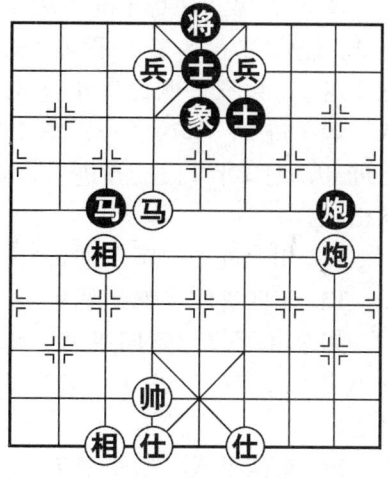

图60

55. 炮二进四	炮5退1		
56. 帅六平五	炮5进1		
57. 帅五平四	炮5进1	58. 相七进九	炮5平6

如炮5进1，炮二进一，象7进9，兵六平五，炮5退3，兵四平五，将5进1，马五退六，红必胜残局。

59. 兵四平五	士6退5	60. 马五进三	炮6退2
61. 帅四平五	将5平6	62. 炮二进一	象7进9
63. 兵六平五	炮6进3	64. 马三退二	炮6退1
65. 马二进四			

伏马四进二或进三杀，黑认输。

第29局　杨官璘 胜 刘忆慈

1956年12月23日弈于北京

这是全国赛对局。

1. 炮二平五	马8进7	2. 马二进三	马2进3
3. 车一平二	车9平8	4. 兵七进一	卒7进1
5. 马八进七	象3进5	6. 车九进一	……

避开左炮巡河的俗套，故意出横车以观局势变化，估计黑可能会走双炮过

河对攻。

6. ……　　炮2进4
7. 兵五进一　炮8进4
8. 车九平四　士4进5
9. 兵三进一　炮8平3
10. 车二进九　马7退8
11. 兵三进一　车1平4

图61，黑开贴身车准备对攻。如炮3进3，仕六进五，车1平4，车四进二，炮2退2，兵三平四，车4进8，车四平八，炮2进3，车八退一，车4平3，马七进五，炮3平1，仕五进六，红子力活跃稍优。

12. 相七进九　车4进6
13. 车四进四　炮3平9

如车4平7，车四平八，炮3平1，车八进二，车7进1，车八退四，红易走。

14. 车四平八　炮9平7
15. 仕四进五　车4平3
16. 车八进二　炮7进3

积极争取对攻机会。伏车3进1，车八平七，车3平5得子。

17. 马三进四　……

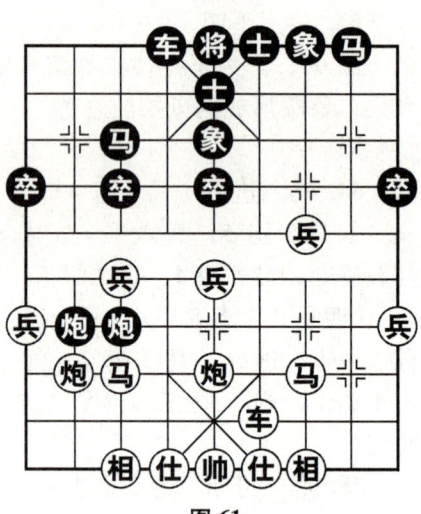

图61

图62，演变至此，是经过反复解拆，理论上认为双方比较正确的着法。以下黑如接走炮7退4，兵五进一，卒5进1，马四进六，车3进1，车八退四，车3平5，马六进八，炮7平4，马八进七，炮4退4，炮八平六，士5退4，车八平六捉死黑炮，红优。

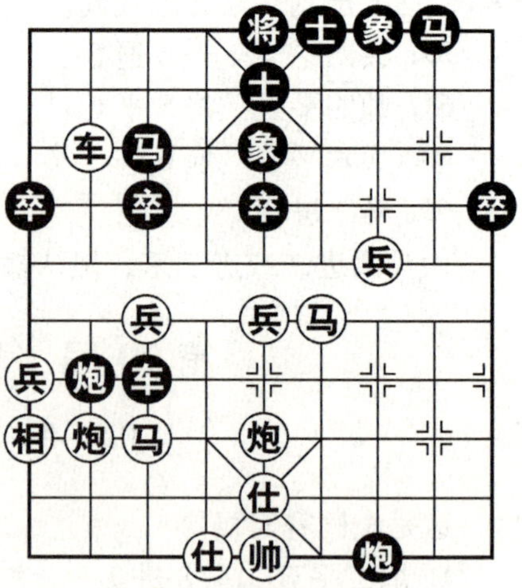

17. ……　　炮7平8
18. 仕五进四　炮8退4
19. 车八平七　车3进1
20. 炮五进四　将5平4
21. 车七退一　炮8平5

如车3平2吃炮，车七平六，将4平5，车六平八，将5平4，兵五进一，接走马四进六，红有强烈攻势。

图62

22. 车七平六　将4平5　　　23. 车六退二　……

防炮2平5，帅五平四，车3平6杀。

23. ……　　　　车3平2

这样兑子后黑少卒落入下风。如炮2退1，兵七进一，车3平2，帅五进一，车2进1，帅五进一，马8进7，炮五退一，炮5进1，马四进六，红有强烈攻势，黑亦难走。

24. 车六平五　炮2退1　　　25. 车五退二　车2平5
26. 马四退五　将5平4　　　27. 兵三平四　马8进7
28. 炮五平三　……

局势缓和，红只多一兵稍优。

28. ……　　　　炮2退3　　　29. 马五进六　炮2平1
30. 马六退七　卒1进1　　　31. 兵四进一　卒9进1
32. 兵七进一　……

弃兵取象，就此一搏。

32. ……　　　　象5进3　　　33. 炮三进三　将4进1
34. 马七进六　马7进8　　　35. 马六进七　炮1平3
36. 兵四平五　马8进6　　　37. 兵五平六　马6进4
38. 仕四退五　马4退5　　　39. 马七退九　马5退6
40. 炮三退一　将4退1

红算准能吃掉边卒，现在又有取胜希望。

41. 兵六平五　马6进7　　　42. 炮三进一　将4进1
43. 兵五平四　炮3平5　　　44. 帅五平四　士5进4
45. 马九进七　将4平5　　　46. 马七退五　炮5平4
47. 兵四进一　炮5进1　　　48. 马五进七

黑认输。接走将4平5，兵四进一杀。

第30局　李义庭 负 杨官璘

1959年10月4日弈于北京

1959年全国赛，杨官璘、李义庭分获冠亚军，这是赛后表演对局。

1. 炮二平五　马8进7　　　2. 马二进三　车9平8
3. 车一平二　马2进3　　　4. 兵七进一　卒7进1
5. 马八进七　炮2进4　　　6. 兵五进一　炮8进4
7. 车九进一　象3进5　　　8. 车九平四　士4进5

红横车移右肋,避免以后兑车的棋,将形成对攻激烈的局面,这符合李义庭的风格。

9. 兵三进一	炮8平3	10. 车二进九	马7退8
11. 兵三进一	车1平4	12. 相七进九	车4进6
13. 车四进七	……		

车四进四较稳,以后有车四平八捉炮,对黑子力有牵制作用。

13. ……　　　车4平7

黑暂不顾左马,放心对攻。

14. 炮五退一	炮3平1	15. 炮五平三	车7平3
16. 马七退五	炮2退5	17. 车四退三	卒3进1
18. 兵七进一	象5进3	19. 兵三进一	象7进5
20. 车四平二	马8进6	21. 兵三平四	……

图63,双方各攻一翼,红兵过河控马有势,但自己窝心马结构是一个弱点,需及早消除。黑右翼集中车马双炮,伺机出动反击。

21. ……　　　炮2进3
22. 车二进三　马3进4
23. 兵五进一　卒5进1
24. 车二平四　……

敢于平车吃马,诱炮2退3,马三进四,车3平7,炮八平三,车7进1,马五进三,炮2平6,马四进六,红得子。

24. ……　　　炮2进1

抓住红窝心马弊病,企图摆中炮取势。

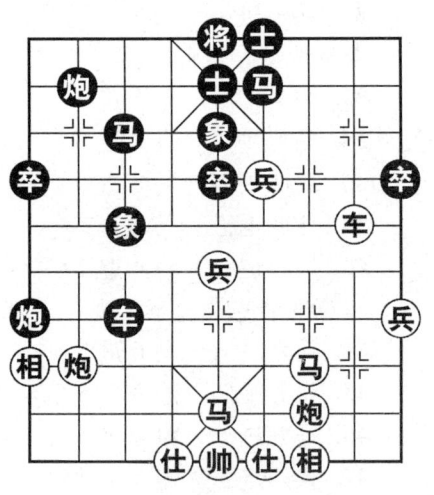

图63

25. 相九进七	炮1进3	26. 炮八退二	将5平4
27. 兵四平三	车3退1	28. 车四退二	马4进3
29. 车四平六	将4平5	30. 马三进五	车3平6
31. 后马进七	车6进2	32. 车六平九	……

图64,漏着,忽视了黑炮摆中叫将的威胁。

32. ……	炮2平1	33. 车九平八	后炮平5
34. 炮三平五	车6平3	35. 炮五进三	车3进2
36. 炮五进三	……		

无奈弃炮。如炮五平二,车3平4,帅五进一,车4平5,帅五平四,车5

平6，帅四平五，车6平5抽吃马优。

36. ……　　　象3退5
37. 仕四进五　卒5进1
38. 马五进三　马3进1

红不单原先多一子的优势消失，现在底炮又被捉死，落入败势。至此接走炮八进二，车3平4，帅五平六，马1进2杀。

39. 马三进四　士5进6
40. 车八退四　马1进2
41. 车八退一　卒5进1
42. 马四退三　卒5平4
43. 马三进五　卒4进1
44. 马五进四　将5平4
46. 车八平六　将4平5

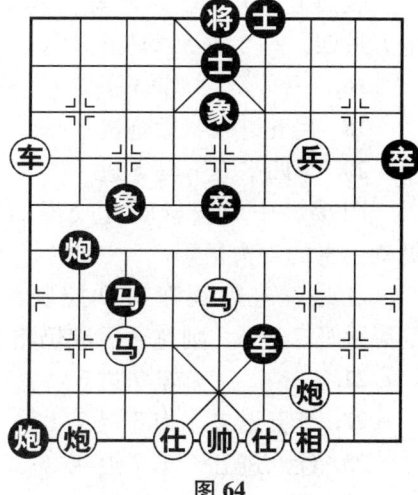

图64

45. 车八进五　将4进1
47. 车六平八　马2退1

红认输，因接走车八进二，车3退8反叫将杀。

第31局　刘剑青 负 杨官璘

1960年10月16日弈于北京

这是全国赛对局。

1. 炮二平五　马8进7
2. 马二进三　车9平8
3. 车一平二　马2进3
4. 兵七进一　卒7进1
5. 马八进七　炮2进4
6. 兵五进一　炮8进4
7. 车九进一　象3进5
8. 车九平四　士4进5
9. 兵三进一　炮8平3
10. 车二进九　马7退8
11. 兵三进一　车1平4

红横车平右肋而不平左肋，就是避免兑车的棋，有意形成对攻局面。当时棋手们对此布局变例是有研究的，但各人观点不同，对各方优劣判断也不同。杨官璘有深入解拆，他无论执红或黑，多数都能取胜。

12. 相七进九　车4进6
13. 车四进七　炮2退5

赶走红车稳健。如急于车4平7，炮五退一，接有平炮打车的手段，仍红先手。

14. 车四退三　卒3进1
15. 兵七进一　炮2平3
16. 马三退五　……

表面上是为了联结左马，其实等待黑后炮进3，即车四平七，象5进3，炮五进四，马3进5，马五进六，马5进7，兵五进一，红多兵稍好。

16. ……　　　车4平7　　　17. 兵五进一　后炮进3
18. 兵五进一　后炮进3　　　19. 马五进七　马3进5
20. 车四平五　马5进7　　　21. 炮八进一　……

图65，中局较量双方咬得很紧，可见刘剑青的功夫很深。

红此着进炮逐车，可控制兵林线。如黑跳马7进6，则兑子后红仍略先。

21. ……　　　车7进3
22. 车五退二　炮3退3
23. 仕六进五　车7退4
24. 炮八进六　炮3平8
25. 帅五平六　炮8平4
26. 炮八平九　车7平4
27. 帅六平五　炮4平8
28. 仕五进四　车4进2
29. 马七进八　马7进8

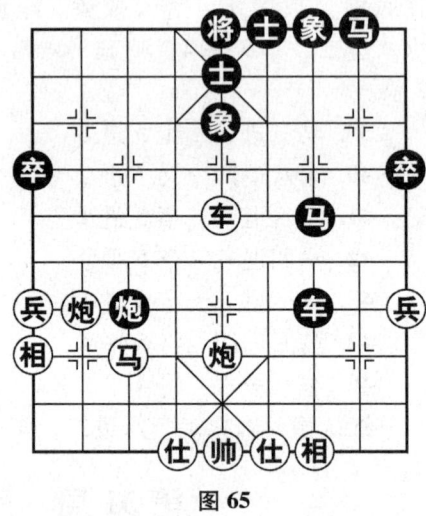

图65

跳马造成兑子，消除红中炮威力。

30. 车五平二　车4平5
31. 仕四进五　车5退4
32. 车二平七　将5平4
33. 车七平六　将4平5
34. 帅五平六　士5进4
35. 车六进四　……

红处于进攻状态，但攻力不足，黑方全力防守，则能抗衡。

35. ……　　　马8进7
36. 车六进二　将5进1
37. 马八进六　车5平3
38. 车六退二　马7进6
39. 马六进七　炮8平4

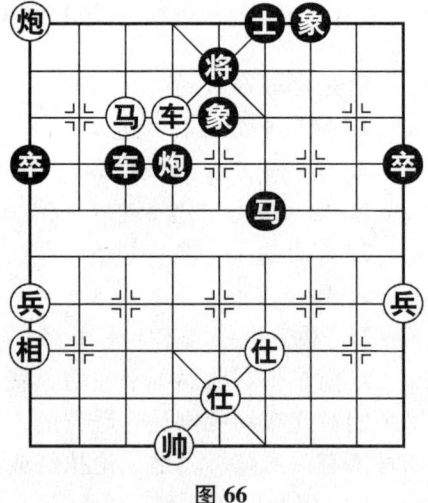

图66

图66，面对红方攻杀，黑防守得力，用车牵制红马，用炮挡住帅，有惊无险。

| 40. 炮九退二 | 马6进4 | 41. 帅六平五 | 象5退3 |

42. 车六平三 ……

如车六平五，将5平4，车五平六，将4平5，车六退一，车3退1，车六退二，和棋。但红不甘心，仍想搏杀，这是对局面的判断问题。

| 42. …… | 将5退1 | 43. 炮九进二 | 象3进5 |
| 44. 马七进八 | 象5退3 | 45. 车三平八 | |

伏马八退七，象3进5，车八进二杀。

45. …… 炮4退3

退炮破除红攻势，黑方安全，还伏移车反叫杀的手段。

46. 车八平六	车3平8	47. 帅五平四	车8进6
48. 帅四进一	马4进6	49. 炮九平七	炮4平2
50. 炮七退七	炮2进8	51. 车六退六	马6进4

黑胜。

第32局　杨官璘 胜 方孝臻

1960年11月3日弈于北京

这是全国赛最后一轮对局。这局棋的胜负影响到前6名的归属，所以下得很紧张。

1. 炮二平五	马8进7	2. 马二进三	车9平8
3. 车一平二	马2进3	4. 兵七进一	卒7进1
5. 马八进七	炮2进4	6. 兵五进一	炮8进3

通常炮8进4。本局改为炮8进3，虽是新变着，但以后发展看不出什么作用。

| 7. 马七进五 | 象3进5 | 8. 兵五进一 | 卒5进1 |
| 9. 炮五进三 | 士4进5 | 10. 兵三进一 | 炮8退1 |

红挺兵捉炮，仍持先手。

| 11. 炮五平二 | 车8进4 | 12. 车二进五 | 马7进8 |
| 13. 兵三进一 | 马8进7 | | |

无奈放过兵渡河。如象5进7，马三进四，马8进7，马五进六，车1平3，炮八平三，象7退5，车九平八，红先手很大。

| 14. 兵三进一 | 车1平4 | 15. 炮八平四 | …… |

预防车4进6时，炮四进一打双。

| 15. …… | 炮2退2 | 16. 车九平八 | 炮2平5 |

17. 仕六进五　车4进5

图 67，黑不吃兵而抢出肋车，又运炮镇中，都是取势佳着，至此伏车 4 平 5 捉马。

18. 炮四平五　马7进5
19. 相三进五　车4平5
20. 车八进七　马3进5
21. 车八进二　士5退4
22. 兵三平四　炮5进2
23. 车八退六　……

如直走马三进五，车 5 进 1，兵四平五，车 5 退 3 即成和局。杨官璘希望保留右马，在残棋中有较多机会。

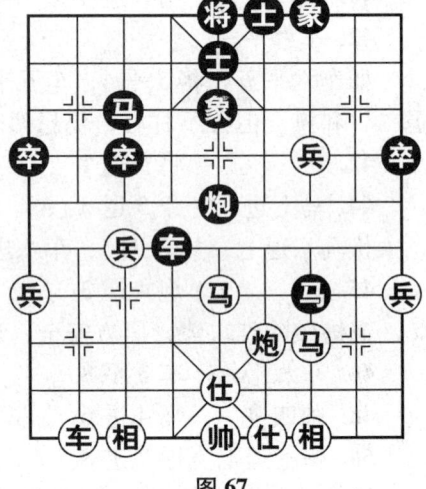

图 67

23. ……　　炮5平1	24. 车八平九　马5进6
25. 车九平四　马6退8	26. 车四进二　马8进7
27. 车四平三　马7进9	28. 车三平六　……

如马三退一，车 5 进 1，车三退三，马 9 退 7，黑死不死。

28. ……　　士6进5	29. 仕五进六　象7进9
30. 仕四进五　马9退7	31. 车六进一　车5退1
32. 车六平七　卒1进1	

目前争夺兵卒是影响胜负的重要因素。

33. 车七平九　卒9进1	34. 兵四平五　象9退7
35. 兵五平六　卒9进1	36. 兵一进一　马7进9
37. 马三进四　马9退7	38. 马四退六　车5平4
39. 马六退四　马7退6	40. 马四进五　马6进7
41. 马五进四　车4平6	42. 兵六进一　……

在子力相近互缠中，必须打开局面才有进展。此着弃兵算准能吃掉双士，并争取渡过七路兵。

42. ……　　士5进4	43. 马四进六　将5平6
44. 车九进三　车6平4	45. 车九平六　将6进1
46. 兵七进一　车4退1	47. 兵七进一　……

舍得弃兵换象，以摆脱车马受牵制，对于以后攻杀仍抱有信心。

| 47. ……　　车4平3 | 48. 车六平三　车3平4 |
| 49. 马六进八　将6平5 | 50. 车三平九　马7退5 |

51. 车九退四　马5进4　　52. 车九平一　马4进3
53. 车一进三　将5退1　　54. 车一退一　将5进1
55. 马八进六　车4退1　　56. 帅五平四　……

图 68，车马对车马，红似乎难胜，但杨官璘残局功力深厚，巧出帅可运马至右翼助车攻杀，则又是一番天地。

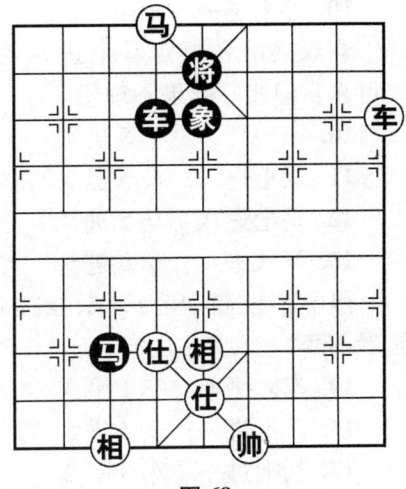

图 68

56. ……　　　马3退4
57. 马六退四　车4进1
58. 马四退二　车4平8
59. 马二进一　车8进6
60. 帅四进一　马4退6

黑亦不示弱，展开侧面虎对攻。

61. 车一进一　将5退1
62. 马一退三　将5平4
63. 车一退五　将4进1

红连守带攻，一系列着法十分精彩。

64. 车一平六　将4平5　　65. 车六平四　马6退8
66. 车四进五　将5退1　　67. 车四进一　将5进1
68. 马三退四　将5平4　　69. 车四退一　将4退1
70. 马四退六　将4平5　　71. 车四进一　将5进1
72. 马六进七　将5平4　　73. 车四平六

红胜。

第 33 局　刘殿中 负 杨官璘

1964 年 5 月 6 日弈于杭州

这是全国赛对局。刘殿中才 16 岁，代表河北省，开局就敢于弃双兵猛攻。

1. 炮二平五　马2进3　　2. 马二进三　卒7进1
3. 兵七进一　马8进7

红挺七兵，又回到中炮对屏风马阵式，否则黑有演成反宫马的企图。

4. 马八进七　炮2进4　　5. 车一平二　车9平8
6. 兵五进一　炮8进4　　7. 车九进一　象3进5
8. 车九平六　马7进6

图 69，黑流行着法是士4进5，兵三进一，车1平4，双方对峙。现在改

跳左马盘河，是一步新变着，对攻性较强。

9. 兵五进一　　卒 5 进 1
10. 兵七进一　　……

弃双兵准备再走马七进六咬双，勇气可嘉，但实际效果不理想。

10. ……　　　　卒 5 进 1
11. 兵七进一　　马 3 退 5
12. 马七进八　　马 5 进 7
13. 马八进六　　车 8 进 3

黑中卒控制中心区域，红右翼子力施展不开。

14. 车六平七　　车 1 平 3
15. 兵七进一　　士 4 进 5
16. 炮五平六　　炮 2 平 4
17. 兵七进一　　车 3 平 2
18. 炮八进六　　马 6 进 4
19. 炮六平八　　车 2 平 4
20. 马六进七　　马 7 进 5

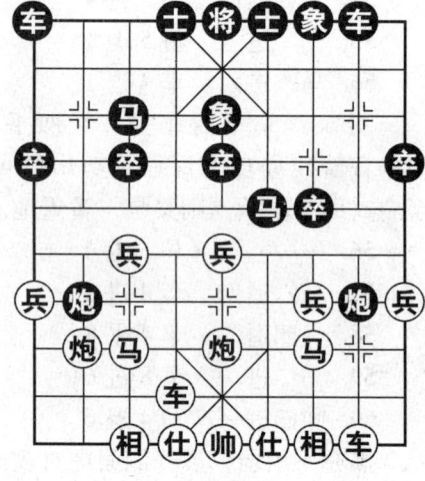

图 69

邀兑红马，削弱红进攻能力。

21. 马七退五　　车 8 平 5
22. 后炮平六　　马 4 进 2

图 70，红炮企图牵制车马，黑马跳开咬车，展开对攻。

23. 车七进二　　炮 4 平 5
24. 炮六平九　　马 2 退 3
25. 炮八退五　　马 3 进 2
26. 车七平八　　车 5 平 3
27. 车八进五　　车 4 进 7

防止兵七平六叫杀，车 4 平 5，仕四进五，车 5 平 2 抽车。

28. 马三进五　　炮 8 平 5
29. 车二进一　　车 3 进 6
30. 车二平八　　车 4 进 2
31. 帅五进一　　车 4 平 5
32. 帅五平四　　车 5 平 6
33. 帅四平五　　车 3 平 5
34. 帅五平六　　车 5 平 4
35. 帅六平五　　炮 5 平 4

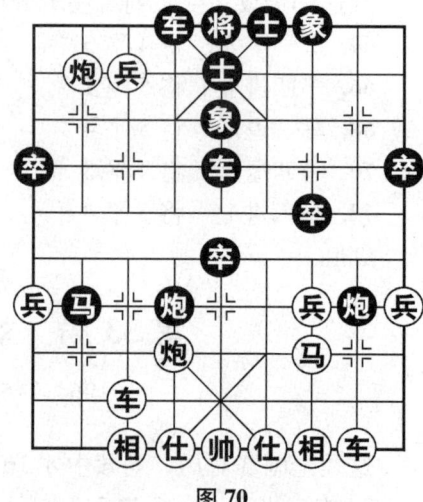

图 70

既可退炮防守，又露卒助攻。

36. 兵七平六 车4平5   37. 帅五平六 车6退1
38. 帅六进一 车5平4

红认输。因接帅六平五，卒5进1杀。

第 34 局　杨官璘 胜 王国栋

1976 年 6 月 27 日弈于兰州

这是全国赛预赛对局。

1. 炮二平五　马8进7　　　2. 马二进三　车9平8
3. 兵七进一　卒7进1　　　4. 马八进七　马2进3
5. 车一平二　炮2进4　　　6. 兵五进一　炮8进3
7. 马七进五　……

黑左炮骑河，反击力不强，还是炮 8 进 4 为好。所以红跳盘头马进攻。

7. ……　　　炮2平7　　　8. 车九平八　车1平2
9. 炮八进四　象3进5　　　10. 仕四进五　炮8进1
11. 兵五进一　卒5进1　　　12. 炮五进三　士4进5
13. 马五进六　……

图 71，红跃马过河咬马，发起攻击。

13. ……　　　马3进5
14. 炮五退三　马5进4
15. 炮五进二　马7进5
16. 相三进五　卒7进1

黑不示弱，亦冲卒过河对攻，但对红马跳卧槽的攻杀力估计不足，造成大错。

17. 马六进四　卒7平6

劣着，此卒不能动，用炮守住卧槽位置。

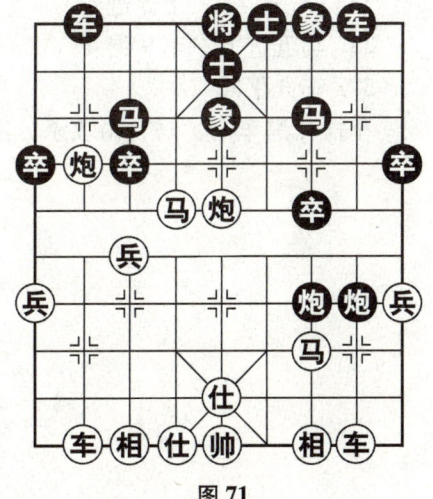

图 71

18. 炮五进一　车8进1

败着。应卒 6 平 7 守住卧槽。面临危险而不自知。

19. 车二进三　……

图 72，弃车砍炮妙着！由此奠定胜局。如车 8 进 5 吃车，炮八平五，车 2 进 9，前炮平六，马 4 退 5，马四进三，将 5 平 4，炮五平六，红弃双车杀，妙绝人间！

19. ……	车8平6
20. 炮五进二	将5平4
21. 车八进五	卒3进1
22. 车二平三	车6进2
23. 炮八平四	车2进4
24. 炮五平二	卒3进1
25. 炮二进二	车2平6
26. 车三进六	将4进1
27. 炮二退一	将4退1
28. 车三退三	马5退6
29. 炮四平一	……

不怕马6进7吃车，炮一进三杀。

29. ……	马4进6
30. 炮一进三	后马退8
31. 马三进五	车6平8
32. 炮二平四	车8平9
33. 车三平九	……

伏车九进三杀。

33. ……	士5进4
34. 炮四退五	卒6进1
35. 马五进七	车9退4
36. 车九进三	将4进1
37. 车九平四	

车拴死黑车马，马自由攻杀，黑认输。

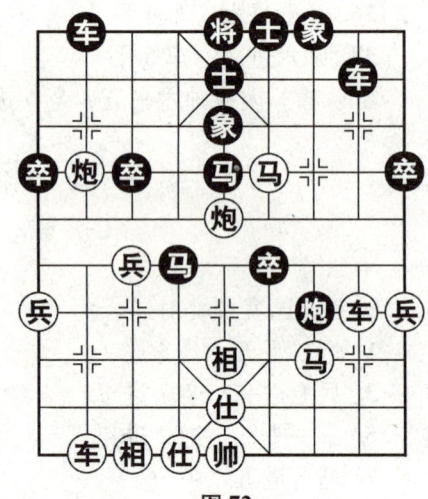

图72

四、中炮对屏风马 3 卒

第 35 局　杨官璘 胜 侯玉山

1957 年 5 月 15 日弈于广州

1. 炮二平五　马 8 进 7	2. 马二进三　马 2 进 3
3. 车一平二　车 9 平 8	4. 兵三进一　卒 3 进 1
5. 马八进九　象 3 进 5	6. 炮八进四　……

黑飞右象嫌早,宜先挺边卒,待红炮过河才飞左象,以免红炮打卒后对底象有威胁。

6. ……　　　卒 1 进 1	7. 炮八平三　炮 2 进 2
8. 车九平八　卒 1 进 1	9. 兵九进一　车 1 进 5
10. 车二进四　……	

如车八进四,车 1 平 2,马九进八,炮 8 进 6,红左马无路可进,右车又受压。所以红先升起右车。

10. ……　　　炮 8 退 1	11. 车八进四　车 1 平 2
12. 马九进八　炮 8 平 2	13. 车二进五　马 7 退 8
14. 马八退九　后炮平 7	15. 相三进一　……

红仅多一兵,但先手不大,准备伺机跃出右马谋取中卒,杨官璘又想发挥其擅长的残棋功夫。

15. ……　　　卒 9 进 1	16. 炮五退一　士 6 进 5
17. 马三进四　炮 7 平 9	18. 马四进五　马 3 进 5
19. 炮五进五　炮 9 进 5	20. 兵五进一　卒 9 进 1
21. 炮五平八　卒 9 平 8	22. 马九进八　马 8 进 7
23. 马八退六　卒 8 平 7	24. 相一进三　炮 9 平 3
25. 马六进七　……	

双方争夺兵卒,最后红只剩一个中兵,图 73,红欲求胜是不容易的。

25. ……	炮3平5
26. 炮八进三	象5退3
27. 炮三进三	马7进5
28. 马七退六	炮2退2
29. 兵五进一	马5退4
30. 炮八平九	马4进3
31. 炮三退三	将5平6
32. 帅五进一	炮2进3
33. 炮三平六	炮2平5
34. 帅五平六	后炮平4
35. 帅六平五	炮4平5
36. 帅五平六	马3进4
37. 兵五平六	马4退2
38. 马六进八	马2退1
40. 炮六平九	……

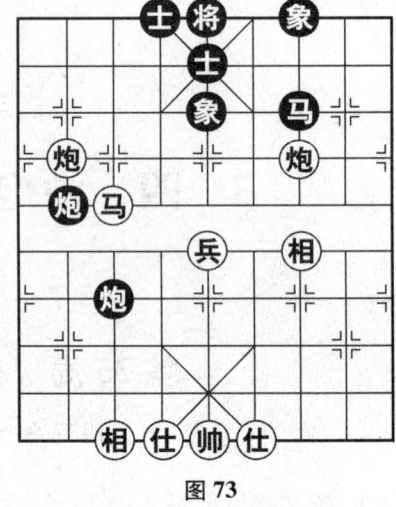

图73

39. 炮九退一	后炮退3

黑炮马无卒不能成势，以上攻击手段没有效果。红运炮控制黑马出路，局势开始好转。这种残局，双方都比较难下。黑欲求和，目前还未达到和棋条件；红要取胜，暂时没有攻势，双方都要耐心走下去。

40. ……	马1退3	41. 后炮平七	马3进2
42. 炮九平八	马2进3	43. 炮八平七	马3进2
44. 后炮退四	后炮平4	45. 帅六平五	炮4平5
46. 帅五平六	象3进1		
47. 相七进九	前炮退1		
48. 马八进七	象1退3		
49. 帅六进一	马2退1		
50. 兵六进一	后炮平2		
51. 马七退八	象3进1		
52. 后炮进五	……		

图74，红一直处于守势，现在机遇来了，开始发起初步攻势。由此可见杨官璘的残局功夫。

52. ……	炮2进2
53. 前炮平八	士5进6

防炮七进二杀。

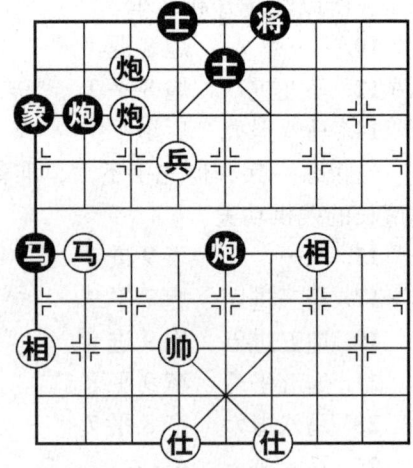

图74

四、中炮对屏风马3卒

54. 兵六进一　马1进2　　　55. 炮七平四　炮5平4

如士4进5，红炮四退五捉马然后逃兵。

56. 帅六平五　马2进4　　　57. 炮四退三　马4退5
58. 炮四平五　炮2平5　　　59. 马八进七　马4退2
60. 兵六平五　马5进7　　　61. 帅五平六　炮5平4
62. 帅六平五　前炮平8

图75，黑伏炮8进3杀，此时马炮棋进入了对攻的紧张状态。

63. 帅五平六　炮8平4
64. 帅六平五　前炮平8
65. 帅五平六　炮8平4
66. 帅六平五　后炮平5
67. 帅五平六　炮5平4
68. 帅六平五　前炮平8
69. 帅五平六　炮8进3

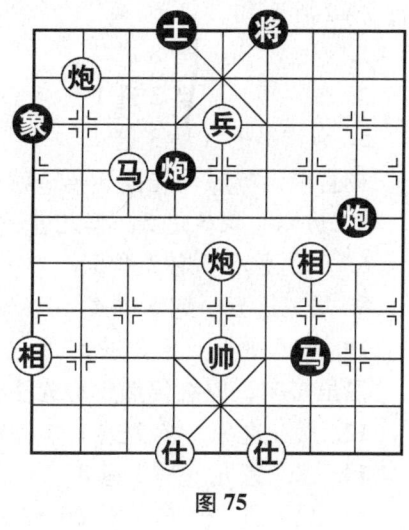

图75

如马7进6，炮五进一，黑暂无杀着。

70. 帅六退一　炮8退3
71. 帅六进一　炮8进3
72. 帅六退一　炮8退1

黑长叫杀犯规，须变着。

73. 马七进六　士4进5　　　74. 兵五进一　……

伏兵五进一，将6平5，马六退四叫将抽吃炮。

74. ……　　　　炮4退1　　75. 兵五平四　将6平5
76. 兵四进一　将5平4　　　77. 马六退四　炮8平4
78. 炮五平六　后炮平5

防兵四平五杀。

79. 马四退五　马7进6　　　80. 帅六进一　炮4进3
81. 马五进七　炮5平3

如炮4退4，马七进五，将4进1，马五退七叫将抽吃黑炮，红胜定。

82. 炮六进四　……

巧着，伏马七进五杀。

82. ……　　　　炮3平4　　83. 炮六平二

伏炮二进一杀，黑认输。

第36局　王嘉良 负 杨官璘

1957年5月16日弈于广州

王嘉良、侯玉山与杨官璘、陈松顺在广州进行对抗赛，其中王、杨对弈4局，杨2胜2和。

1. 炮二平五　马8进7　　2. 马二进三　车9平8
3. 车一平二　卒3进1　　4. 马八进九　马2进3
5. 炮八平七　马3进4

杨官璘走屏风马先挺3卒，就是为了此着右马盘河。如按流行谱法马3进2，车二进六，象3进5，车九进一，士4进5，车九平六，红控制局面占先。

6. 车九平八　炮2平5　　7. 车八进四　马4进5
8. 马三进五　炮5进4　　9. 仕六进五　炮8进4
10. 车八平五　象3进5　　11. 兵三进一　炮5平9

黑虽多卒，但红仍然掌握先手。

12. 兵三进一　卒7进1　　13. 车五平一　炮8平1
14. 车二进九　马7退8　　15. 兵七进一　炮9平2
16. 兵七进一　车1平2

防车一平八，炮2平9，车八退一捉双。

17. 车一平九　炮2进3

这是唯一能挽救红捉死边炮的棋。

18. 仕五退六　炮2平1
19. 车九平五　马8进7
20. 炮五平三　后炮平7
21. 相三进五　车2进6

图76，红弃兵捉炮希望得子，却被黑方化解了。至此黑阵式稳妥，多卒较优。

22. 仕四进五　象5进3
23. 炮三进三　象7进5
24. 炮三进一　卒1进1
25. 马九进八　炮7平9
26. 马八进六　车2平7
27. 相五进三　炮9退1

红争取对攻机会，黑求兑车以多卒求胜。

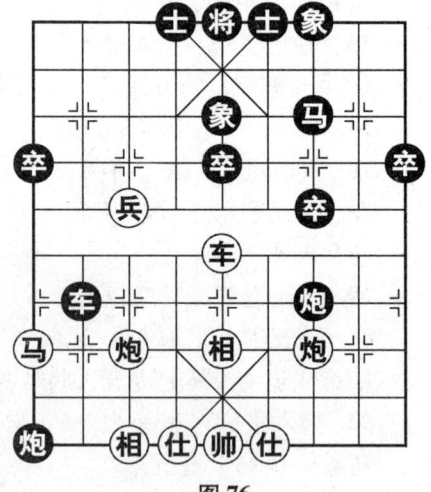

图76

28. 车五进二	车7退1	29. 车五平七	车7进4
30. 仕五退四	车7退2	31. 炮七进二	……

红任黑左炮沉底叫将、准备升帅，希望跳马奔卧槽及镇中炮有攻杀手段。

31. ……	车7平5	32. 仕四进五	车5退3
33. 马六进七	炮9平5	34. 帅五平四	车5平6
35. 仕五进四	车6进3	36. 帅四平五	卒1进1
37. 车七平六	士6进5	38. 马七退六	卒1平2
39. 炮七退三	炮5退1		

图77，黑炮绊红马腿，使红难施展攻势。黑还有炮1退3叫杀手段。

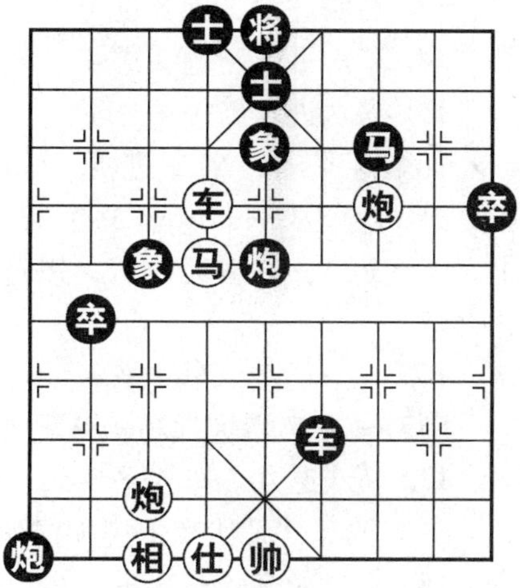

40. 车六平九	炮1平2
41. 炮七平八	车6进1
42. 炮三平八	卒2平3
43. 后炮平七	……

漏着，白丢一炮，对攻无效。应前炮退六，车6平2，车九平三，车2进1，车三进一，车2退6，红亦败势。

43. ……	车6平3		
44. 炮八进三	象5退3		
45. 车九平七	车3进1		
46. 帅五进一	马7进6	47. 车七平五	车3退1
48. 帅五进一	马6进7		

图77

红认输。因接走帅五平六，卒3平4再进1杀。

第37局　任德纯 负 杨官璘

1957年1月14日弈于上海

这是全国赛对局，辽宁青年棋手任德纯最后获第5名。

1. 炮二平五	马8进7	2. 马二进三	马2进3
3. 车一平二	车9平8	4. 兵三进一	卒3进1
5. 马八进九	象7进5	6. 炮八进四	马3进2

跳马削弱了中路防御，应卒1进1为宜。

7. 车九进一	车1进1	8. 车九平六	士6进5
9. 炮八平三	卒3进1	10. 车二进五	……

图78，进车骑河捉马可以抢先，但会丢兵。如兵七进一，车1平3，车二进五，车3进4，相三进一，马2进4对攻，谁优谁劣，尚难预料。

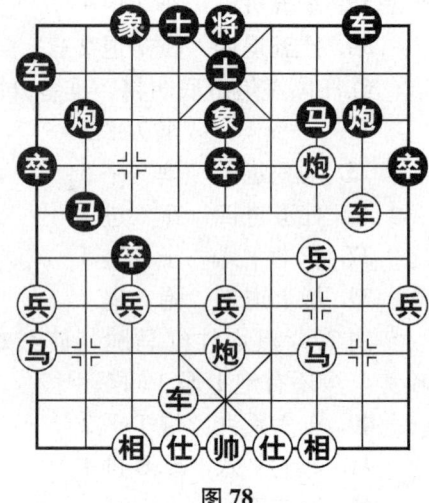

图78

10. ……　　　马2进3
11. 马九进七　卒3进1
12. 马三进四　车1平3
13. 马四进六　炮8进1
14. 车六平八　炮2进4
15. 马六进八　……

如炮五平七，卒3进1，车八进二，车3进3，车八平七，车3进2，马六退七，卒5进1，红暂无攻着，黑过河卒潜伏力量。

15. ……　　　车3平4　　　16. 兵五进一　卒5进1

巧着，弃卒露炮捉马，是黑方反击之始，由此红方落入被动。

17. 马八退九　车4平3

平车护卒，又伏卒1进1捉死马。

18. 车二平五　车3进2　　　19. 兵三进一　炮8进3

既护右炮，又伏炮8平5叫将抽车。

20. 炮五平七　卒3平4　　　21. 马九进七　炮2平3

佳着，化解红炮打车，反过来捉住红马，又有炮轰相的续着。红必然丢子。

22. 炮七平三　象5进3　　　23. 车五平六　卒4平5
24. 车八平五　卒5平6　　　25. 车六平四　车8平6
26. 车四进四　士5退6　　　27. 兵五进一　象3退5
28. 车五平四　车3平6　　　29. 兵五平四　……

红少一马，希望依靠过河双兵弥补。

29. ……　　　车6平5　　　30. 后炮平五　车5进3
31. 兵四进一　士6进5　　　32. 炮三平九　炮8退1
33. 兵三进一　炮8平5　　　34. 仕六进五　炮3进2

图79，红车被困难逃，红认输。

四、中炮对屏风马 3 卒

图 79

第 38 局　杨官璘 胜 胡荣华

1965 年 11 月 12 日弈于银川

这是全国赛对局，下得激烈、精彩。

1. 炮二平五　马 2 进 3　　2. 马二进三　马 8 进 7
3. 车一平二　车 9 平 8　　4. 兵三进一　卒 3 进 1
5. 马八进九　象 3 进 5

飞右象不如飞左象稳妥，要注意红炮八进四的攻法。

6. 炮八进四　卒 7 进 1
7. 兵三进一　象 5 进 7
8. 炮八平七　车 1 平 2
9. 车九平八　炮 2 进 4

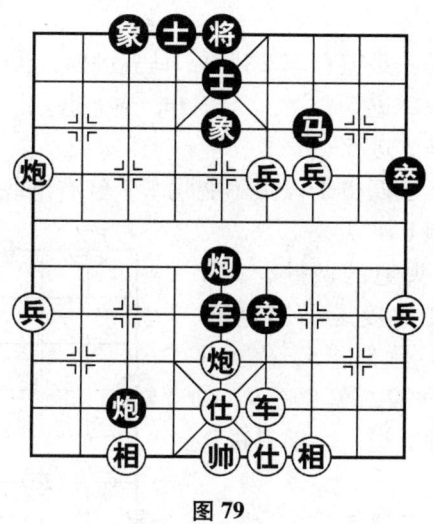

图 80，黑采用兑左卒右炮封车的新变例，当时采用者少。

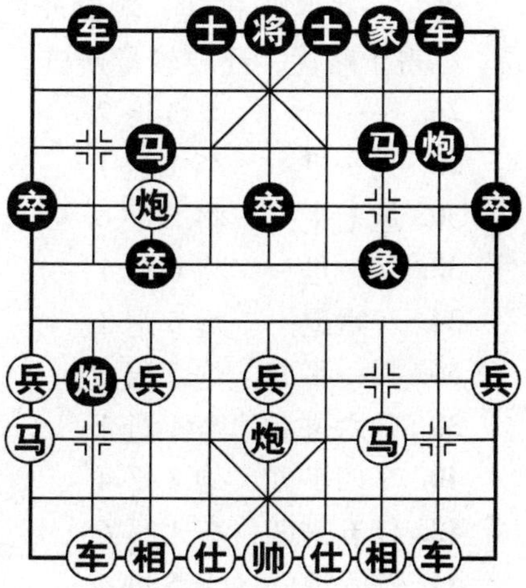

10. 兵七进一　卒 3 进 1
11. 车二进四　马 7 进 6

可炮 2 进 1，变化较多。

12. 马九退七　卒 3 进 1

如炮 2 进 1，车二平七，准备弃马兑车后，炮打中卒对攻。

图 80

· 71 ·

13. 车二平七　……

不怕炮2平5，马三进五，车2进9，马五进四，以车换马炮，红有攻势。

13. ……　　　象7进5　　14. 炮七退三　炮2平5

15. 炮五进四　马3进5

如士6进5，炮七进四得子。黑不能吃车，红有沉底炮杀。

16. 车八进九　炮8平7

黑丢车后，有空头炮的威胁，又平左炮捉马。图81，红如接走马三进五，炮7进7，仕四进五，马6进5，车七平五，炮7平9，仕五进四，车8进9，帅五进一，车8退1，帅五退一，前马进7，则黑有强大攻势。

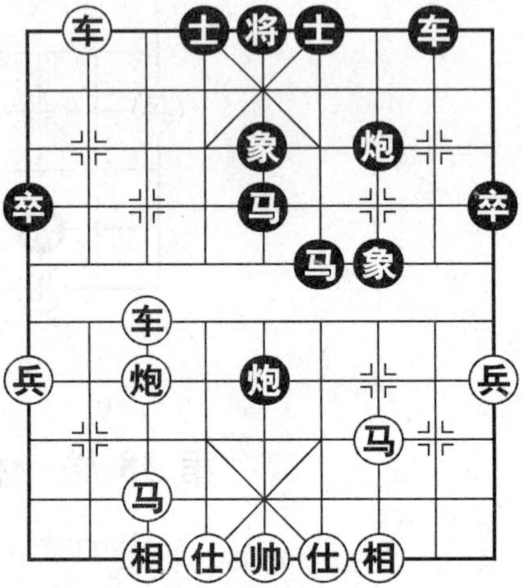

图81

17. 车八退七　炮7进5
18. 车八平三　马5进4
19. 车三平六　炮5退3
20. 车七平六　马6进4
21. 车六进二　车8进6
22. 炮七进一　车8平5
23. 仕六进五　车5平3　　24. 帅五平六　车3进2
25. 车六进五　将5进1　　26. 相七进五　……

经过一番紧张拼搏，黑终于吃回一马，局面平静下来。此时并未构成和局。红得士略优，还要较量残棋。

26. ……　　　车3退2　　27. 车六退三　炮5进2
28. 兵一进一　卒1进1　　29. 炮七进二　车3平1
30. 炮七平一　将5平6　　31. 车六退一　士6进5
32. 兵一进一　将6退1　　33. 炮一进三　卒1进1
34. 车六退一　炮5退1　　35. 兵一进一　炮5平3
36. 兵一平二　炮3退4　　37. 炮一退五　车1进3
38. 帅六进一　卒1进1　　39. 车六平四　将6平5
40. 车四平九　炮3平4　　41. 炮一平五　将5平6
42. 仕五进四　车1平6　　43. 车九退一　车6退1
44. 帅六退一　士5进4　　45. 帅六平五　车6退1
46. 车九进六　车6进2　　47. 帅五进一　车6退1
48. 帅五退一　炮4平3　　49. 兵二平三　车6退4

四、中炮对屏风马3卒

50. 兵三进一　车6进5
退车守住兵。
52. 车九平八　士4退5
54. 车八进四　炮3退2
56. 炮二进五　象5退3
58. 炮二平五　将6平5

51. 帅五进一　车6退8
53. 车八退四　炮3进2
55. 炮五平二　炮3平5
57. 车八平七　士5退4

黑牺牲一个象，利用叫将之机，强迫兑炮，形成车士象守车兵的残局。对红方来说，取胜难度较高。

59. 车七退四　象7退9
60. 车七平五　士4进5
61. 相五进三　象9退7
62. 相三进一　将5平4
63. 车五平六　将4平5

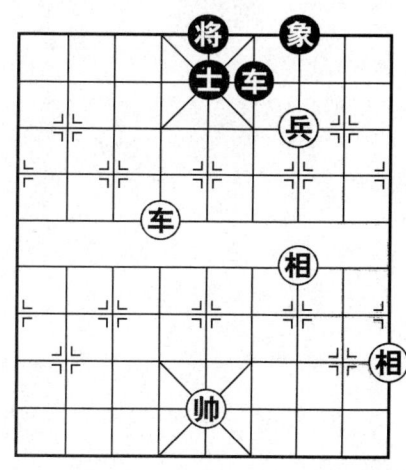

图82

图82，此时是对双方残棋功夫的考验。杨官璘是不甘心成和的，但如何求胜，还须摸索取胜的模式，寻求机会。

64. 车六平八　将5平4
65. 相三退五　将4平5
67. 帅五退一　象7进9
69. 车八平六　将4平5
71. 车九平八　象7进9
73. 车六进二　象9退7
75. 车六进一　车9平8
防车六平三捉象。
77. 兵四进一　车8平5
79. 车六平八　车5平4
81. 帅五平六　车5平4
83. 帅五平六　车5平4
85. 帅五平六　士5退4

66. 相五退三　将5平4
68. 相一进三　象9退7
70. 车六平九　将5平4
72. 车八平六　将4平5
74. 兵三平四　车6平9
76. 车六退三　车8进1
78. 帅五平六　象7进9
80. 帅六平五　车4平5
82. 帅六平五　车4平5
84. 帅六平五　车4平5

黑车不能长叫将犯规，只能变着。

86. 相三进五　车5平4
88. 车八平二　象9退7
90. 车二退一　……

87. 帅六平五　车4平5
89. 车二进四　车5平7

很好的停着。

90. ……　　　车7平5　　　91. 车二平三　象7进9

92. 车三平二

黑认输。

五、中炮对屏风马7卒其他

第39局　杨官璘 胜 李义庭

1956年12月27日弈于北京

这是首届全国赛决赛最后一局,杨官璘取胜才能登上冠军宝座。

1. 炮二平五　马8进7　　　2. 马二进三　马2进3
3. 车一平二　车9平8　　　4. 兵七进一　卒7进1
5. 炮八进二　象3进5　　　6. 马八进七　炮8进2

以往曾流行右炮巡河,即炮2进2,车二进六,炮8平9,车二进三,马7退8,车九进一,士4进5,车九平二,马8进7,兵三进一,卒7进1,炮八平三,马7进6,车二进六,红右翼有攻势。

7. 兵三进一　炮2退1　　　8. 兵三进一　炮2平8
9. 车二进五　马7进8　　　10. 兵三平二　……

红车换马炮,双方子力大体相当。红子力较活跃,有兵过河,略持先手。

10. ……　　　　车1平2　　11. 马三进四　车2进4
12. 炮五平四　卒3进1　　　13. 兵七进一　车2平3
14. 相七进五　车3平2　　　15. 炮八平七　马3进4

希望兑掉红马,使红过河兵无根。

16. 马四进五　炮8平5　　　17. 马五进三　车8进2
18. 马三进五　士4进5　　　19. 仕六进五　车8进2

兑子较多,局势平淡,红车晚出,没有先手,只多一个中兵。

20. 车九平六　马4进6　　　21. 车六进六　车8平4
22. 车六平一　马6进4

图83,伏车2平3,炮七平六,马4进3,帅五平六,车3进2,车一退二,车3平4,仕五进六,前车平5,红方被动,黑方有势。

23. 仕五退六　……

巧着,用炮守住卧槽,必要时再退车护炮,稳住阵式,以多兵求胜。

23. ……   车2进2
24. 仕四进五   车2平3
25. 炮七平四   车4平8
26. 车一平九   车8平9

正着。如马4进3,帅五平四,车8进2,前炮平五,将5平4,车九平六,将4平5,车六退五捉马,黑难走。

27. 前炮平五   车3退6
28. 车九平六   车3平4
29. 车六平四   马4退3

诱炮四进七,马3进5得子。

30. 车四退三   车4进6
31. 炮五平三   车4平3
32. 炮四平三   马3进4
33. 帅五平四   车3退2
34. 后炮平四   车3平2
35. 兵五进一   ……

牵制黑车马,寻求占优机会。

35. ……   车3平2
36. 马七进六   车2平1
37. 炮四平三   象7进9

避免以后红有炮打底象的棋。

38. 后炮进一   车9进2
39. 兵五进一

黑认输。图84,这种局面少见:红方牵制黑方双车马。

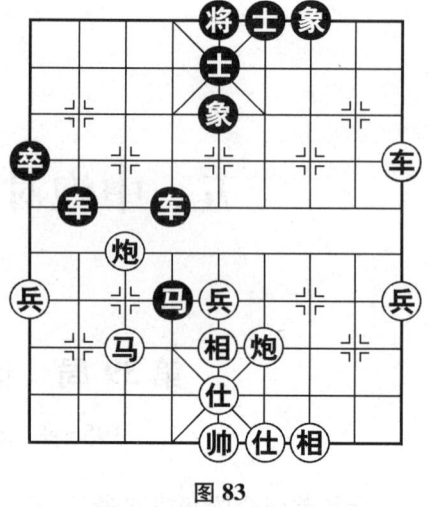

图83

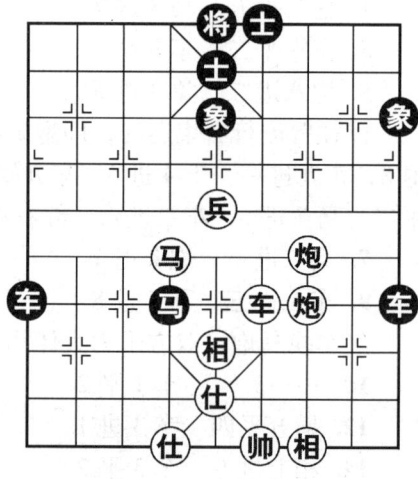

图84

第40局 李义庭 负 杨官璘

1957年11月弈于上海

这是全国赛对局,精彩紧张,短小精悍。

1. 炮二平五   马8进7   2. 马二进三   马2进3
3. 兵七进一   卒7进1   4. 马八进七   象3进5

5. 车一平二　车9平8

李义庭对中炮巡河炮局甚有研究，但对此兑卒变例却忽视了。

6. 炮八进二　卒3进1

7. 兵七进一　象5进3

8. 兵五进一　象3退5

9. 兵三进一　卒7进1

10. 炮八平三　炮8进2

图85，红按计划挺三兵兑卒，实现巡河炮的理想结构。黑升左炮巡河，等待车九平八，炮8平2打车。

至此，红应兵五进一，士4进5，马七进五，卒5进1，车九平八，马3进2，炮三平八，炮2进3，车八进四，车1平4，炮五进三，双方对峙。

11. 马七进五　士6进5

12. 兵五进一　卒5进1

13. 马五进七　……

可车九平八，马3进2，炮三平八，炮2进3，车八进四，车1平3，马五进三，红仍先手。

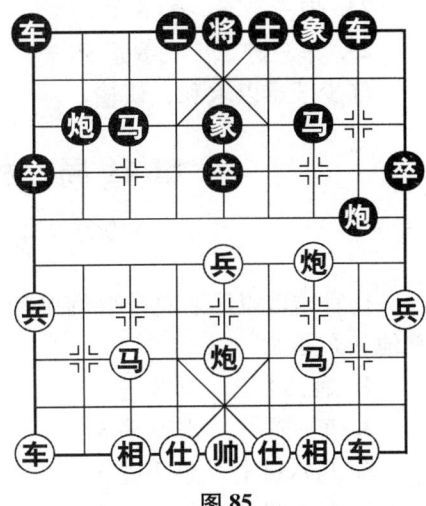

图85

13. ……　　　车1平3

红攻势受阻，左车晚出，黑阵型巩固。

14. 马七进五　马3进5

15. 车九平八　车3进4

16. 马三进五　炮2平3

17. 相七进九　马7进6

图86，黑巧跳马企图兑子取势。红不能接走后马进四，车3平5，马四退三，车5进3，马三退五，炮8平5，马五进六，车8进9，马六进五，炮3进4，黑易走。

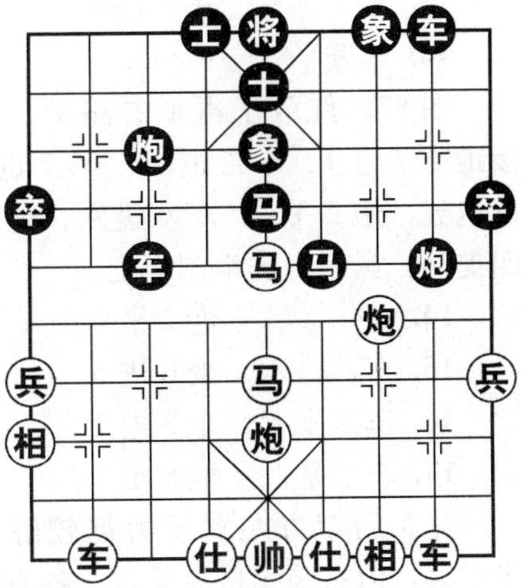

18. 车八进六　……

如车八进三，车3平5，炮五进三，炮8平5，马五退三，马6进5，相三进五，前马进7叫将抽车。

18. ……　　　车3进2

19. 车八平五　车3平5

20. 炮三退三　车5退2

妙着得子。如接走车五退一，炮8平5，炮五进五，士5进4，车二进九，

图86

炮 3 平 5 杀。

21. 车五平三 ……

伏炮三平五，车 5 平 4，车二进五吃炮。

21. …… 车 8 进 3 22. 车三退二 炮 8 进 2
23. 炮三平五 炮 8 平 5 24. 车二进六 马 6 退 8
25. 车三进二 马 8 退 9

红少子难以求和，认输。

第 41 局　杨官璘 胜 王嘉良

1960 年 4 月 18 日弈于哈尔滨

杨官璘曾以后手兑卒变例战胜李义庭。本局王嘉良同样以此对付杨官璘，看他怎么办。

1. 炮二平五　马 8 进 7　　2. 马二进三　马 2 进 3
3. 车一平二　车 9 平 8　　4. 兵七进一　卒 7 进 1
5. 马八进七　象 3 进 5　　6. 炮八进二　卒 3 进 1
7. 兵七进一　象 5 进 3　　8. 炮八平七　象 3 退 5
9. 车九平八　车 1 平 2　　10. 车二进六　马 7 进 6
11. 炮五进四　马 3 进 5
12. 车二平五　车 2 平 3
13. 相七进五　车 3 进 4
14. 车五平二　……

图 87，红敢于再平二路车，不怕黑接走卒 7 进 1，车二退一，卒 7 进 1，马三退五，炮 2 平 4，车八进六，伏车八平四捉马，黑子力被牵制难走。

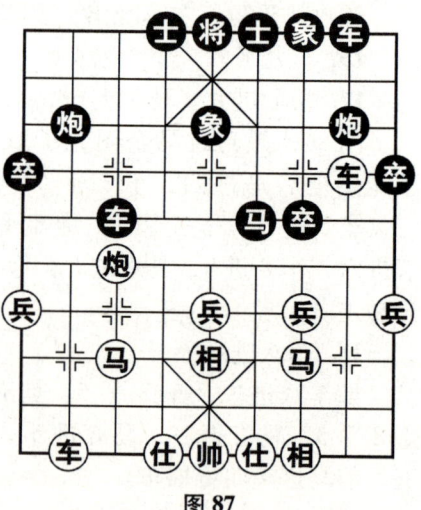

图 87

14. …… 炮 2 平 4
15. 车八进六　士 6 进 5
16. 车八平七　车 3 退 1
17. 车二平七　炮 8 平 7

兑车后双方左翼子力都较舒展。红多中兵，但右马无根易受攻，各有利弊。

18. 兵五进一　马 6 进 7　　19. 兵五进一　车 8 进 5
20. 炮七平八　炮 4 平 2　　21. 仕四进五　车 8 平 5

五、中炮对屏风马7卒其他

22. 兵五平六　车5平6

如马7进5，相三进五，炮7进5，相五进七打死车。

23. 车七平一　车6进3　　24. 车一平五　象5退3
25. 炮八退三　车6退2　　26. 马三进五　马7进6
27. 炮八平四　车6进2　　28. 车五平三　象3进5

红炮兑马，局面简化，以多兵占优。

29. 兵一进一　炮7平8　　30. 车三平二　炮8平7
31. 车二平九　炮7进7

红丢相会引起对攻状态，但杨官璘持多兵之利，对局势充满信心。

32. 车九平八　炮2平3　　33. 兵一进一　炮7平9
34. 兵六平五　象5进3　　35. 车八平三　象7进9

红希望黑象7进5，则右炮难发挥作用。

36. 马七进六　车6平8
37. 仕五进六　炮3平2
38. 车三平八　炮2平4

图88，黑千方百计企图把右炮运至左翼，配合前面车炮造势。如炮2平8，兵一进一，车8进1，帅五进一，炮8进6，马五退三，炮8平7，车八平二，车8平6，车二退五，黑无作为。

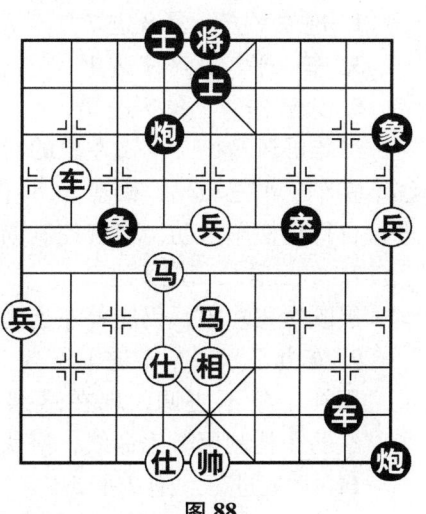

图88

39. 兵一进一　车8退3
40. 相五进三　炮4平5
41. 马六进四　车8进1
42. 车八平五　象9退7　　43. 相三退五　炮9退3
44. 马五进七　炮9退1　　45. 兵五平六　卒7进1

黑感受到无卒不成势，决定冲卒过河。

46. 马七进五　卒7进1　　47. 马四进二　炮9平5
48. 帅五平四　……

不怕黑炮叫将抽车，因有卧槽马叫杀。

48. ……　　　　后炮平8　49. 马二进四　将5平6
50. 车五平四　象7进5

不能士5进6吃马，车四进一，将6平5，车四进二，将5进1，车四退一，将5进1，马五进三，将5平4，兵六进一杀。

51. 马四进二　将6平5　　52. 车四平二　车8平9

黑估计兑车准输。

53. 车二进一　车9退3　　54. 相五退三　卒7进1
55. 帅四平五　车9平6　　56. 车二平一　车6退2
57. 车一进二　士5退6　　58. 车一平四

黑认输。车6退1，马五进六，将5进1，马二进四，红多子胜定。

第42局　杨官璘 胜 侯玉山

1954年4月弈于上海

杨官璘与侯玉山在上海作10局大战，结果7胜2和1负。

1. 炮二平五　马8进7　　2. 马二进三　车9平8
3. 车一平二　卒7进1　　4. 车二进六　马2进3
5. 兵五进一　象7进5　　6. 马八进七　炮2进1

当年屏风马挺7卒飞左象的弈法罕见，现又高右炮准备挺3卒驱车，因此红不宜车二平三压马，因黑车8平7保马。杨官璘对于这种新型布局未敢轻进，自行提横车占肋，稳健控制局面。

7. 车二退二　炮8进2　　8. 车九进一　士4进5

黑既然飞左象，仍应补左士为妥，必要时开贴身车利于防守。

9. 车九平六　卒3进1　　10. 马七进五　炮2进3

黑补士象不协调，现在感到有问题了。红肋车控制黑方生命线，潜伏优势。

11. 兵五进一　炮2平5
12. 马三进五　车1平2

如炮8平5，车二进五，马7退8，炮五进三，卒5进1，炮八平五，车1平2，黑有较多抗衡机会。

13. 兵五进一　……

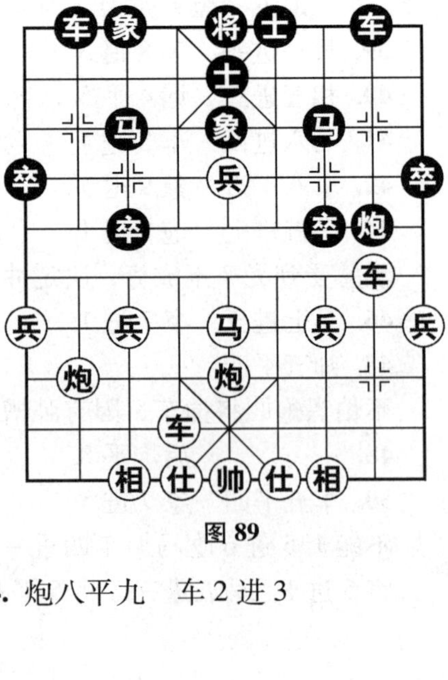

图89，杨官璘冲兵准备弃炮，表现敢于对攻的勇气。如车2进7，兵五进一，象3进5，炮五进五，士5退4，车六进六，马3退1，炮五退三，伏空头炮抽将，红优。

13. ……　　　马3进5　　14. 炮八平九　车2进3

图89

15. 仕六进五　马5退3

退马无用，不如士5退4，再倒换士架，争取坚守。

16. 车六进七　马7进5　　**17. 马五进四　象5退7**

18. 马四进六　……

红步步紧逼，准备跳卧槽马叫杀。

18. ……　　　　炮8退3

19. 车二进四　……

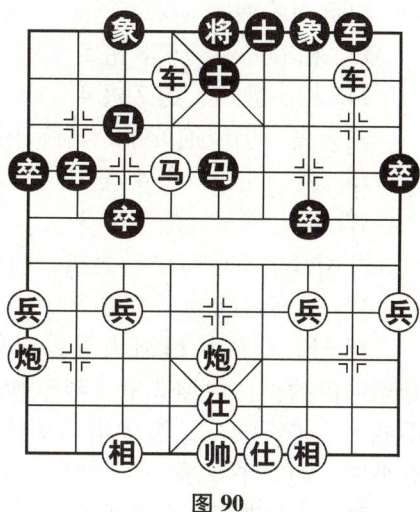

图90

图90，弃车砍炮妙着，是早有预谋的。至此黑如接走车8进1，马六进七，车2退2，帅五平六，车2平3，车六进一杀。

19. ……　　　　车2平4

20. 车六退二　车8进1

21. 炮九进四　车8进2

如马3进1，车六平五，黑逃马则车五平二叫将抽车。

22. 炮九进三　象3进5

23. 炮五平八　士5进6

如士5进4，炮八进四捉死马。

24. 帅五平六　马3进2　　**25. 炮九退三　马2退3**

26. 炮八进四　士6进5　　**27. 炮九进三　将5平6**

28. 车六进三　将6进1　　**29. 车六平三**

黑认输。马5进4，车三退一，将6退1，炮八进三杀。

第43局　朱剑秋 负 杨官璘

1955年7月24日弈于上海

1. 炮二平五　马8进7　　**2. 马二进三　车9平8**

3. 车一平二　马2进3　　**4. 马八进九　卒7进1**

5. 炮八平七　炮2进2

屏风马应五七炮，当时流行右炮巡河。此外还有右炮过河、左炮过河等。

6. 车二进六　马7进6　　**7. 车二退二　……**

防卒7进1，车二平四，马6进4，炮七平六，卒7进1反先。但红退右车嫌软，应车九平八，车1平2，车八进四，同样能守住河界。

7. ……　　　　象3进5　　**8. 兵七进一　卒7进1**

81

9. 车二平三　炮8平7　　10. 车九平八　车1平2
11. 兵九进一　炮2进2

黑弃7卒之后，阵式开扬，红已感到难以掌握先手。至此似可卸中炮联相，以巩固阵型。

12. 相三进一　车8进5　　13. 车三平二　马6进8
14. 相一进三　炮7进4

红失先。仍应炮五平六再飞相调整阵型。

15. 兵一进一　士4进5　　16. 仕四进五　马8退7
17. 炮七进一　炮7平3　　18. 马九进七　马7进5

利用红炮不敢打中马之机，跳中马咬相，伺机奔向卧槽。

19. 马三进四　马5进7　　20. 马四进六　车2进4

图91，红跳马过河失算，没料到黑升车河口的棋，伏炮2平5弃车妙着。红不能车八进五吃车，黑接走马7进6，帅五平四，炮5平6杀。

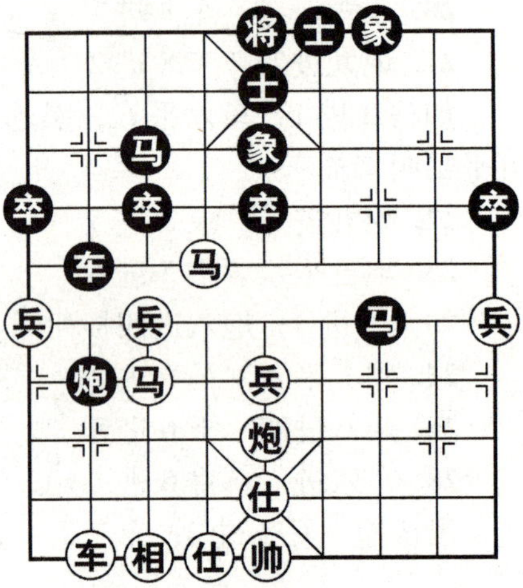

21. 马七进五　车2平4
22. 车八进三　车4平8
23. 炮五平四　……

防车8进5，仕五退四，马7进6，帅五进一，车8退1杀。应马五退三，车8进5，仕五退四，车8退3，兵五进一，红不至于丢仕。

图91

23. ……　　　　　马7进6
24. 仕五进四　车8进5
25. 帅五进一　卒5进1　　26. 马五退三　车8退3
27. 马三进四　马3进5　　28. 车八进六　士5退4
29. 车八退四　卒3进1　　30. 车八进一　马5进7
31. 兵七进一　车8平6　　32. 车八平四　……

红逃马则丢中兵。

32. ……　　　　　象5进3　　33. 车四平五　象3退5
34. 车五退一　车6进1

红缺仕相怕车马攻，确是有危险的。防守有弱点，对攻力量又不够，红棋难下。

35. 车五平六　士6进5　　36. 马四进六　车6平3

五、中炮对屏风马7卒其他

37. 相七进五	士5进4	38. 车六平四	士4进5
39. 车四进一	车3平1	40. 马六退五	马7进8
41. 车四平九	车1进1	42. 帅五退一	马8进7
43. 帅五平四	马7退5	44. 帅四平五	车1平6

伏马5进3杀。

| 45. 仕六进五 | 马5进3 | 46. 帅五平六 | 车6平5 |

红为了谋卒而忽视了黑方杀着。黑趁叫杀之机吃光红仕相。

| 47. 马五进四 | 车5进1 | 48. 帅六进一 | 马3退1 |

图92，红未得势而黑先造杀。伏马1退3，帅六进一，车5平4杀。

49. 车九进三	士5退4
50. 马四进六	将5平6
51. 车九平六	将6进1
52. 车六退一	将6退1
53. 车六平七	马1进2
54. 帅六进一	车5平9

红认输。因帅六平五，车9退2，帅五退一，马2退3，帅五平六，马3退5，帅六平五，马5进7，帅五平六，车9退2，帅六退一，车9平4抽吃红马胜定。

杨官璘胜何顺安后，又胜上海第二高手朱剑秋，威名大振。

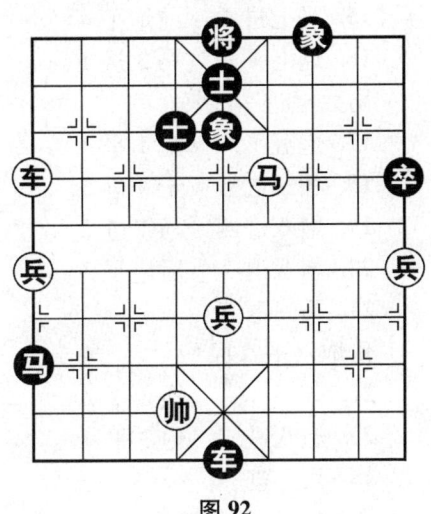

图92

第44局 杨官璘 胜 何顺安

1956年12月21日弈于北京

这是全国赛对局。

1. 炮二平五	马8进7	2. 马二进三	车9平8
3. 车一平二	马2进3	4. 马八进九	卒7进1
5. 兵七进一	炮8进2	6. 车二进四	象3进5
7. 炮八平七	车1平2	8. 兵九进一	……

双方布局皆走正着。红不宜急挺三兵，怕黑炮2进3牵制，所以先挺边兵。

| 8. …… | 炮2平1 | 9. 车九平八 | 车2进9 |

10. 马九退八　卒1进1

可炮1退1，车二平四，车8进3，有较多变化。

11. 兵九进一　炮8平1　　12. 车二进五　马7退8

图93，何顺安选择兑车的下法，似有求和心理，显得比较消极，而无车棋正是杨官璘所擅长的。

13. 炮七进四　马8进7
14. 马八进七　卒9进1
15. 马七进六　前炮平4
16. 炮七平六　马3进1

防兵七进一渡河。

17. 炮五平八　炮1平4
18. 相三进五　士4进5
19. 炮八进四　马1进2
20. 炮八退一　后炮平3
21. 马三退五　……

伏炮六平八捉马。

21. ……　　　炮3平2　　23. 炮八进二　炮3平4

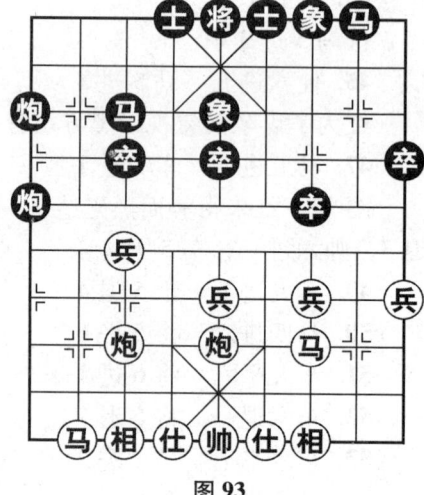

图93

22. 马五退三　炮2平3
24. 马三进二　马2退3

25. 兵七进一　……

图94，红驱兵渡河，由此掌握先手。

25. ……　　　马3退4
26. 炮八退六　马4进2
27. 兵七进一　……

如兵七平六，马2进4，兵六进一，炮4进3，红不愿兑子较多，减少变化。

27. ……　　　马2进4
28. 兵七平六　后炮平3
29. 兵三进一　炮3进2
30. 兵三进一　炮3平7
31. 马二进三　炮7退
32. 马六进四　炮7平4
33. 兵六平五　……

巧着。由此多双兵占优。

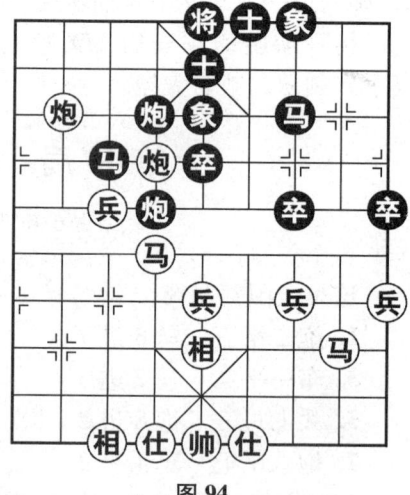

图94

33. ……	马7进6	**34.** 前兵平四	士5退4
35. 炮八平一	炮4退3		

黑边卒难保,红再挺中兵即可吃卒。

36. 兵五进一	炮4平9	**37.** 炮一进四	士6进5
38. 兵五进一	马6进8	**39.** 马三进二	

巧着捉炮,黑认输。炮9进5,炮一进四,士5退6,马二进三,将5进1,炮一退一杀。

第 45 局 任德纯 负 杨官璘

1958年11月23日弈于广州

这是全国赛对局。

1. 炮二平五	马8进7	**2.** 马二进三	车9平8
3. 兵七进一	卒7进1	**4.** 马八进七	马2进3
5. 马七进六	象3进5	**6.** 车一平二	炮8进4

红不应开直车,被黑左炮过河封住之后,红右翼子力难以施展。

7. 仕四进五	士4进5	**8.** 炮八平六	……

如炮八平七,车8进5,车九平八,车1平2,马六进七,车8平3,马七进九,车2进1,炮七进五,车3退3,车二进三,炮2进4,黑必吃回一马。

8. ……	车1平2	**9.** 车九平八	炮2进6

图 95,红双车被封,显然失先,黑布局满意。

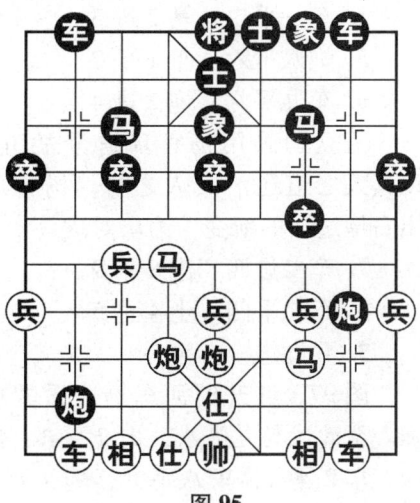

图 95

10. 马六进七	车2进3
11. 炮六平七	马3退1
12. 马七退六	车8进5
13. 马六进五	马7进5
14. 炮五进四	炮2退1

图 96,黑退炮捉马妙手,红不能逃马,又不能飞中相,左炮也不能进退,只好支仕。由此黑反先得势,锐不可当。

15. 仕五进六	车8平3		
16. 车二进三	车3进2		
17. 炮五退二	车3平4		
18. 相七进五	炮2平5	**19.** 车八进六	炮5退2

20. 兵五进一　马1进2

虽然双方都剩车马，但红缺一仕一相，难以防守。

21. 马三进五　车4退1
22. 马五退四　马2进3
23. 车二进三　车4平6
24. 车二平七　马3退1
25. 车七平九　……

可车七退五坚守。

25. ……　　　马1进2
26. 车九平八　马2进3
27. 帅五平四　马3退5
28. 仕六进五　马5退7

捉死红马，黑胜。

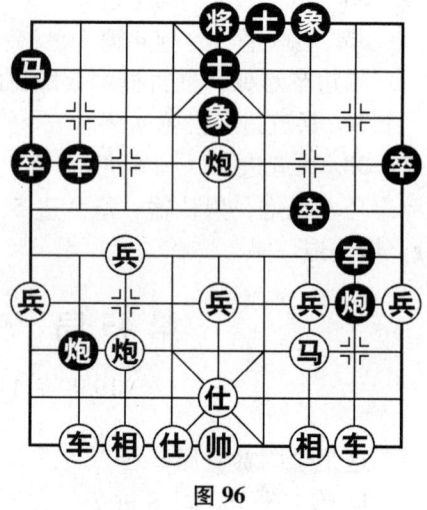

图96

第46局　孟立国 负 杨官璘

1959年9月24日弈于北京

这是全国赛对局。

1. 炮二平五　马8进7
2. 马二进三　车9平8
3. 车一平二　马2进3
4. 马八进九　卒7进1
5. 炮八平六　车1平2
6. 车九平八　炮2进4

孟立国采用杨官璘喜爱的五六炮，以其人之道还治其人之身。杨官璘则弈出右炮过河的新变，力求对攻。

7. 车二进四　炮8平9
8. 车二平四　士4进5
9. 兵九进一　……

图97，红升巡河车挺边兵的攻法正确。至此伏马九进八，炮2平1，炮六平八，车2平1，车八平九，炮1平2，车九进三捉死炮。

9. ……　　　炮2退2

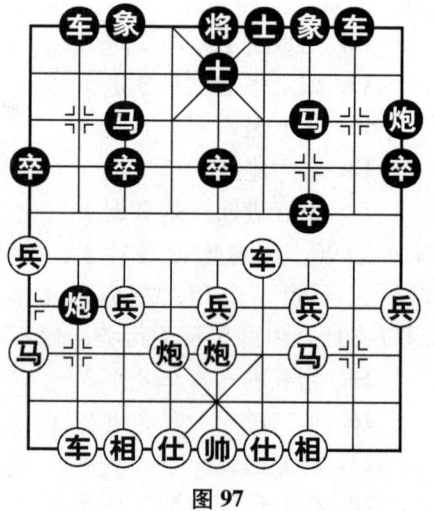

图97

五、中炮对屏风马7卒其他

10. 车八进四	象3进5	11. 兵三进一	车8进4
12. 仕六进五	卒7进1	13. 车四平三	炮2平7
14. 车八进五	马3退2	15. 相三进一	马2进3
16. 马九进八	卒3进1	17. 兵七进一	炮7进3
18. 炮六平三	马7进6	19. 马八进七	……

图98，此前红方走得比较稳健，但进马贪攻，孤军深入，又失一兵造成被动。应马八退七保住中兵。仍属相持之势。

19. ……　　　卒3进1

巧着渡卒。红不能车三平七吃，黑有马6进5咬双。

20. 马七进九　马6退4

退马守卧槽，又保过河卒。

21. 车三进三　士5进6

防炮三进七打象兑子，宁可弃士化解。

22. 车三平四　士6进5
23. 车四退一　车8平4
24. 炮三进六　象5退3
26. 炮三平二　……

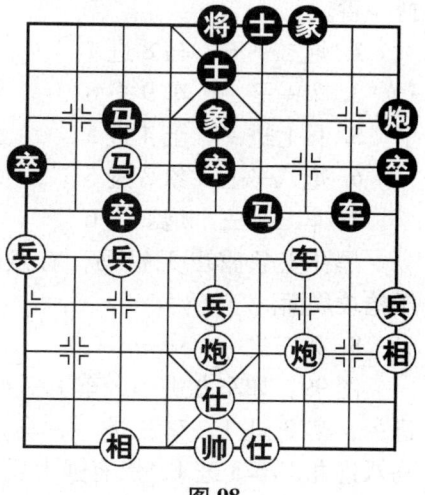

图98

25. 马九退七　车4平3

对右翼攻势过于乐观，其实力量不够。此着宜改炮五进四，马3进5，车四平五，车3退1，炮三退二，炮9平2，炮三平六，炮2进1，兵五进一，炮2平4，兵五进一，争取和局。

26. ……	车3退1	27. 炮二进一	象7进5
28. 车四平三	士5进6	29. 炮五平二	车3进1
30. 后炮进四	车3平7		

佳着，兑车化解红攻势，虽丢回一马，但残局已占优势。

31. 车三退一	象5进7	32. 后炮平六	卒9进1
33. 炮二平一	炮9平8	34. 炮一平七	卒3平2
35. 炮六退二	卒2平1	36. 炮七退一	士6退5
37. 炮七平六	炮8平9		

黑多卒大优，红认输。

第 47 局　杨官璘 胜 朱剑秋

1964 年 5 月 2 日弈于杭州

这是全国赛对局。朱剑秋执后手估计不易抵挡杨官璘，决定弃子大攻，拼搏一番。

1. 炮二平五　马 8 进 7
2. 马二进三　卒 7 进 1
3. 车一平二　车 9 平 8
4. 车二进六　马 2 进 3
5. 兵七进一　士 4 进 5
6. 炮八平七　象 3 进 5
7. 车二平三　炮 8 进 6

黑补士象露出无根马，有意弈成弃子抢攻局面。

8. 兵三进一　……

图 99，如车九进一，车 1 平 4，车三进一，卒 3 进 1，车三进一，马 3 进 2，马八进九，卒 3 进 1，黑有强大反击力。

8. ……　　　炮 8 平 7
9. 兵三进一　炮 7 退 4

软着。应炮 2 进 6，车三进一，车 8 进 9，继续发起攻势。

10. 相三进一　马 3 退 4
11. 马八进九　炮 7 平 2
12. 马三进四　前炮退 1
13. 马四进六　卒 3 进 1
14. 车三退二　……

3 卒不能吃兵，而兵却要吃卒。

14. ……　　　车 8 进 2
15. 炮七退一　马 4 进 2
16. 炮七平三　车 1 平 3
17. 炮五平三　……

图 100，重炮捉马，黑马难逃。

17. ……　　　车 8 进 2
18. 车三进三　……

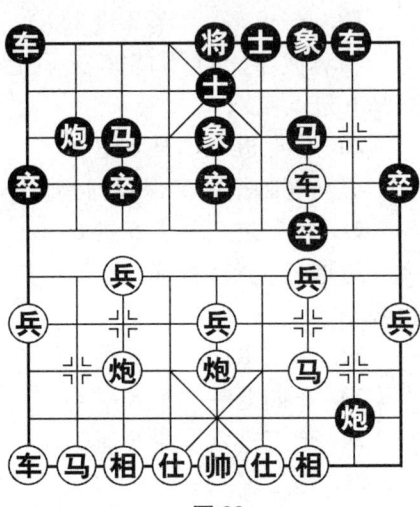

图 99

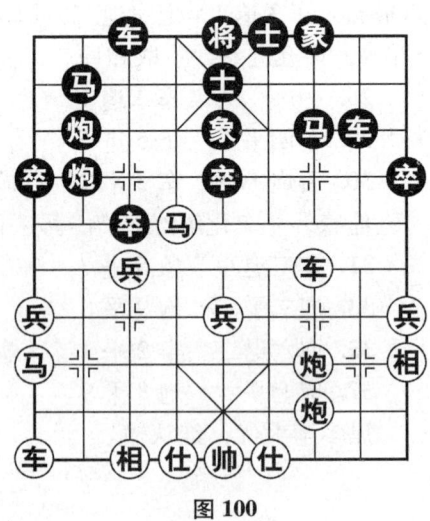

图 100

红车敢吃马，因有重炮打象杀。

| 18. …… | 士5进6 | 19. 马六退四 | 车8平6 |
| 20. 车三退三 | 车3进3 | | |

红得子已占优。

| 21. 前炮平四 | 车6平5 | 22. 炮四平五 | 车5进2 |
| 23. 兵七进一 | 车3退2 | | |

如车3进1，炮三平五，车5平1，马四进五，车3退4，车三进五得象。

| 24. 炮三平五 | 车5平6 | 25. 马四进五 | 士6退5 |

黑子力退守，完全被动。

| 26. 马五退六 | 车6平4 | 27. 马九退七 | 车4平3 |

如车4进2，后炮平三，象7进9，仕四进五打死车。

28. 兵七进一	前车进2	29. 兵七平八	炮2平4
30. 后炮平三	象7进9	31. 仕四进五	前车退2
32. 兵八进一	前车平4	33. 兵八进一	车3平2
34. 车九进一			

红多二子大优，黑认输。

第48局　杨官璘 胜 刘殿中

1976年6月12日弈于兰州

这是全国赛对局。

1. 炮二平五　马8进7
2. 马二进三　卒7进1
3. 马八进九　马2进3
4. 车一平二　车9平8
5. 炮八平六　车1平2
6. 车九平八　炮2进4
7. 车二进四　炮8平9
8. 车二平四　车8进6

可车8进1，兵九进一，车8平2，黑方可以抗衡。

9. 兵九进一　炮2退2

图101，防车四平八困炮。此炮进而复退，损失步数。

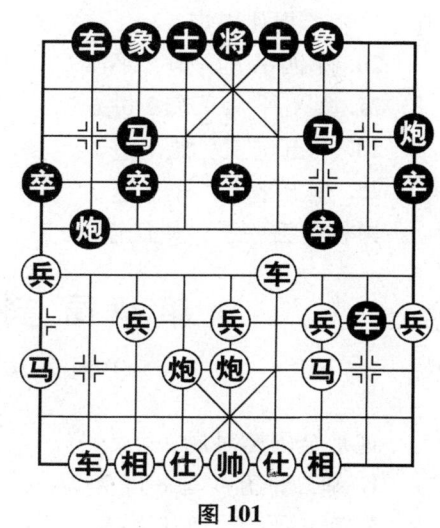

图101

10. 兵三进一　车8平7　　　　11. 车八进四　马7进8

12. 兵三进一　马8进9

黑着法轻浮，急于反击。此着只能车7退2，仍可对峙。

13. 马三进一　炮9进4

应车7平9，但红已渡一兵，黑亦下风矣。

14. 炮六进一　炮9平5　　　　15. 仕六进五　车7退2

如炮5退2，兵三平四，车7平4，兵四平五，象3进5，兵五进一，红优。

16. 车八平五　车7平5　　　　17. 马九进八　……

伏车五进一，卒5进1，马八进六咬双得子。

17. ……　　　　卒3进1

18. 马八退七　……

图102，红回马金枪捉死黑炮，奠定获胜基础。

18. ……　　　　炮2进5

如车5进1，车四平五，炮5平3，车五平七叫将抽吃炮。

19. 炮六退三　车5进1

如炮2平4，车五进一，卒5进1，帅五平六，捉死黑炮。

20. 车四平五　炮2平4
21. 帅五平六　车2进6　　　　22. 马七进五　车2平3
23. 马五进三　象7平5　　　　24. 马三进二　车3平6
25. 炮五平七　车6退3　　　　26. 马二退三

黑将再丢一子，便认输。

第49局　李来群 负 杨官璘

1981年9月22日弈于温州

这是全国赛对局。

1. 炮二平五　马8进7　　　　2. 马二进三　卒7进1
3. 车一平二　车9平8　　　　4. 车二进六　马2进3
5. 马八进七　卒3进1　　　　6. 车九进一　炮2进1

7. 车二退二　象3进5　　8. 兵七进一　炮8进2
9. 车九平六　士4进5　　10. 车六进五　……

李来群采取最新流行布局，一直掌握先手。

10. ……　　炮8退1　　11. 车六进二　炮8平7
12. 车二进五　马7退8　　13. 兵七进一　象5进3
14. 车六平八　马8进7

图103，是开局转入中局的关键时刻。红可先车八退一，车1平3，兵五进一，仍属互缠局势。

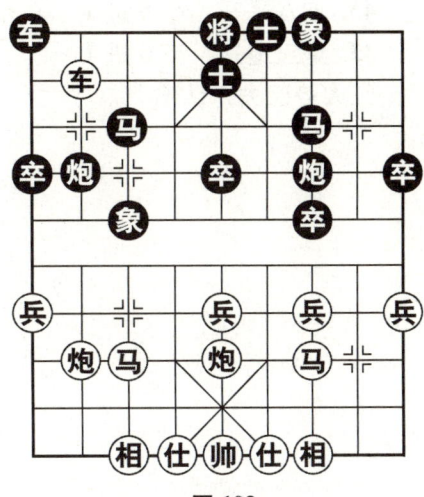

图 103

15. 兵五进一　炮2平3
16. 马三进五　车1平4
17. 车八退一　车4进6

黑弃马出人意料，也是当前局面的必然着法。以后能吃回一子，是先弃后取之佳着。

18. 车八平七　象7进5
19. 马七退五　车4平5
20. 车七平八　炮7平8
21. 车八进二　士5退4

以防红炮打边卒再沉底的对攻策略。

23. 车八退七　士6进5　　22. 炮八平九　车5平1
25. 炮七平一　车1平7　　24. 炮五平七　炮3平4
26. 车八平二　炮8进3
27. 兵一进一　卒7进1
28. 车二平三　车7进1
29. 马五进三　卒7进1

图104，黑反先而且多卒，红已处下风矣。

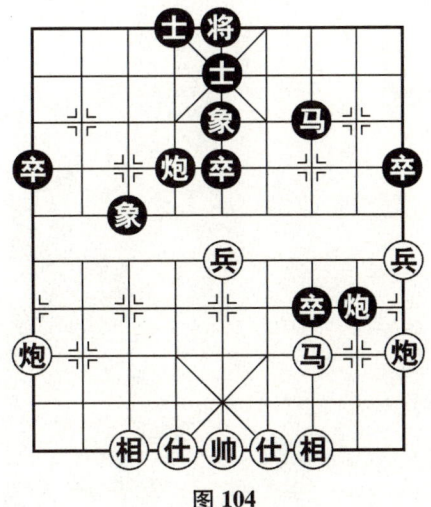

图 104

30. 马三退二　炮4进2
31. 炮一平八　炮8进2
32. 炮八进七　象5退3
33. 炮八退五　卒7进1
34. 相三进五　卒7进1
35. 仕四进五　炮4进1

36. 兵五进一　炮4平8　　　　37. 炮九退一　后炮进3
38. 炮九平三　卒5进1
黑多子胜定。
39. 仕五进六　前炮平9　　　　40. 炮三平七　象3退5
41. 炮七平九　马7进5　　　　42. 相七进九　马5进7
43. 炮八平三　卒5进1　　　　44. 炮九进五　卒5平6
45. 炮三退二　卒6进1　　　　46. 炮三进二　卒6进1
红大势已去，认输。

六、中炮挺中兵对屏风马

第 50 局　刘剑青 负 杨官璘

1959 年 9 月 21 日弈于北京

这是全国赛对局。刘剑青是四川名将，最后夺得第 4 名。

1. 炮二平五　马 8 进 7
2. 马二进三　车 9 平 8
3. 车一平二　卒 7 进 1
4. 车二进六　马 2 进 3
5. 兵五进一　士 4 进 5
6. 马八进七　卒 3 进 1
7. 兵五进一　炮 2 进 1
8. 车二退二　炮 8 平 9

如象 3 进 5，兵五进一，马 3 进 5，马七进五，车 1 平 4，炮五进四，马 7 进 5，炮八平五，仍红先手。

9. 车二进五　马 7 退 8
10. 车九进一　卒 5 进 1
11. 马七进五　象 3 进 5
12. 车九平六　车 1 平 4
13. 车六进八　将 5 平 4

图 105，杨官璘知道面对劲敌，又拿后手棋，决定兑掉双车斗马炮棋，发挥自己的残棋特长，先立于不败之地再求胜。

14. 炮五进三　炮 2 平 5
15. 相三进五　炮 9 进 4
16. 兵三进一　炮 9 平 3

黑争取多卒，就有优胜希望。

17. 兵三进一　象 5 进 7
18. 炮八平六　将 4 平 5
19. 马三进四　象 7 进 5
20. 马四进五　马 3 进 5

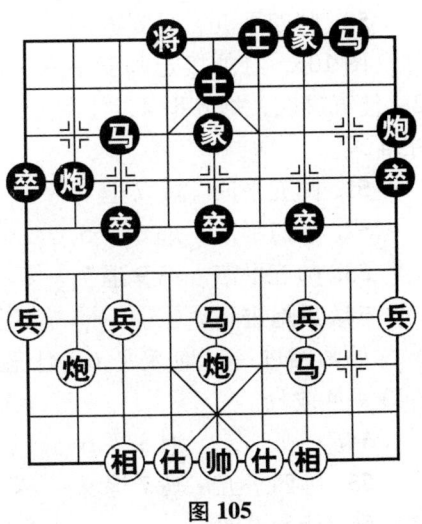

图 105

21. 马五进六　炮 3 平 2

22. 炮五退二　炮2退3　　　23. 炮六平九　马5进4
24. 炮九进四　……

经过一番努力，红仅差一兵，子力接近。

24. ……　　　马4进2　　　25. 仕四进五　马8进7
26. 马六进四　马2进3　　　27. 帅五平四　将5平4
28. 炮五平二　马3退4　　　29. 炮二进三　炮2退2
30. 炮九平六　将4平5　　　31. 炮二进一　……

左炮瞄卒，右炮瞄象，走得顽强。

31. ……　　　马7进5　　　32. 炮二退一　马5进6
33. 炮二进三　象5退7　　　34. 炮六平一　……

红扳平子力，谋和有望。

34. ……　　　炮2进1　　　35. 炮二退八　炮2平6
36. 帅四平五　马6进8　　　37. 炮一平三　卒3进1

红处于守势，黑冲卒渡河助攻。

38. 仕五进六　马4退5　　　39. 炮三进一　卒3进1
40. 仕六进五　卒3进1　　　41. 兵九进一　象7退9
42. 兵九进一　将5平4　　　43. 炮二进一　马5进6
44. 炮二平三　炮6平5　　　45. 帅五平四　炮5进2
46. 前炮退四　炮5平6　　　47. 帅四平五　炮6平5
48. 帅五平四　马8进9　　　49. 后炮退二　炮5平6
50. 帅四平五　马6进7

图106，红如接走帅五平六，炮6进2，仕五进四，炮6平4，仕六退五，卒3平4杀。

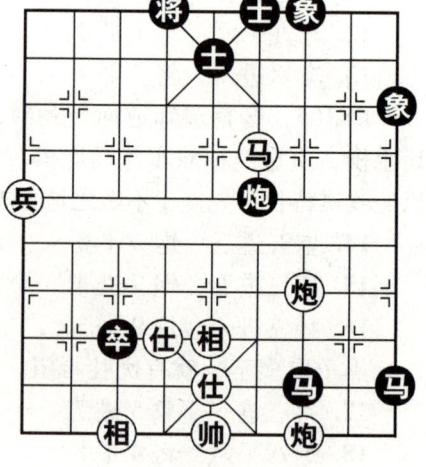

图106

51. 帅五平四　马7退6
52. 帅四平五　炮6平5
53. 帅五平四　马9退7
54. 后炮进一　……

如帅四进一，炮5平6，仕五进四，卒3平4吃仕。

54. ……　　　炮5平6
55. 帅四平五　马7退9
56. 仕五进四　……

丢仕肯定落入败势，可后炮平一苦守。

56. ……	卒 3 平 4		57. 后炮平四	炮 6 平 5
58. 帅五平四	马 9 进 7		59. 炮四平三	炮 5 平 6
60. 帅四进一	马 7 退 9		61. 帅四退一	马 9 进 8
62. 前炮进四	卒 4 进 1		63. 帅四平五	马 6 退 4
64. 仕四退五	卒 4 平 5		65. 帅五进一	马 4 进 6
66. 帅五退一	马 6 进 7		67. 帅五进一	马 7 退 6
68. 帅五退一	炮 6 平 5		69. 相五进七	马 8 退 6
70. 帅五进一	前马退 8			

红认输。因接走帅五退一，马 8 进 7，帅五平四，炮 5 平 6 杀。

第 51 局　杨官璘 胜 刘殿中

1975 年 9 月 24 日弈于北京

这是全国赛决赛对局。

1. 炮二平五	马 8 进 7		2. 马二进三	卒 7 进 1
3. 车一平二	车 9 平 8		4. 车二进六	马 2 进 3
5. 兵七进一	象 7 进 5		6. 马八进七	车 1 进 1

黑左象横车变例对攻性比较强。至此不怕红接走车二平三，车 8 平 7，炮八平九，炮 2 进 4，兵五进一，车 1 平 4，车九平八，车 4 进 5 对攻。

7. 炮八平九	炮 2 进 4		8. 车九平八	炮 2 平 7
9. 相三进一	炮 8 平 9		10. 车二进三	马 7 退 8
11. 兵五进一	……			

兑车后红右翼攻势消失，而挺中兵企图升兵林车捉炮，采取边牵制边攻击的战术。

11. ……	卒 7 进 1		12. 相一进三	车 1 平 7
13. 马七进五	马 8 进 7			

伏马 7 进 6 再兑红马，有边炮取兵及沉底炮等对攻手段。

14. 兵五进一	卒 5 进 1		15. 车八进五	卒 3 进 1
16. 车八进一	士 6 进 5		17. 车八平二	……

图 107，红炮镇中，车占卒林线，仍然控制局面占先。

17. ……	卒 5 进 1		18. 炮五进二	车 7 平 6
19. 兵七进一	车 6 进 5		20. 炮九平七	马 3 进 5
21. 炮七进一	车 6 退 1		22. 炮五平七	……

黑车不能吃炮，7 炮不能动，右马又被捉，黑方存在许多弱点。

22. ……　　　炮9进4
23. 后炮平三　炮9平5
24. 马三进五　车6平5
25. 相三退五　车5进1
26. 炮三退二　……

伏炮三平五打车得马。

26. ……　　　车5平7
27. 炮三平一　马5进3

眼看红兵七进一捉马，黑两匹马必死一匹，只好吃兵。

28. 炮七进三　车7平1
29. 车二平一　士5退6
30. 仕六进五　马3进4

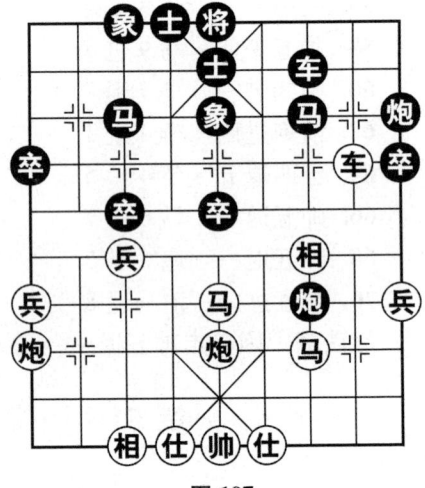

图107

图108，红多一子但无兵，黑仍有求和希望。此时伏马4进3，炮一平七，车1平3捉回一炮。

31. 炮七退三　马4退5
32. 炮七平五　车1平5
33. 炮五平八　卒1进1
34. 炮八进二　车5平7
35. 炮八平五　象5退7

如士4进5，车一退一，马5进6，车一平六，有沉底炮牵制黑车，再出帅叫杀的棋，黑难应付。

36. 车一退一　马5进6
37. 车一平六　车7退2
38. 车六退二　车7平5

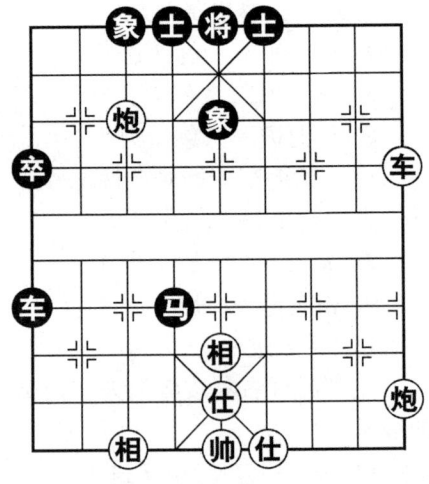

图108

39. 炮五平八　马6退7
40. 帅五平六　士6进5
41. 炮一进八　象7进5
42. 炮八平三　将5平6
43. 相五进三　……

伏车六平四叫将。

43. ……　　　车5平6
44. 车六平二　车6退1
45. 车二进三　将6进1
46. 炮一退一　将6退1
47. 车二进三　将6进1
48. 炮三进二　将6退1
49. 车二退六　象5退7
50. 帅六平五　象3进5

51. 炮一退六　将6退1　　52. 炮一平四　车6平3

如士5进6，炮三平一，亦红易走。

53. 车二平四　士5进6　　54. 车四平七　车3平6
55. 车七平六　士4进5　　56. 炮三平一　士5退6
57. 炮一退五　将6平5　　58. 炮一平五　象5退3
59. 帅五平六

伏车六进五，将5退1，炮四平五杀。黑认输，如接走将5平6，炮五平四打死车。

第52局　陈孝堃 负 杨官璘

1978年4月弈于厦门

这是全国赛对局。

1. 炮二平五　马8进7　　2. 马二进三　车9平8
3. 车一平二　卒7进1　　4. 车二进六　马2进3
5. 兵五进一　士4进5　　6. 马八进七　卒3进1
7. 炮八进四　象3进5　　8. 车二平三　马3进4
9. 兵五进一　卒5进1　　10. 炮八退一　卒3进1
11. 炮八平五　卒3平2

图109，平卒封车很重要，因红左车亮出先手较大，现在晚出耽误了进攻时间。

12. 兵三进一　炮8退1
13. 车三平六　马4进3
14. 兵三进一　炮8平7
15. 兵三进一　马7退9
16. 马七进五　车8进4
17. 车六平五　车1平3
18. 车九进一　车3进4
19. 车九平四　炮7进6
20. 车四进七　……

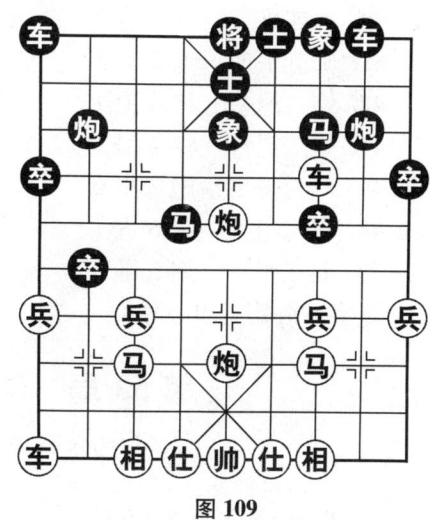

图109

如马五退三，车3平5，黑得子。

20. ……　　　炮2退1
22. 车五平六　炮2平4　　21. 前炮进二　将5平4
23. 后炮平六　马3退5

如车 8 平 5，车六平五，炮 4 平 6，炮五退二，还是对攻状态。

24. 车六退二　车 8 平 4　　**25.** 车六进一　车 3 平 4

26. 炮六进六　车 4 退 3

此时黑仍多一子，所以红只能马五退三，车 4 进 8，帅五进一对攻。

27. 仕四进五　炮 7 平 2　　**28.** 炮五平二　车 4 进 5

29. 马五进三　车 4 平 8　　**30.** 兵三平二　车 8 平 7

31. 相三进五　马 5 进 3　　**32.** 车四平一　炮 2 进 2

图 110，等红吃掉黑边马时，黑车马炮已构成攻势。

33. 炮二平三　车 7 平 6

34. 相五进七　……

如相五退三，马 3 进 1 即呈杀势。

34. ……　　　　卒 2 平 3

35. 车一平三　象 7 进 5

36. 炮三平二　马 3 进 1

37. 炮二进二　将 4 进 1

38. 马三退四　马 1 进 3

39. 帅五平四　马 3 退 5

40. 帅四平五　马 5 进 3

41. 帅五平四　炮 2 退 5

42. 炮二退一　将 4 退 1

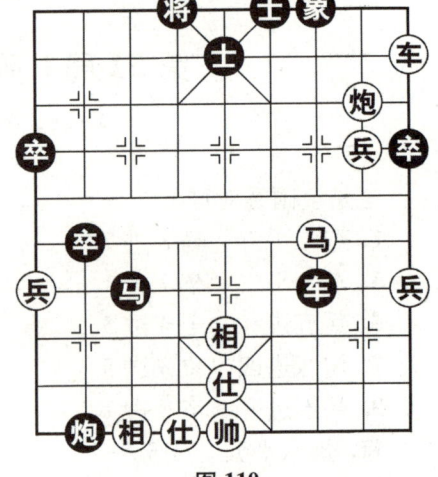

图 110

44. 炮二退一　将 4 退 1　　**43.** 炮二进一　将 4 进 1

46. 车三退二　炮 2 平 6　　**45.** 炮二进一　将 4 进 1

48. 车六退五　车 6 进 1　　**47.** 车三平六　士 5 进 4

50. 兵二平一　炮 6 平 3　　**49.** 帅四平五　车 6 平 3

黑多子胜定，红认输。

第 53 局　李忠雨 负 杨官璘

1978 年 9 月 8 日弈于郑州

这是全国个人决赛对局。

1. 炮二平五　马 8 进 7　　**2.** 马二进三　车 9 平 8

3. 车一平二　卒 7 进 1　　**4.** 车二进六　马 2 进 3

5. 兵五进一　士 4 进 5　　**6.** 兵五进一　卒 3 进 1

六、中炮挺中兵对屏风马

7. 车二平三　卒 5 进 1
8. 炮八退一　炮 8 进 5
9. 马三进五　卒 5 进 1
10. 炮八平二　炮 8 平 6
11. 炮五进二　象 3 进 5

图 111，补象巩固阵式，不怕车三进一吃马，车 8 进 8 吃炮。

12. 炮二平五　马 7 进 5
13. 车三平四　炮 6 平 2
14. 前炮平四　……

伏炮五进五，马 3 进 5，车四平五得子。

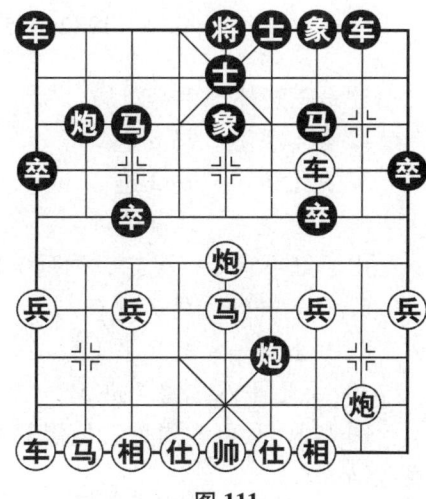

图 111

14. ……　　　马 5 进 6
15. 车四退二　前炮平 8
16. 马五进四　……

伏马四进三叫杀兼咬车。

16. ……　　　马 3 进 4
17. 车四平六　车 1 平 4

如炮五平六，炮 2 平 4，车六进一，炮 4 进 6，红无便宜。

18. 马八进七　……
18. ……　　　车 8 进 3
19. 车九平八　卒 3 进 1
20. 兵七进一　马 4 退 2
21. 车六进五　将 5 平 4
22. 车八平九　炮 8 退 3
23. 马四退五　车 8 平 4
24. 兵三进一　卒 7 进 1
25. 兵七进一　车 4 进 3
26. 兵七进一　马 2 进 3

红贪渡七兵，未注意己方阵式不稳。

27. 相七进五　炮 8 平 5
28. 车九平八　炮 2 进 5

图 112，黑及时组织全部子力反击。

29. 兵七平六　卒 7 平 6
30. 马七进八　卒 6 进 1
31. 车八进二　马 3 进 2
32. 马八退六　马 2 退 4

红马死，认输。

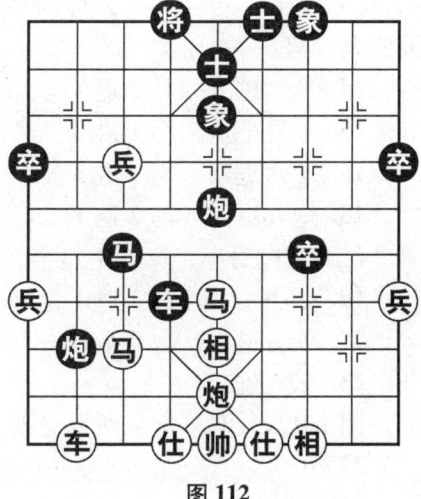

图 112

99

第54局　杨官璘 胜 柳大华

1982年5月24日弈于武汉

这是三楚杯国手赛对局。

1. 炮二平五　马8进7
2. 马二进三　卒7进1
3. 兵七进一　马2进3
4. 马八进七　炮2进2
5. 兵五进一　士4进5

由于红不宜车一平二，怕马7进8打车，故挺中兵再展开左翼子力。

6. 马七进五　马7进6
7. 炮八平七　车1平2
8. 兵七进一　炮2平1
9. 相七进九　车2进6
10. 兵七平八　象7进5

图113，兵可吃黑炮，但黑马则吃红盘头马。

11. 车一平二　车9进2
12. 马五进七　车2平3

如卒3进1，马七退六，车2退2，兵九进一，黑边炮难逃。

13. 马七进八　马6退4

如车3进1吃炮，马八进七，将5平4，仕六进五，将4进1，兵八平九，红有强劲攻势。

14. 仕六进五　马3退1
15. 车九平六　马1进2
16. 车六进六　炮1进3
17. 炮五平九　车3进1
18. 炮九进四　马2退1
19. 马三进五　……

红开出贴身车，又挥炮打卒，处处展开攻势，黑忙于应付。

19. ……　　　车3退1
20. 马五退六　车3进3
21. 仕五退六　炮8平6
22. 车二进八　车3退4
23. 车六进二　……

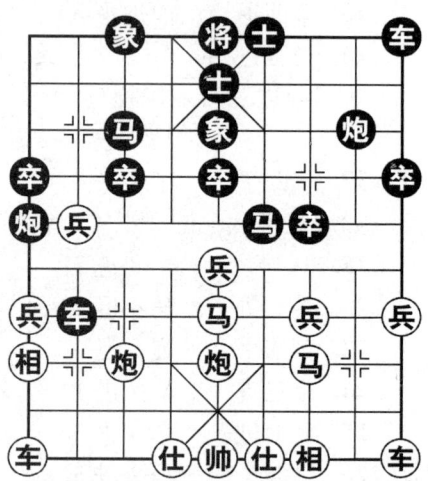

图113

图114，红双车炮从两翼夹击，黑子力分散，难以抵挡。

23. ……　　　车3平5
24. 仕六进五　马1进3
25. 炮九进三　士5退4

如象3进1，马六进七，车5平3，帅五平六，士5进4，车六平七，士6

进5，车七退一，红胜定。

26. 车六平四　……

伏车二进一叫杀。

26. ……　　　马3退2

27. 车四平八　炮6进2

28. 车二平六

伏炮九平七，士4进5，车八进一叫杀，黑认输。

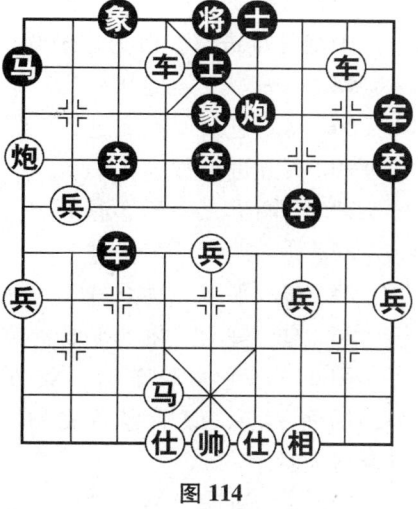

图 114

第 55 局　杨官璘 胜 刘殿中

1982 年 10 月弈于上海

这是上海杯大师赛对局。

1. 炮二平五　马8进7　　**2.** 马二进三　卒7进1
3. 兵七进一　马2进3　　**4.** 马八进七　象7进5
5. 马七进六　车9平8　　**6.** 炮八平七　车1平2
7. 车九平八　士6进5
8. 车八进三　……

可兵七进一，象5进3，车八进六，红牺牲一个兵，造成黑不良子力结构。

8. ……　　　炮2平1
9. 车八平六　炮8平9
10. 马六进七　马7进6
11. 兵五进一　……

图115，红中炮肋车挺中兵，子力位置较好，但右车晚出。

11. ……　　　车2进4
12. 车一平二　车8进9
13. 马三退二　炮1退1

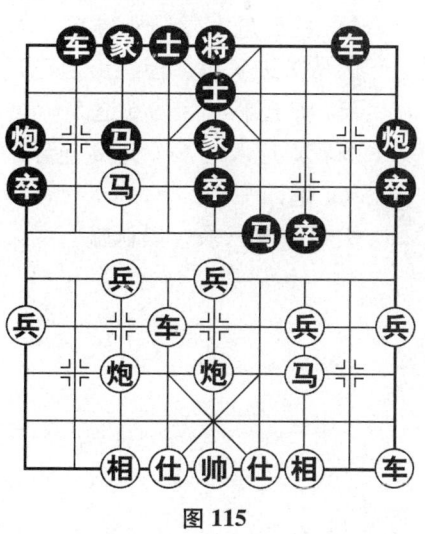

图 115

14. 炮五平一 ……

中炮已难进取，改为边炮瞄卒，便于联相调整阵容。

14. ……　　炮9平7	15. 相三进五　炮1平3
16. 马二进四　炮3进2	17. 炮七进四　卒5进1
18. 兵五进一　车2平5	19. 仕四进五　炮7平6
20. 马四进二　车5退1	21. 炮七平一　车5平8
22. 马二退三　车8进3	23. 兵一进一　车8平7
24. 车六平三　马6进7	25. 后炮平二　马7退9
26. 炮二进七　将5平6	

图116，兑掉双车后，双方子力相当，局面平淡，似乎容易成和，所以黑方麻痹大意了。

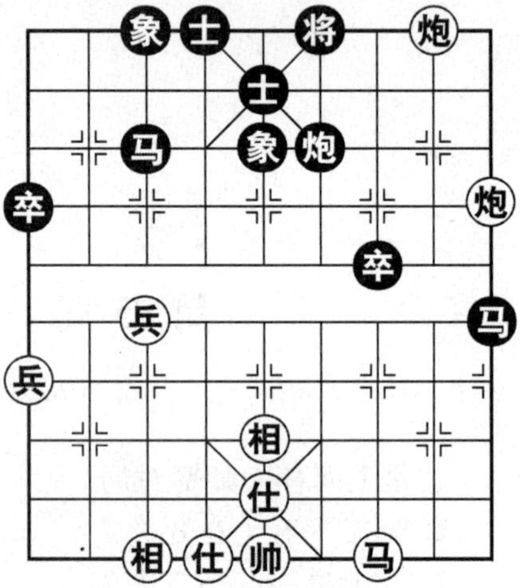

27. 马三进四　马9进7
28. 炮一平三　炮6平7
29. 马四进二　马3进4
30. 马二进一　马4进6
31. 炮三平四　炮7平9

边炮位置不佳，容易暴露漏洞。

32. 马一进二　马6进4

只顾攻不顾守，误以为双马炮有杀势。

图116

33. 仕五进六　马4进6　　**34. 帅五进一　炮9进6**

伏马7进8杀，但红方自己后防空虚已危。

35. 帅五平六　马6退5

败着。应及时马6进8连环，然后炮9退7，炮四平三，炮9平7拦炮。

36. 炮四平一

伏炮一进三杀，黑认输。

七、顺　炮

第 56 局　朱剑秋 负 杨官璘

1951 年 9 月 9 日弈于上海

这是新中国成立后华东棋手何顺安、朱剑秋与华南棋手杨官璘、陈松顺的首次对抗赛对局，结果华南队胜。

1. 炮二平五　炮 8 平 5　　2. 马二进三　马 8 进 7
3. 车一平二　车 9 进 1　　4. 仕四进五　车 9 平 4

既然红先补右仕，黑此着可车 9 平 6，车二进六，马 2 进 3，车二平三，车 6 进 1，兵七进一，炮 2 退 1，接有平 7 炮打车的棋，反击力强。

5. 车二进六　马 2 进 3　　6. 车二平三　炮 5 退 1
7. 兵三进一　……

挺兵以后被黑车骑河牵制，容易失先，改马八进九较稳。

7. ……　　　车 4 进 4
8. 相三进一　车 1 进 1
9. 马八进九　卒 3 进 1
10. 炮八平七　炮 5 平 7
11. 车三平二　……

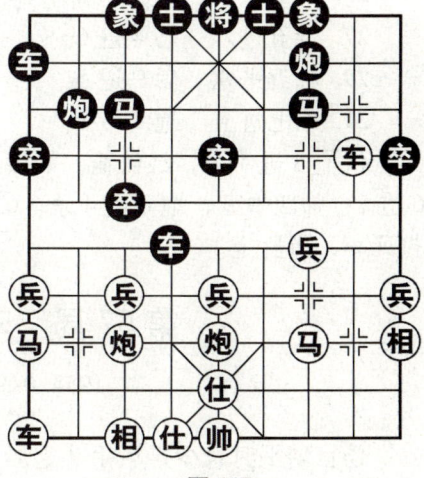

图 117

图 117，红右车位欠佳，可车三平四，马 3 进 4，车四退三，黑右马无进路。

11. ……　　　象 7 进 5
12. 兵九进一　卒 1 进 1
13. 车九平八　炮 2 进 2
14. 兵九进一　车 1 进 3　　15. 车八进四　车 4 平 2
16. 马九进八　车 1 进 1　　17. 马八退九　马 7 进 6

跃马咬车抢先，接着又有跳马过河的攻着，红难应付。朱剑秋此时后悔第11回合平二路车的错误。

18. 车二进二　炮7平1　　19. 兵三进一　……

紧要关头的随手棋，又一步劣着，误认为黑马过河时可退车牵制，其实算错了。此着如改车二平七，马6进4，车七退一，马4进5，相七进五，车1进2，炮七平六，炮2进5，相五退七，车1平2，伏沉底炮攻杀，红难走。

19. ……　　马6进4　　20. 车二退四　卒3进1

巧着。至此红如接走炮七退一，炮1进6，相七进九，马4进5，黑得子。

21. 炮七进二　马4进5

图118，深思熟虑的弃车攻杀计划！杨官璘不仅棋风稳健，而且在杀机到来之时绝不放过。

22. 炮七进五　象5退3
23. 车二平九　马5进7
24. 帅五平四　炮1平6
25. 兵三进一　……

这是唯一挽救炮2平6之杀着。

25. ……　　马3进4
26. 帅四进一　炮2退2
27. 仕五进六　马4进6　　28. 帅四平五　马6进7
29. 帅五平六　后马退5　　30. 帅六平五　炮2进2
31. 相七进五　炮2平8

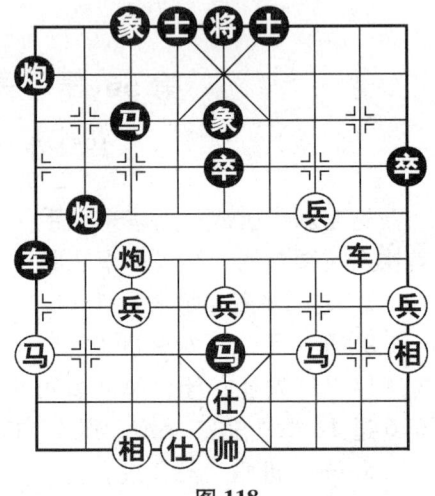

图118

伏炮8进4杀，红认输。如接走：①帅五平四，马5退6，兵三平四，马6进7，帅四平五，炮8进4杀。②帅五平六，炮6平4，车九平六，炮8平4打死车，黑胜定。

第57局　李义庭 负 杨官璘

1954年9月2日弈于上海

杨官璘平时较少走后手斗炮局，因为昨天连败两局于李义庭，今必须对攻搏杀，故决定背水一战。

1. 炮二平五　炮8平5　　2. 马二进三　马8进7
3. 车一平二　车9进1　　4. 仕四进五　车9平4

5. 车二进六 ……

红上回合如急于伸车过河，黑可能卒 3 进 1，炮八平七，马 2 进 3，兵七进一，马 3 进 4，兵七进一，马 4 进 6 对攻。现红先补仕再进过河车，比较稳健。

5. ……　　　　马 2 进 3　　　**6.** 车二平三　　炮 5 退 1
7. 兵三进一　　车 4 进 4　　　**8.** 兵五进一　　……

挺中兵是罕见的新变着，等待车 4 平 5，马八进七，接有马七进五打车争先之着。

8. ……　　　　炮 5 平 7　　　**9.** 车三平四　　士 4 进 5
10. 马三进四　车 4 平 5　　　**11.** 炮五平三　马 7 进 8
12. 兵三进一　炮 7 进 6　　　**13.** 马四退三　……

如兵三平二，炮 7 退 5，黑阵式工整，红无先手。

13. ……　　　车 5 平 7　　　**14.** 兵三平二　车 7 进 2
15. 相七进五　车 7 退 1　　　**16.** 兵七进一　炮 2 进 2

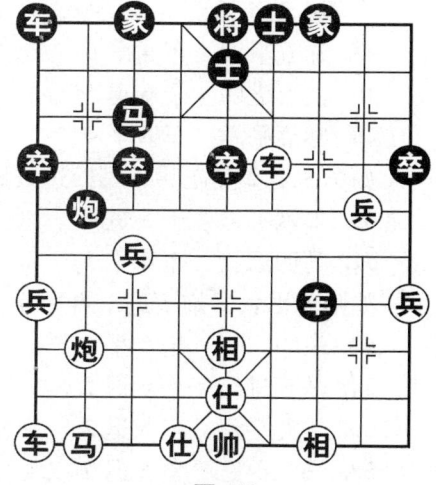

图 119

图 119，经过子力交换之后，红方先手已失，黑只要再摆中炮，亮出右车便有反先之势。红回顾第 7 回合挺三兵容易失先，第 8 回合挺中兵未能实现预定计划，布局并不理想。

17. 炮八平七　炮 2 平 1
18. 马八进九　车 1 平 2

伏车 2 进 7 捉双。

19. 兵九进一　炮 1 平 5
20. 车九平八　……

如帅五平四，车 2 进 7，炮七进四，象 3 进 5，红边车马受困。故出左车邀兑，忍痛丢底相。

20. ……　　　车 7 进 3　　　**21.** 车四退六　车 7 退 4
22. 车八进九　马 3 退 2　　　**23.** 炮七进四　车 7 平 3
24. 炮七平一　车 3 进 2　　　**25.** 马九进八　车 3 平 5
26. 车四进四　车 5 平 8　　　**27.** 帅五平四　车 8 退 3
28. 车四进二　马 2 进 3　　　**29.** 炮一平五　马 3 进 5
30. 车四平五　车 8 平 6　　　**31.** 仕五进四　车 6 进 3
32. 帅四平五　炮 5 平 7

再度兑子，进入残局，红缺相，只剩单仕是难以守和的。对于擅长残棋的杨官璘来说，取胜已心中有数。

33. 马八进六　象7进5　　　**34.** 兵一进一　车6退3
35. 马六进四　士5进6　　　**36.** 车五平九　……

红多双兵，但离黑九宫太远，缺乏对攻力。

36. ……　　　士6进5
37. 兵一进一　炮7退4

残棋炮归家，是配合黑车攻势的重要手段。

38. 马四进二　炮7平6
39. 仕六进五　……

防车6进5叫将吃仕。

39. ……　　　车6平4　　　**40.** 兵一进一　象5进3
41. 兵一平二　将5平4　　　**42.** 马二退四　车4进1
43. 兵九进一　炮6平5

伏车4进4杀。

44. 帅五平四　车4平6　　　**45.** 帅四平五　士5进4
46. 仕五进四　士6退5　　　**47.** 仕四退五　车6平8
48. 帅五平六　车8平4

如车8退2贪吃兵，马四进五踏士有对攻机会。

49. 帅六平五　士5进6　　　**50.** 仕五进四　车4进2
51. 马四退三　车4平5　　　**52.** 帅五平四　……

如帅五平六，炮5进1再平4杀。

52. ……　　　炮5平6　　　**53.** 兵二平三　车5退2
54. 马三进二　士6退5　　　**55.** 车九平四　象3退1
56. 兵九平八　车5退2　　　**57.** 帅四进一　象3进5
58. 马二退三　象5退7　　　**59.** 马三退二　象7进9
60. 马二进四　车5进3　　　**61.** 马四进二　车5平2
62. 兵八进一　将4平5　　　**63.** 兵八平七　士5进6

如图120，红只差一步棋，即兵七平六，即可车四平五兑车成和。在此紧要时刻，杨官璘退士露帅助攻，恰到好处。

64. 车四进一　车5进4　　　**65.** 帅四退一　车5退1

伏车5平6吃仕杀。

66. 车四进二　将5平6　　　**67.** 兵七平六　车5平6
68. 帅四平五　车6平5

七、顺 炮

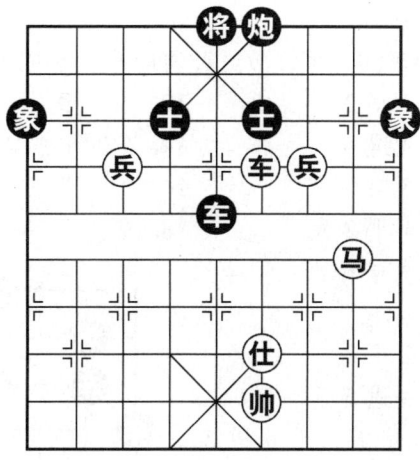

图 120

红认输。帅五平六，车 5 平 4 叫将抽吃兵胜定。

第 58 局　晏宗晋 负 杨官璘

1957 年 11 月 9 日弈于上海

这是全国赛对局。晏宗晋是新疆棋手，本局阵式具有典型性。

1. 炮二平五　炮 8 平 5　　2. 马二进三　马 8 进 7
3. 车一平二　车 9 进 1　　4. 仕四进五　车 9 平 4
5. 车二进六　马 2 进 3
6. 车二平三　炮 5 退 1
7. 马八进九　卒 3 进 1
8. 炮八平七　车 4 进 1

图 121，黑进士角车保马，是借鉴古谱，暗伏布局陷阱。至此，红应接走车三平四，马 3 进 4，车四退三，炮 2 进 4，车九平八，车 1 平 2，兵三进一，双方对峙。

9. 车九平八　车 1 进 2

比车 1 平 2 保炮的反击力强，伏炮 5 平 2 打车，红如伸左车过河亦容易被动。

10. 车八进六　炮 5 平 7

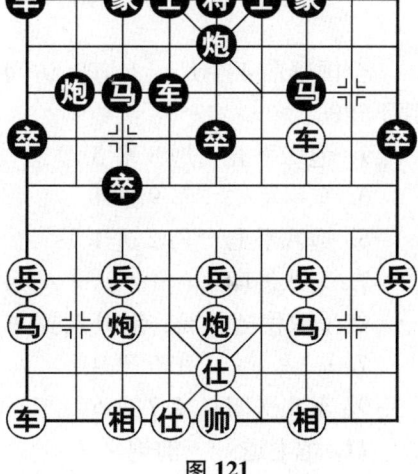

图 121

11. 车三平四　……

以后有马3进4咬车的先手，故红此着应车三平二为宜。

11. ……　　　炮7平2　　12. 车八平七　后炮平3
13. 车七平八　马3进4　　14. 车四平二　卒3进1
15. 车八退一　象3进5　　16. 车二平三　炮3平2
17. 车八进二　车1平2　　18. 车三进一　卒3进1

图122，虽然双方大子相当，但卒过河驱炮，红已难应付。

19. 炮七平六　炮2平3
20. 炮五进四　士4进5

如象5退3，车三平五，士4进5，车五平六，士5进4，相三进五，黑未能得车。

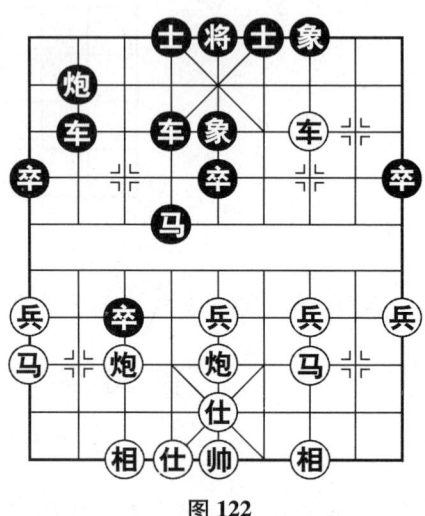

图122

21. 相三进五　马4进6
22. 马九进七　车4进4
23. 马七退九　马6退5
24. 车三退一　马5退3
25. 兵九进一　车2进6

红失子失势，认输。

第59局　杨官璘　胜　胡荣华

1960年6月19日弈于广州

全国赛前4个月，上海队访问广州队。当时胡荣华15岁，敢冲敢打，贪胜不知输。

1. 炮二平五　炮8平5　　2. 马二进三　马8进7
3. 车一平二　车9进1　　4. 马八进九　卒1进1
5. 炮八平七　马2进1　　6. 车九平八　炮2进2
7. 车八进四　……

红采取稳健布局，展开两翼子力。

7. ……　　　车9平4　　8. 车二进六　炮5平6
9. 车八平四　象7进5　　10. 兵九进一　车4进6
11. 炮七退一　前炮平7　　12. 马三退一　炮2进6

图123，黑方猛烈反击，但没顾及自己左翼及中路的缺点。

13. 仕四进五　车4平1
14. 车二平三　炮7平5
15. 炮五平四　……

红计划吃马后，靠肋炮破士入局，否则双车难有作为。

15. ……　　　炮2进1
16. 车三进一　前车平4
17. 炮四平五　……

先解黑车吃底仕的杀着。如相三进五，车4平5，马一退三，车5平4，帅五平四，炮5进4，对攻中黑有反击力。

17. ……　　　车4平3
18. 帅五平四　士4进5
19. 炮五平四　……

图124，红炮又回到肋线，企图破士入局，是车局取胜的关键佳着，黑左翼处于不设防状态。

19. ……　　　炮2退7
20. 车三退一　车1进1
21. 炮四进七　士5进6
22. 炮四平一　车1平9
23. 炮一退三　车3进1
24. 炮一平五　将5平4
25. 车三平一　……

妙着献车。如接走车9平7，车四平六，车7平4，车一进三杀。

25. ……　　　车3平4
27. 相七进九　车4退5

红多子得势，黑认输。

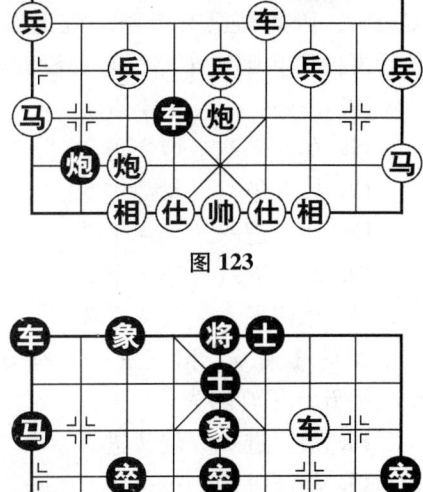

图124

26. 车一进二　炮5平3
28. 车一平八

第60局　杨官璘 胜 朱剑秋

1962年3月13日弈于上海

1. 炮二平五　炮8平5
2. 马二进三　车9进1

3. 仕四进五　马8进7
5. 车二进六　马2进3
7. 马八进九　卒3进1

打车嫌急，还是车4进1较妥。

9. 车三平四　马3进4

图125，黑跃右马咬车，看似抢先其实无用，因此马没有进路。红退车兵林，以后再挺中兵则通车路，布局没问题。

10. ……　　　车1进1
11. 车九平八　炮2平3
12. 兵五进一　象7进5
13. 兵三进一　车4平2
14. 车八进八　车1平2
15. 车四平六　马4进3

如马4退6，相三进一，马6进5，车六平五，仍红略先。

16. 兵三进一　炮7进3
17. 马三进四　……

如马九进七，车2进5必吃回红马。

17. ……　　　士4进5
19. 马九进七　车2进5
21. 相三进五　炮7平5
22. 炮七进三　炮3进4
23. 炮七进一　卒9进1
24. 炮三平七　卒1进1
25. 车六平二　……

红不知不觉吃得一子，车已生根，可以摆脱被牵制。

25. ……　　　卒9进1
26. 兵一进一　炮5平9
27. 后炮平三　车2退1
28. 马四进二　马6进7
29. 车二平三　……

图126，兑子之后风平浪静，红多一

4. 车一平二　车9平4
6. 车二平三　炮5退1
8. 炮八平七　炮5平7
10. 车四退三　……

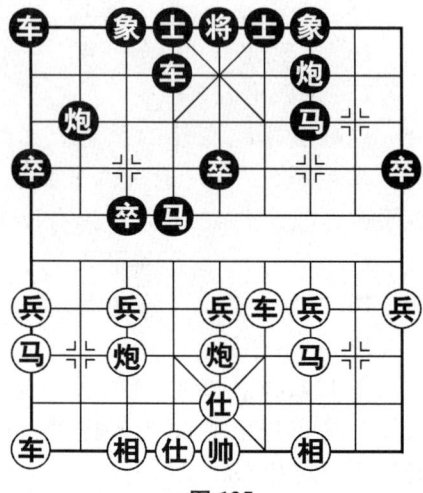

图125

18. 炮五平三　马7进6
20. 炮三进一　炮7进1

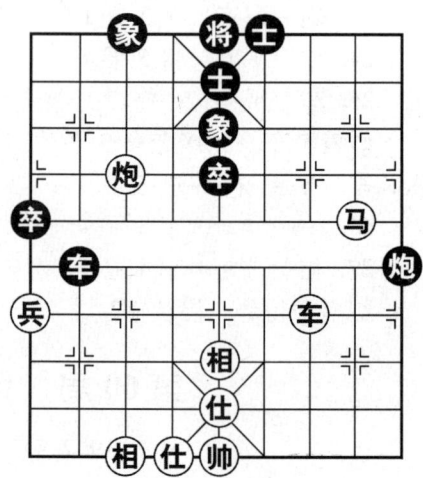

图126

马但无兵助，能否取胜还要看局势发展。

29. ……　　　车2平8　　　　30. 马二进四　士5进6

如车8平4，马四进三，将5平4，炮七退四，亦红易走。

31. 车三平一　士6进5　　　　32. 炮七进一　象5退7
33. 仕五退四　卒1进1　　　　34. 马四进二　象3进5
35. 马二进一　卒1平2　　　　36. 马一退三　将5平6
37. 炮七退六　车8平6

防炮七平四，车8平6，炮四进二牵制黑车，或车一进一兑炮再吃卒亦成胜势。

38. 炮七平五　士5进4　　　　39. 炮五进五　士6退5
40. 仕六进五　炮9平8　　　　41. 车一平二　炮8平9
42. 炮五平一　车6进3　　　　43. 仕五进四　车6退1
44. 仕四进五　车6退5　　　　45. 炮一进三　将6进1
46. 炮一退一　将6退1　　　　47. 马三退二

黑认输。车6进3，炮一进一，将6进1，车二平三叫杀，象7进9，炮一退五得炮红胜定。

第61局　杨官璘 胜 李义庭

1964年5月10日弈于杭州

这是全国赛对局，李义庭是争夺冠军的热门棋手之一。杨官璘本局采取稳攻战略。

1. 炮二平五　炮8平5　　　　2. 马二进三　车9平1
3. 马八进九　马8进7　　　　4. 炮八平七　马2进1
5. 车九平八　车1平2　　　　6. 车一平二　车9平4
7. 车二进六　……

红方均衡展开左右翼，然后进右车过河，准备吃卒压马。

7. ……　　　车4进6　　　　8. 炮七退一　炮5平4
9. 车二平三　象3进5　　　　10. 仕四进五　车4退3
11. 车八进四　士4进5

补士嫌缓，可卒1进1加强对攻性。

12. 兵九进一　炮2进1　　　　13. 车三退二　马7进6
14. 车三平四　马6进4　　　　15. 兵七进一　……

防马4退2打车。

15. ……　　　马4进5　　　16. 相三进五　马1退3

退马弃卒，但不存在平炮打死车的棋。

17. 炮七进五　卒1进1

如炮4平2，兵七进一，车4平3，车八平七，红仍保持多一兵的略优。

18. 兵九进一　车4平1　　19. 兵七进一　车1平3
20. 车四平七　车3进1　　21. 车八平七　马3进1
22. 兵三进一　……

图127，杨官璘选择兑车方式，保持多一兵及子力位置略优的局面，使李义庭擅长的攻杀风格难以发挥。

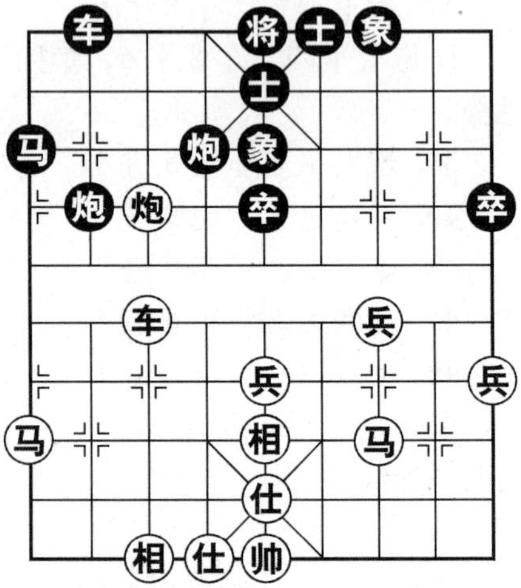

22. ……　　　车2平3
23. 炮七进一　卒5进1
24. 马三进四　炮2平8
25. 马四进三　马1进2
26. 马三进五　……

黑疏忽大意，未料到红马踏象。黑不能飞象吃马，红炮打象叫将抽车。黑如吃炮，则红马跳卧槽吃回一炮。

图127

26. ……　　　士5进6
27. 马五退六　马2退3　　28. 马六进七　炮8平5
29. 马九进八　炮5进3　　30. 车七退一　炮5退1
31. 车七进二　士6退5　　32. 马八进九　炮5平6
33. 车七平五　炮6退3　　34. 马七退六　车3进3
35. 马九退八　车3平4　　36. 马六退五　炮4平5
37. 车五平二　炮6平9　　38. 马五进四　炮5进2
39. 车二退二　车4平6　　40. 马四退五　炮9平5
41. 马五进六　车6平4　　42. 兵三进一　……

红双马缺炮，攻势难发展，现在终于有驱兵渡河的机会，形势改观。

42. ……　　　后炮平4　　43. 兵三平四　炮4进2
44. 兵四平五　炮4平2　　45. 车二平三　车4平2
46. 马八退七　车4平5　　47. 兵五平六　象7进5
48. 车三平八　炮2平1　　49. 车八进六　士5退4
50. 车八退三　……

红方若能再吃一卒，才有胜望，但这是很难实现的。

50. ……	卒9进1	51. 马七进九	车5平4
52. 兵六平五	卒9进1	53. 车八平五	卒9进1
54. 车五进一	士4进5	55. 车五平九	炮1平3
56. 车九平七	车4平1	57. 马九退七	炮3平2
58. 车七平八	炮2平3	59. 马七进八	炮3退4
60. 马八进七	车1退4		

防车八进二,炮3平4,马七进五,车1平6,兵五平四,黑难走。

61. 马七进五 ……

图128,伏车八进二,炮3平4,马五进三杀。

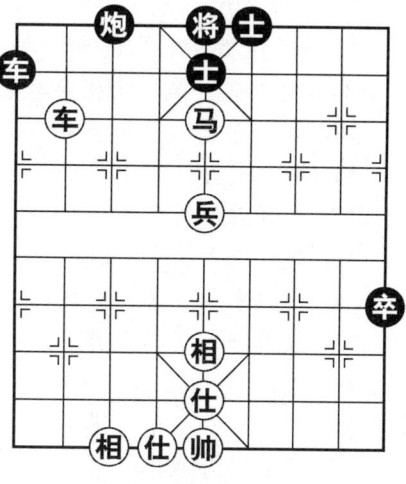

图128

| 61. …… | 士5退4 |
| 62. 车八平七 | 车1平5 |

如炮3平2,马五进七,将5进1,兵五进一,将5平6,车七退二,士6进5,兵五进一,士5进6,兵五平四,将6平5,兵四平五,将5平4,车七平六杀。

63. 兵五进一	炮3平2
64. 车七退四	车5平4	65. 车七平四	士4进5
66. 车四平八	炮2进1	67. 马五退七	

红马咬双得子,黑认输。

第62局　杨官璘 胜 郭长顺

1974年7月17日弈于成都

这是全国赛对局。

1. 炮二平五　炮8平5

郭长顺是东北棋手,擅长后手顺炮局。

2. 马二进三　马8进7　　3. 车一平二　马2进3

后顺炮缓开左车,先跳右马,是郭长顺喜欢的走法。

4. 兵七进一　卒7进1　　5. 马八进七　炮2平4

6. 马七进六　炮2平7　　7. 车九平八　……

图129,红先开左车,等待黑出右车则进炮封住。如炮八平七,车1平2,兵七进一,车2进5,兵七进一,车2平4,炮七进五,士6进5,红先手优势

不大。

7. ……　　　车1平2
8. 炮八进四　车9进1

伏车9平2，炮八进三，车2进8，炮八平九，车2退9捉死炮。

9. 炮八平五　马3进5

可马7进5，车八进九，马5进4，红来不及挺中兵，黑反击机会较多。

10. 车八进九　马5进4
11. 炮五进五　象7进5
12. 兵五进一　车9平6
13. 车八退六　卒7进1
14. 车八平六　马4退5
15. 兵五进一　马5进7

红已掌握主动权。

16. ……　　　车6进4
18. 相七进五　车3平5
20. 车六平九　车5退1

红多子占优，但缺炮使进攻力不强。

22. 马三进四　车5平4
24. 车九平五　马5退3

防马3进4咬车兑马。

25. ……　　　士6进5
27. 相五进七　马7退5
29. 车五平二　马7进8
31. 马五进四　车4平7
33. 前车进一　车5进1

红要设法谋取卒，才会增加胜望。

34. ……　　　士4进5

伏车二进六，马7退6，马三进四破士攻杀。

35. ……　　　马7退6

吃掉卒，红有胜望。

36. ……　　　车5平9
38. 车四平七　马6进5

16. 相三进一　……
17. 仕四进五　车6平3
19. 相一进三　炮7平1
21. 车九进三　车5退1

23. 车九退一　前马进5
25. 车二进三　……

26. 马四进六　士5退6
28. 车二平四　马5退7
30. 马六退五　马8进7
32. 车四平二　车7平5
34. 马四进三　……

35. 前车平四　……

36. 马三退一　……

37. 相七退五　马3进5
39. 车七平九　前马退3

40.	车九平四	马3进4	41.	马一进三	车9平7
42.	马三退一	车7平9	43.	马一进二	……

伏马二进四，士5退6，车二进六再吃士攻杀。

43.	……	车9平7	44.	兵一进一	马4退3
45.	马二退一	车7退3	46.	兵一进一	……

估计要驱兵渡河，便于造成杀势。

46.	……	马5进4	47.	帅五平四	马3进5
48.	车四退三	马4退3	49.	兵一平二	车7平9
50.	兵二进一	车9进1	51.	车四进一	马5退4
52.	车四进二	马4进5	53.	兵二进一	车9退1
54.	车四平七	车9平6	55.	帅四平五	车6进7
56.	兵二进一	车6平9	57.	相五退三	车9平7
58.	相三进五	车7平7	59.	相五退三	车7平7
60.	相三进五	车7平9	61.	相五退三	车9进1
62.	相三退五	车9退5	63.	车二平四	……

图130，移车先占肋线，为以后平兵入九宫作准备。

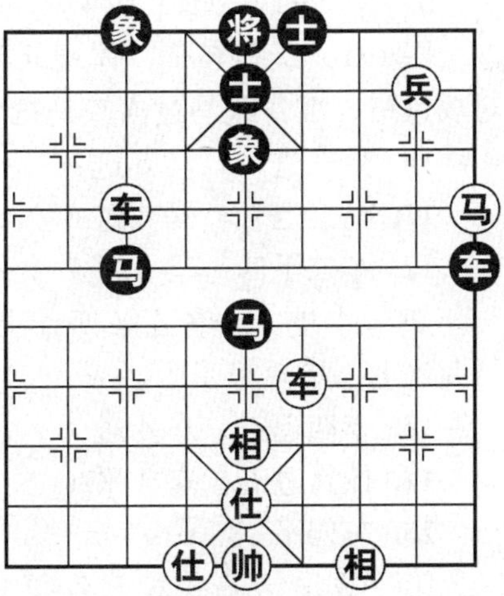

63. ……　　车9退1

黑决定舍车换马，再回马咬双车，形成马士象全对车兵的残局。

64.	车七平一	马5退7			
65.	车四平一	马7退9			
66.	车一进三	马3进5			
67.	兵二平三	马5退7			
68.	车一平三	……			

这是红例胜残局，杨官璘自然胸有成竹。

图130

68.	……	马7进6			
69.	兵三平四	马6退8	70.	车三进三	象3进1
71.	兵四平五	将5进1	72.	车三平四	马8退9
73.	相五进三	马9进7	74.	车四退四	马7进9
75.	仕五进六	……			

黑马回不到中象位置，就难成和。此时红伏车四平九，象1退3，车九平一，马9进7，车一进三，将5退1，车一进一叫将抽吃象。

75. ……　　马 9 退 8　　　　76. 车四平九　象 1 退 3
77. 车九进三　将 5 退 1　　　78. 车九平二

黑逃马则车二进一叫将抽吃象，黑认输。

第 63 局　杨官璘 胜 曹霖

1975 年 9 月 21 日弈于北京

这是全国赛决赛对局。

1. 炮二平五　炮 8 平 5

曹霖是吉林青年棋手，喜好攻杀，所以后手斗顺炮。

2. 马二进三　马 8 进 7　　　3. 车一平二　卒 7 进 1
4. 兵七进一　马 2 进 3　　　5. 马八进七　车 1 进 1

起横车是比较激烈的变例。通常多炮 2 进 4，马七进八，车 9 进 1，车九进一，车 9 平 4，双方对峙。

6. 炮八平九　炮 2 进 4　　　7. 车九平八　炮 2 平 3
8. 车二进四　车 1 平 4　　　9. 兵三进一　马 7 进 6

图 131，跃马弃卒，体现北派棋手的对攻风格，准备跃马过河咬马抢先。

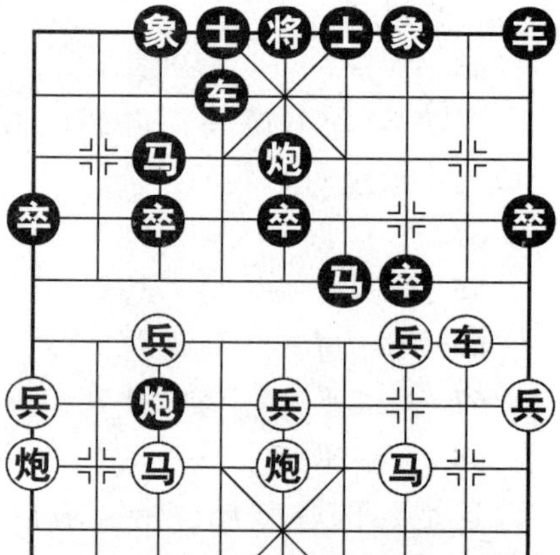

10. 兵三进一　马 6 进 4
11. 马七退九　马 4 进 6
12. 车二平四　马 6 进 7

如车 4 进 7，炮五平四，士 4 进 5，马九进七，黑攻势受阻。

13. 车四退三　车 4 进 7
14. 仕六进五　车 4 平 1
15. 车四平三　……

第一战役结束，双方各得一马，但红渡过小兵，且右马活跃，仍持先手。

15. ……　　车 9 进 1
16. 马三进四　车 9 平 4　　　17. 马四进五　马 3 进 5
18. 炮五进四　炮 5 进 4　　　19. 炮九平五　车 1 平 4
20. 相七进九　后车进 2　　　21. 兵三平四　……

图 131

故意弃炮，看准能吃回一子。而且不怕黑采取三把手杀势。例如黑接走将 5 进 1，兵四平五，前车退 2，车三进七，将 5 退 1，前炮退三，炮 3 平 5，兵

七、顺 炮

五平六，后车平5，车八平六，车4平2，红脱离危险。

21. ……	后车平5	22. 车八平六	车4平2
23. 兵四进一	车5进1	24. 车三进四	车5进1
25. 车三退一	车5退1	26. 车三进一	车5进1

如车2退4，车三平五，车2平5，车六进三，象7进5，帅五平六，红优。

27. 车六平七 ……

伏帅五平六打死车。

27. …… 象3进5

28. 车七进三 ……

图132，红吃回一子，又有过河兵的优势。

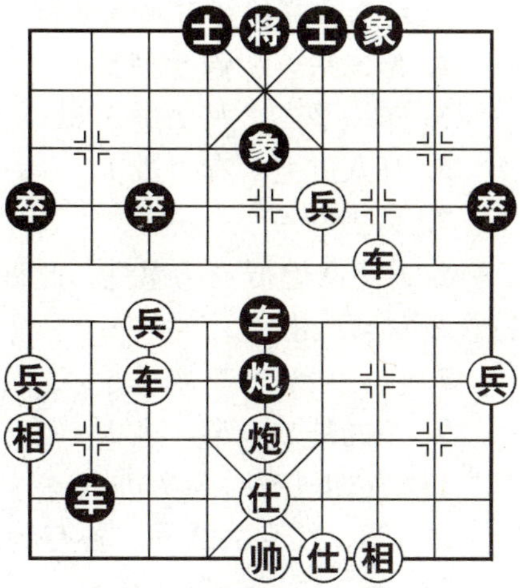

28. ……	车5平4		
29. 车三进四	士4进5		
30. 车三退六	车2进1		
31. 相九退七	炮5退2		
32. 车三平五	炮5进3		
33. 相三进五	车2退7	34. 车五进三	车4退1

35. 车五平七 ……

红先前得闲破象，现又谋卒，奠定优势。

35. ……	卒1进1	36. 后车平五	车2平4
37. 兵四平五	象5退7	38. 车五平三	象7进5
39. 车七平九	象5退3	40. 车三平八	象3进5
41. 车八进六	士5退4	42. 车八平九	前车平5
43. 兵五平六	车4退1	44. 前车退二	士6进5
45. 兵六平五	车4进1	46. 前车平六	士5进4
47. 兵五进一	车5退2	48. 车九平一	士4退5
49. 车一进三	士5退6	50. 车一退四	……

红算准能实现车双兵对车双士的胜局。

50. ……	车5进4	51. 车一平九	车5平9
52. 兵九进一	车9平5	53. 车九平八	车5退3
54. 兵九进一	士6进5	55. 车八退二	士5退6
56. 兵九平八	士6进5	57. 兵七进一	车5进1

红必胜残局，黑认输。

图132

第64局　杨官璘 胜 孟立国

1976年6月20日弈于兰州

这是全国赛预赛对局，杨官璘获小组第一。

1. 炮二平五　炮8平5　　　2. 马二进三　马8进7
3. 车一平二　马2进3　　　4. 兵七进一　卒7进1
5. 马八进七　车1进1　　　6. 炮八进二　车1平4
7. 兵三进一　……

红升巡河炮挺三兵邀兑，此种攻法少见。但如果兑兵后两翼均衡发展，则符合杨官璘风格。

7. ……　　　车4进3　　　8. 马三进四　车4进3
9. 车九进二　卒7进1　　　10. 仕四进五　车4退6
11. 马四进三　卒7进1

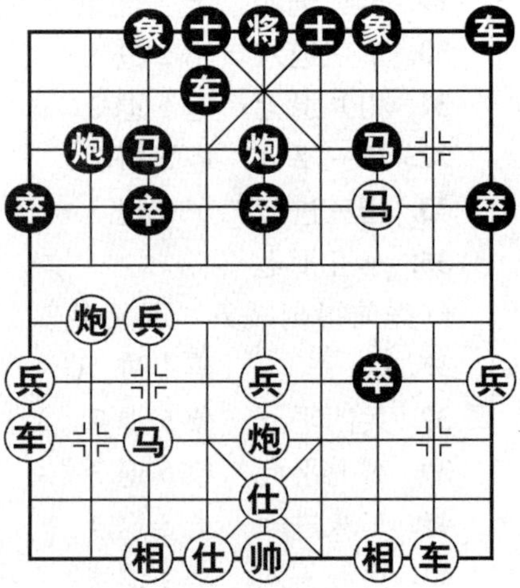

图133，红弃兵跃马，各有所得。

12. 车二进五　车9平8
13. 车二平三　炮5退1
14. 车三退二　炮5平7

红吃回卒，但车马被拴住。

15. 马七进六　车8进3
16. 炮五平六　车4平6
17. 炮六平三　车8进6
18. 炮三平七　炮2进1
19. 炮七进四　象3进5
20. 车九平四　车6进6
21. 仕五进四　……

红在不利的形势下，兑车减轻压力。

21. ……　　　卒5进1　　　22. 马六退四　……

如马六进四，炮7进2，马四进三，炮7进6，马三退四，炮7平4，红破仕相。

22. ……　　　炮7进2　　　23. 相七进五　车8退5
24. 炮八进一　象5进7

如卒5进1，炮八平五，士4进5，兵五进一，红少子多兵。

25. 车三进二　车8平7　　　26. 炮八平三　炮7平5
27. 炮三进四　将5进1　　　28. 马四进五　炮5进3

图133

29. 仕六进五	马7进6	30. 兵七进一	炮2进3

兵及时渡河助战,弥补少子之弊。

31. 兵七平六	炮2平9	32. 兵六进一	炮9退2
33. 炮三退四	炮5退1	34. 兵六进一	马3退2
35. 炮七平二	将5平6	36. 炮二退三	炮5平8
37. 炮二平四	将6平5	38. 马五进七	炮8退2
39. 炮四进六	……		

得闲破士,对以后小兵攻杀有利。

39. ……	将5退1	40. 炮四平二	马6退7
41. 炮二平三	炮8退1	42. 马七进八	炮8退1
43. 后炮平七	马7进8	44. 炮七退二	炮8退6
45. 炮七平五	炮9平7	46. 兵六平五	士4进5
47. 马八退七	马2进3	48. 炮三退二	……

如兵五平六,士5进4,马七进五,马6进5,马五退六,马5退4,红白丢小兵。

48. ……	马6进4	49. 炮五进二	炮8进8
50. 仕五退四	炮7退1	51. 炮三平七	马4退3
52. 炮五退二	炮7平4		

防兵五平六,士5进4,马七退五叫将抽吃炮。

53. 炮五平二	炮8退1	54. 相五进三	炮4平5
55. 帅五平六	炮8平3	56. 炮二平五	炮3退4
57. 兵五进一	将5平6		

兵吃士凶狠,如马3退5吃兵则马炮被拴,马七进八,卒1进1,马八退七捉死卒。以后边兵过河,黑难抵挡。

58. 炮五退二	炮3平6	59. 马七退六	炮6退1
60. 马六进四	马3进4	61. 兵九进一	炮5平1
62. 马四退二	炮6平4	63. 炮五平六	马4进5

黑不甘心兑子求和,希望多子还有胜机。

64. 炮六平七	马5退4	65. 炮七平六	马4进5
66. 炮六平七	马5退4	67. 炮七平六	马4进5
68. 炮六平七	马5平4	69. 帅六平五	后炮平5
70. 帅五平六	炮4平8	71. 相三退五	炮5平6
72. 帅六平五	卒9进1	73. 炮七平五	马5退4
74. 马二进四	马4退3	75. 帅五平六	炮8平7

76. 马四退三	炮7退3	77. 马三进二	炮6退1
78. 马二进一	炮7退1	79. 马一退三	炮7进2
80. 马三退一	……		

消灭卒，以免后患。

80. ……	马3进4		
81. 马一进三	马4进2		
82. 马三退二	马2进3		
83. 炮五平七	马3退4		

如炮6平3，相五进七，红不亏。

84. 炮七平三	马4退5		
85. 马二进一	炮7退1		
86. 仕四退五	炮6进6		
87. 仕五进四	……		

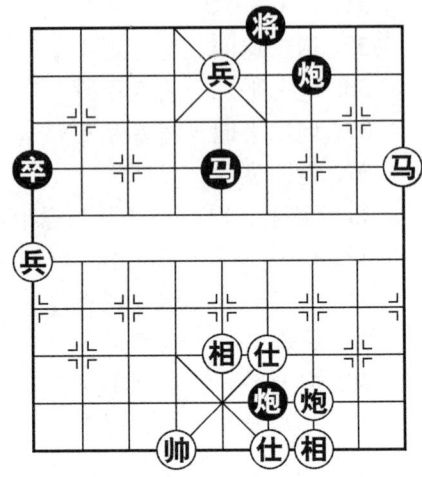

图134

图134，红支仕困住黑炮，已有胜望。

87. ……	马5退3		
88. 马一进三	马3退5	89. 马三进五	将6平5
90. 马五退七	炮6平1	91. 炮三平五	将5平6
92. 马七退五	炮1退2	93. 马五进三	炮1平7
94. 帅六平五	前炮平6	95. 相三进一	炮6平7
96. 炮五平九			

黑认输。前炮平1，相五退七，炮1平6，炮九进五，红得卒胜定。

第65局　杨官璘 胜 胡荣华

1981年1月13日弈于广州

这是五羊杯象棋冠军赛对局。

1. 炮二平五	炮8平5	2. 马二进三	马8进7
3. 车一平二	马2进3	4. 兵七进一	卒7进1
5. 马八进七	炮2进4	6. 马七进六	炮2平7
7. 车九平八	车1平2	8. 炮八进四	车9进1
9. 马六进五	车2进2	10. 车八进六	马3进5

黑以车换马炮，争取反击机会，是中局佳着，红目前右马是一个弱点。

11. 兵五进一　……

图135，挺中兵为右马找出路。

11. ……　　　　马 5 进 6
12. 炮五进五　象 7 进 5

如马 6 进 7，车二进二，炮 7 进 3，仕四进五，象 7 进 5，车二平三，也是对攻状态。

13. 马三进五　车 9 平 4
14. 车二进四　车 4 进 5
15. 马五退四　……

红不兑马，保持较多变化。

15. ……　　　　炮 7 退 1
16. 车八平七　马 6 进 7
17. 车二退二　炮 7 进 4
18. 仕四进五　前马退 6
19. 车二平四　马 6 退 8
21. 车四进一　车 4 退 1
23. 兵五平六　车 5 平 8
25. 车七平三　炮 8 退 1
27. 车三平九　马 8 进 7
29. 车九平三　后马退 9
31. 后车平三　马 9 进 7
33. 前车平四　卒 9 进 1
34. 车四退三　……

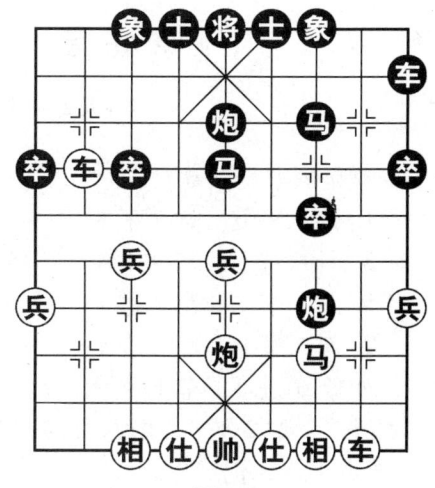

图 135

20. 马四进二　炮 7 平 8
22. 兵五进一　车 4 平 5
24. 车四退一　车 8 进 1
26. 相七进五　炮 8 平 7
28. 马二退一　炮 7 平 9
30. 车三平四　士 4 进 5
32. 车四平三　后马退 9

图 136，红开始施展困子战术，利用黑子力散乱而捉马、捉炮。

34. ……　　　　卒 7 进 1
35. 车四退二　炮 9 平 8
36. 相五进三　马 9 进 7
37. 车四进二　后马进 8
38. 车三平二　车 8 平 9
39. 马一进三　车 9 进 3
40. 仕五退四　马 7 进 6
41. 车四退二

黑认输。炮 8 平 6，马三退一，红多子胜定。

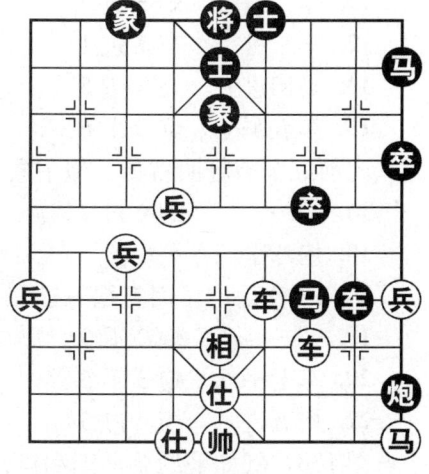

图 136

第66局　杨官璘 胜 陈孝堃

1982年2月10日弈于北京

这是国家集训赛对局。

1. 炮二平五	炮8平5	2. 马二进三	车9进1
3. 马八进七	车9平4	4. 兵三进一	马8进7
5. 车一平二	卒3进1	6. 车二进五	炮5退1
7. 车二平七	车4进1	8. 马三进四	马2进3

如象3进5，车七平六，马2进3，车六进二，炮2平4，炮八进四，车1平2，车九平八，仍红先。

9. 兵七进一　……

图137，红挺七兵是杨官璘喜欢的走法，通常棋手多炮八进四，炮5平3，炮八平七，象3进5，车七退一，炮3进2，车七进二，炮2退2，车九平八，炮2平3，车七平八，仍属红略先。

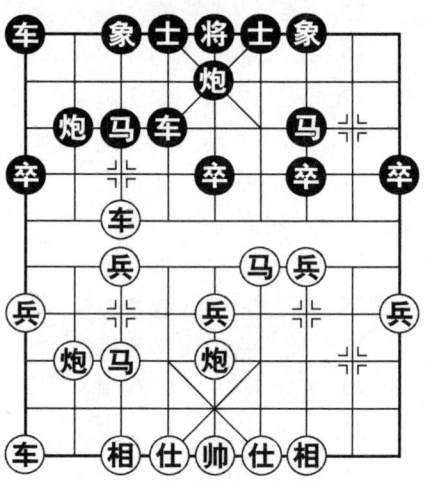

图137

9. ……	炮5平3		
10. 车七平二	卒7进1		
11. 车二退一	炮3平4		
12. 车二进二	卒7进1		
13. 马四进五	马7进5	14. 车二平五	象3进5
15. 车五平七	炮3平6	16. 炮八进二	……

先前红车被赶回右翼，似乎失先，但马踏中卒之后，红找回先手。

| 16. …… | 炮6进2 | 17. 兵五进一 | 炮6平3 |
| 18. 炮八平三 | …… | | |

不急于吃黑炮，因有炮三进三打车得子。

18. ……	炮2退1	19. 车七退四	炮2平3
20. 车七平八	炮3平5	21. 炮三进三	象5进7
22. 炮五进六	士4进5	23. 炮三进一	……

图138，红如平炮兑马则和棋，但杨官璘还想保留一点机会。

| 23. …… | 车4平5 | 24. 车八平五 | 马3进2 |
| 25. 兵五进一 | 马2进4 | 26. 车五进一 | 马4进3 |

27. 车五进一	车 1 平 4
28. 仕四进五	车 4 进 8
29. 车九进二	车 5 平 3
30. 车九平八	象 7 退 5
31. 兵五进一	象 5 退 3
32. 炮三退六	车 4 退 2
33. 相七进五	马 3 退 5
34. 炮三进四	卒 1 进 1
35. 兵一进一	马 5 进 7
36. 车五平三	马 7 退 5
37. 车三退一	车 4 平 1
38. 车八进七	……

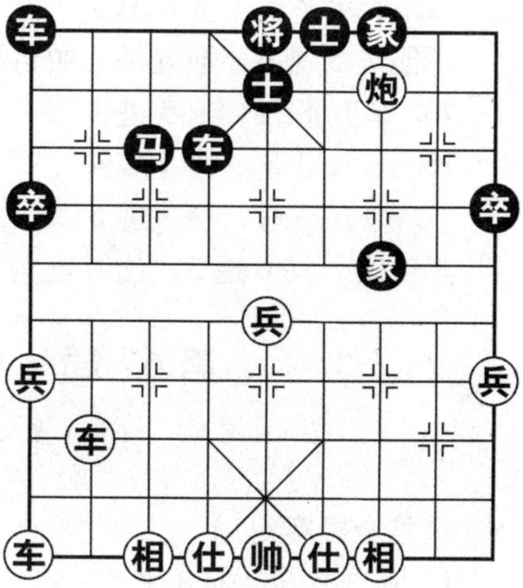

伏炮三平二捉象，黑难走。

38. ……	马 5 进 3
39. 车三平九	马 3 退 1
40. 车八退六	卒 1 进 1
41. 兵五平六	车 3 进 2
42. 炮三平五	象 7 进 5
43. 兵六进一	车 3 平 5
44. 车八进三	车 5 平 4

防车八平六再兵六进一叫杀。

45. 兵六平五	象 3 进 5
46. 车八进三	车 4 退 4
47. 车八退二	车 4 进 5
48. 车八平五	将 5 平 4
49. 炮五平三	车 4 平 9
50. 炮三退二	车 9 进 1
51. 车五退三	车 9 平 4

防车五平六，士 5 进 4，车六进三破士。

52. 车五平九	马 1 进 3
53. 车九进五	将 4 进 1
54. 车九退一	将 4 进 1
55. 车九退二	卒 9 进 1
56. 炮三退二	马 3 退 2
57. 车九平三	马 2 退 4
58. 车三平六	将 4 平 5
59. 车六平五	将 5 平 4
60. 车五退一	马 4 进 5
61. 炮三平四	马 5 进 7
62. 车五退一	将 4 退 1
63. 相三进一	士 5 进 6
64. 相五退三	将 4 退 1
65. 车五平三	马 7 退 9
66. 车三进一	车 4 平 8
67. 炮四进七	……

红不知不觉挥炮打士，黑先前疏忽了。

67. ……	马 9 退 8
68. 炮四平三	将 4 平 5
69. 炮三退三	将 5 平 4
70. 车三平六	将 4 平 5

图 138

71. 车六平五　士6退5　　　　72. 炮三平五　将5平4

不能士5进6，炮五平二叫将抽车。

73. 车五平六　士5进4　　　　74. 车六进二　将4平5
75. 车六平五　将5平4　　　　76. 炮五退四　马8进7
77. 炮五平六　马7进6　　　　78. 炮六退一

黑认输。马6退5，仕五进六，马5进4，车五平六杀。

第67局　杨官璘 胜 言穆江

1980年8月25日弈于乐山

这是全国赛对局。

1. 炮二平五　炮8平5　　　　2. 马二进三　马8进7
3. 车一进一　车9平8　　　　4. 车一平六　车8进4
5. 马八进七　士6进5　　　　6. 车六进七　马2进1
7. 兵七进一　炮2平4　　　　8. 车六平八　……

如马七进八，车8平4，车九进一，车4进1，相七进九，车4进1，伏车4平2捉双。如红跳开左马，车1平2亮车反先。

8. ……　　　炮5平6

图139，黑卸中炮，不仅浪费了步数，损失中卒，而且与斗炮局的战略思想不符。

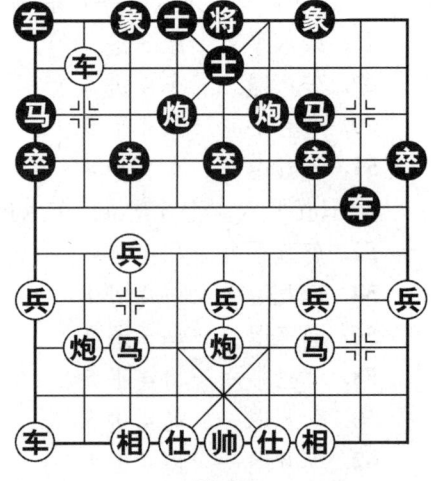

图139

9. 炮五进四　炮4平5
10. 炮五退二　卒3进1
11. 兵七进一　车8平3
12. 马七进八　车1平2
13. 车八进一　马1退2
14. 相七进五　……

如炮八进七，车3平2，黑必吃回一子。

14. ……　　　马2进3
15. 炮八平七　象3进1
16. 炮七进五　炮6平3　　　17. 马八进九　车3退1
18. 马九进七　车3退1　　　19. 车九平八　车3进1
20. 车八进四　卒7进1　　　21. 仕四进五　马7进5
22. 兵三进一　卒7进1　　　23. 炮五进三　象7进5

24. 车八平三　马5进3

红多双兵，但未过河，取胜不易。而黑求和也难，双方较量残棋功夫。

25. 马三进四　车3平1　　26. 马四进三　马3进2
27. 仕五进四　车1平6　　28. 仕六进五　马2进3
29. 帅五平四　马3退4　　30. 马三进一　马4进5
31. 马一进三　车6退2　　32. 车三进二　马5退3
33. 兵五进一　马3退1　　34. 兵一进一　马1退2
35. 马三退四　象1退3　　36. 车三平一　士5退6
37. 车一平三　士4进5　　38. 兵一进一　士5退6
39. 车三退三　车6平4　　40. 仕四退五　车4进2
41. 马四退三　车4平1　　42. 相五退七　车1平3
43. 相三进五　车3进3　　44. 车三退一　……

如兑车，马双兵对马士象全是理论和棋。

44. ……　　　车3平6　　45. 帅四平五　马2进3
46. 兵五进一　象5进7　　47. 车三平二　象3进5
48. 车二进四　士6退5　　49. 兵一进一　马3进4
50. 车二平八　车6平3　　51. 仕五进六　车3平7

如车3进3，帅五进一，车3退1，马三退四，车3平1，车八退三，黑马受困。

52. 仕六退五　车7平3　　53. 帅五平六　车3平4
54. 马三退四　马4退5　　55. 帅六平五　马5进7
56. 兵一平二　马7退6　　57. 马四进三　车4平8
58. 相五退三　车8进3　　59. 相七进五　马6进5
60. 马三退四　马5退6　　61. 车八退二　车8退4
62. 兵二平三　马6进7　　63. 车八退一　马7退6
64. 兵三进一　象5退3　　65. 车八平三　象7退5
66. 兵三进一　马6退8　　67. 车三进三　车8平2
68. 兵三平四　车2进4　　69. 仕五退六　车2退3
70. 马四进三　车2平7　　71. 相三进一　马8进9
72. 兵五进一　马9退7　　73. 相一进三　车7平6
74. 兵四平三　……

理论上认为，单车士象全能守和车双兵。

74. ……　　　车6退2　　75. 兵五平四　象3进1
76. 仕六进五　象1退3　　77. 相三退五　象3进1
78. 车三平二　象1退3　　79. 兵四平五　象5进3

80. 兵五平六　象3退1　　　　81. 兵六平七　车6退2
82. 车二退二　车6平7　　　　83. 兵三平四　车7平6
84. 兵四平三　车6平5　　　　85. 车二平七　车5进2
86. 车七平八　车5退2　　　　87. 兵七平八　车5进5
88. 兵八进一　车5退5　　　　89. 兵八进一　车5平3

图140，虽然理论上黑能守和，但在实战上稍不注意，红常有一些巧胜之法。

90. 车八平五　车3进7
91. 仕五退六　车3退7
92. 车五平三　车3平5
93. 仕六进五　车5平3
94. 兵三平四　车3平6
95. 车三进四　车6平3
96. 仕五进六　车3平5
97. 帅五平六　车5平3
98. 帅六进一　车3进6
99. 帅六退一　车3退6
100. 帅六平五　车3平5
101. 帅五平四　车5平6　　　102. 帅四平五　车6平5
103. 帅五平四　车5进1

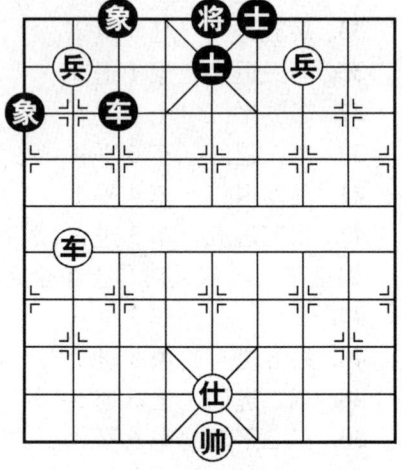

图140

如车5平3，兵四平五，士6进5，车三进一，士5退6，车三平四，将5进1，车四退一，将5退1，兵八平七，红胜定。

104. 兵八平七　士5进6　　　105. 仕六退五　车5平6
106. 帅四平五　车6平3　　　107. 帅五平四　车3平6

不能车3退2吃兵，兵四进一叫将得车。

108. 帅四平五　士6退5　　　109. 兵七平六　士5进4
110. 兵四进一　将5平6

如车6退3，车三退一，士4退5，仕五进六，车6进1，车三进二，车6退1，兵六平五，将5平4，车三平四杀。

111. 车三退一　车6平4　　　112. 车三平四　将6平5
113. 车四进一　车4平8　　　114. 帅五平四　车8退3
115. 车四退三　士4退5　　　116. 车四平五　车8进1
117. 仕五进六

黑认输。车8平6，帅四平五，红必破士胜定。

第68局 杨官璘 胜 孟立国

1980年4月23日弈于福州

这是全国赛对局。

1. 炮二平五　炮8平5　　　　**2.** 马二进三　马8进7

3. 车一进一　车9平8

杨官璘在顺炮局中较少采用横车。

4. 车一平六　车8进4　　　　**5.** 马八进七　马2进3

6. 炮八进二　炮2进2

黑对顶炮是正着。如卒3进1，车六进五，象3进1，炮八平五，马3进4，车九平八，炮2平3，前炮进三，象7进5，车八进七，红先手。

7. 炮八平七　车1进2　　　　**8.** 车九平八　炮2平7

图141，开局不久，双方展开对攻。

9. 马三退一　卒1进1

10. 兵三进一　炮7平6

11. 车八进五　士4进5

12. 车六平四　卒7进1

13. 车四平三　象7进9

14. 兵三进一　象9进7

15. 马一进三　炮5平6

16. 炮七平四　前炮平3

17. 炮四退二　炮3退3

18. 炮四平七　卒3进1

19. 车八平七　象3进5

20. 车七进一　马7进6

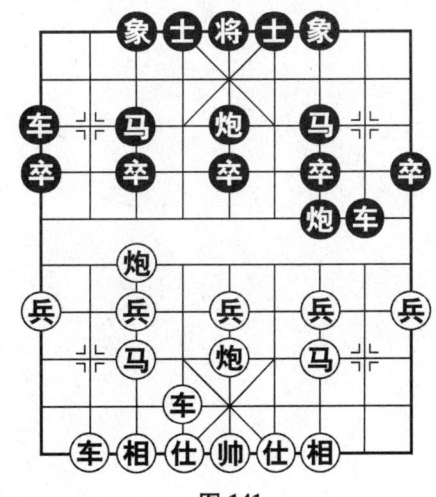

图141

21. 车三平六　炮6平7　　　　**22.** 兵五进一　马6进7

23. 炮五进四　马7退5　　　　**24.** 炮五平三　车1平2

双方互相纠缠，局面平淡。杨官璘擅长这种局势，等待对方出错。

25. 马三进五　车8进2　　　　**26.** 马五进七　车8平4

27. 车六进二　马5进6　　　　**28.** 帅五进一　马6退4

29. 帅五平四　炮7平6　　　　**30.** 马七进六　马4退6

31. 帅四平五　……

图142，黑如马6退7，马六进七，将5平4，炮七平六，将4进1，车七

平六，士5进4，车六平八抽吃黑车。

　　31. ……　　　马6进4

　　32. 帅五平六　车2进6

　　33. 帅六进一　马3退2

　　败着。只考虑红卧槽马时黑跳拐脚马垫将，忽略了红沉底车的攻着。

　　34. 车七进三　士5退4

　　不能象5退3吃车，炮三进三杀。

　　35. 马六进四　将5进1

　　36. 车七退一　马2进4

　　37. 炮三平五

　　黑认输。象5退7，车七平六，将5进1，马四进二，红胜定。

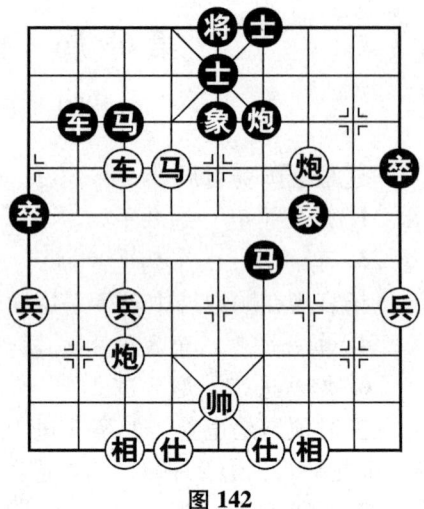

图142

八、列　炮

第 69 局　杨官璘 胜 张增华

1956 年 12 月 16 日弈于北京

这是全国赛对局，张增华是西安选手。本局杨官璘最后杀法十分精彩。

1. 炮二平五　炮 2 平 5　　　2. 马二进三　马 2 进 3
3. 马八进七　……

也可车一平二，炮 8 平 7，马八进七，马 8 进 9，车九平八，仍红先。但杨官璘有意避开俗套。

3. ……　　马 8 进 9　　　4. 车九平八　车 1 平 2
5. 炮八进四　士 4 进 5　　　6. 兵三进一　炮 8 平 7
7. 马三进四　车 9 平 8　　　8. 车一进一　……

图 143，红方攻法与流行棋谱不同，右马盘河准备踏中卒确立中炮，横车则平左肋控制黑老将出路。这种构思以往未见，是创新。

8. ……　　车 8 进 4
9. 车一平六　卒 3 进 1
10. 马四进五　炮 7 平 6
11. 马五进七　炮 6 平 3
12. 炮八平五　车 2 进 9
13. 马七退八　炮 3 平 1

预感到红会支仕出帅，故黑先手炮以便退底炮防守。

14. 仕六进五　马 9 退 8

应卒 1 进 1 防红马跃出，争取延缓红方攻势。

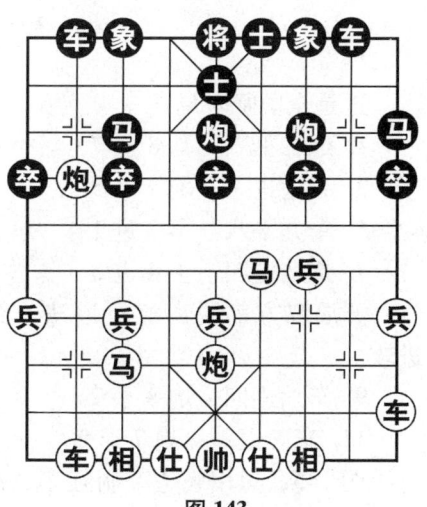

图 143

15. 帅五平六　炮1退2
16. 兵九进一　马8进7
17. 兵五进一　卒7进1

废着。应马7进5，炮五进四，卒3进1通车路，移车右翼防红马。

18. 兵三进一　车8平7
19. 马八进九　车7进1

图144，黑车骑河捉兵败着，没看出红潜伏精妙杀法。仍应用马兑炮再弃3卒。

20. 后炮平八　炮1平2

防红炮沉底杀。如马7进5，炮八进七，士5退4，车六进八，将5进1，车六退一杀。

21. 马九进八　炮2平1

只能躲炮。不能炮2进7吃炮，因车六进八杀。

22. 马八进七　炮1平2　　23. 马七进九

红借炮使马，伏卧槽马杀，黑认输。

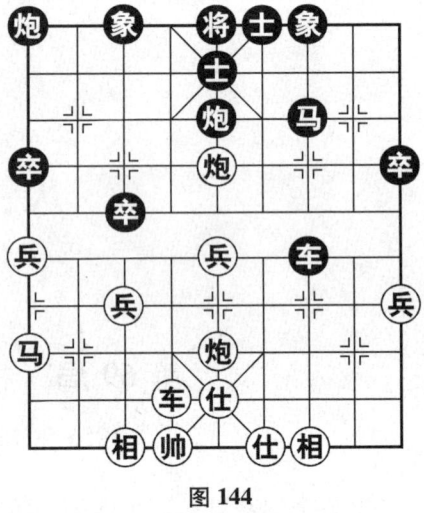

图144

第70局　杨官璘 胜 赵庆阁

1979年9月11日弈于北京

这是全国赛对局。

1. 炮二平五　马8进7
2. 马二进三　车9平8
3. 兵七进一　炮2平5
4. 马八进七　马2进3
5. 车九平八　卒7进1
6. 车一进一　车1平2
7. 炮八进四　士4进5
8. 车一平六　马7进8

开局双方都脱离流行谱法。红左炮封车及横车左肋，集中子力于左翼进攻。

9. 车六进四　炮8平7
10. 车六平三　象7进9
11. 车三退一　炮7退2
12. 马七进六　车8进2

图145，黑用底炮牵制红车，准备再卸中炮打车得子。红已难挽救右马，决定弃子抢攻，这是杨官璘少有的冒险策略。

13. 炮五平七　炮5平7
14. 炮八平五　象3进5

15. 车八进九　马3退2
16. 车三平二　前炮进5
17. 马六进七　马2进3
18. 炮五退一　后炮进1
19. 兵七进一　象9退7
20. 马七进九　……

红少一子，但子力位置较好，右车牵制黑车马，七兵渡河威胁黑马，而且多三个兵，形势主动。

20. ……　　　马3退4
21. 兵七平六　车8进1
22. 炮七进七　马4进3
23. 炮七平九　……

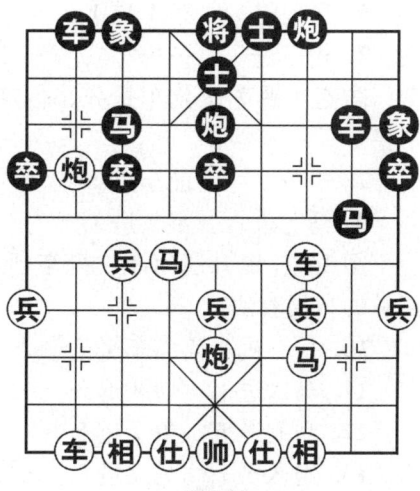

图145

图146，红沉炮展开攻杀，伏马九进八，马3退4，车二平七的手段。

23. ……　　　马3退1
24. 车二平七　将5平4
25. 炮五退一　马8进7
26. 车七进五　将4进1
27. 马九退七　马1进3
28. 车七退一　将4退1
29. 炮五平六　将4平5
30. 炮六平八

伏沉底炮杀，黑认输。

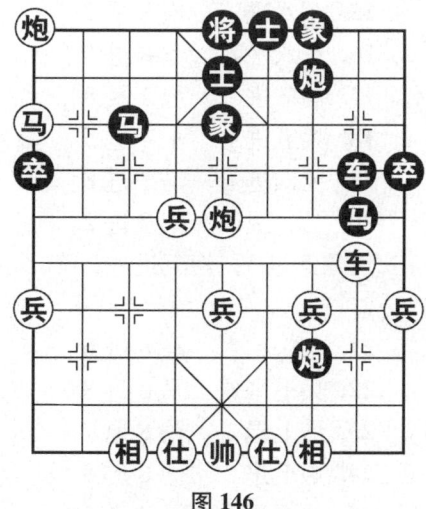

图146

第71局　杨官璘 胜 孟立国

1982年10月9日弈于上海

这是上海杯大师赛对局。

1. 炮二平五　马8进7　　2. 马二进三　车9平8
3. 车一平二　炮8进4　　4. 兵三进一　炮2平5

孟立国采用当时新兴的半途列炮布局，准备拼搏。

5. 兵七进一　车1进1　　　　　6. 马八进七　车1平8
7. 相三进一　……

防炮8平7邀兑车抢先，但亦可车九平八，炮8平7，炮八进一，兑子平稳。

7. ……　　　前车进3　　　　8. 车九平八　马2进3
9. 马七进六　卒7进1

图147，黑升巡河车，挺卒活马，是正常的布局着法。

10. 兵三进一　前车平7
11. 马六进七　炮8退3
12. 马七进五　象7进5
13. 炮八平七　马3进2
14. 车二进四　炮8退2
15. 车八进三　炮8平2
16. 车八平六　车8进5
17. 马三进二　炮2平8
18. 兵五进一　士4进5
19. 仕四进五　马7进8
20. 马二退四　车7进2　　　21. 兵七进一　……

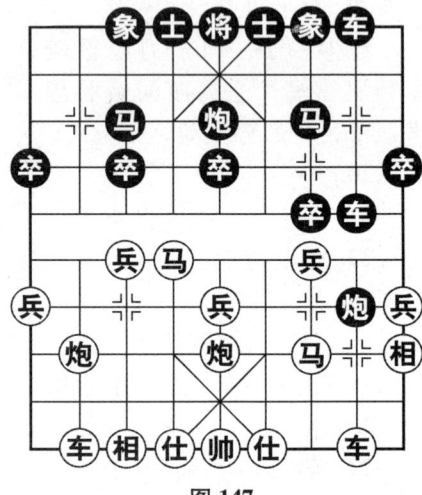

图147

诱象5进3，炮五进一，车7退3，车六平八，马2退1，炮七进七，红有攻势。

21. ……　　　马8进6
22. 兵七平八　马6进8
23. 炮七退一　马8退7
24. 炮七进二　炮8进8
25. 兵八进一　马7进5

图148，黑弃马取势，表现东北棋手的风格，至此红决定送回一炮以较量残棋。

26. 车六进六　将5平4
27. 炮七平三　马5进7
28. 炮五平二　卒1进1
29. 相一进三　马7进6
30. 炮二平一　炮8平9

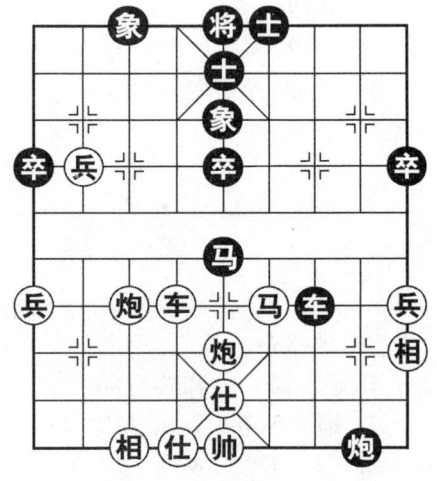

图148

八、列　炮

31. 马四退三	炮9退3	32. 仕五进四	……

守中带攻，不经意间困住黑马，原来认为平淡的局势出现转折。

32. ……	炮9退2	33. 帅五进一	炮9平7
34. 相三退五	炮7退1	35. 兵八进一	象5进7
36. 相五进三	象7退5	37. 相三退五	象5进7
38. 相五进三	象7退5	39. 相三退五	象5进7
40. 相五进三	象7退5	41. 相三退五	象5进7
42. 相五进三	象7退9		

先前黑飞象落象捉马，属于常打须变着，现在黑落边象送吃，改为二打一还打，按当时规则允许。

43. 相三退五	象9进7	44. 相五进三	象7退9
45. 马三进四	马6进8	46. 炮一进五	马8退7
47. 炮一进二	将4进1	48. 马四进六	马7退6
49. 帅五退一	马6退4	50. 炮一平七	……

黑马逃退，红趁机吃象，还要争取求胜。

50. ……	炮7退1	51. 炮七退八	将4退1
52. 相七进五	将4平5	53. 马六进四	炮7平8
54. 炮七平九	士5进4	55. 马四进三	马4进6
56. 炮九进四	卒5进1	57. 仕六进五	马6进4
58. 兵八平七	士4退5	59. 马三退二	士5进6
60. 兵七进一	炮8退1	61. 炮九进四	士6进5
62. 兵七进一	士5退4	63. 马二进四	马4退3
64. 炮九平八	卒5进1	65. 马四退六	马3退4
66. 兵九进一	马4退3	67. 马六进七	炮8进1
68. 马七退五	……		

如马七进九，炮8退2，马九进七，将5进1，兑子成和。

68. ……	将5进1	69. 兵九进一	马3进2
70. 马五退三	炮8进2	71. 兵九进一	马2进3
72. 兵九平八	将5平6	73. 马三进二	将6平5
74. 兵八平七	炮8退1	75. 相五进七	将5平4
76. 炮八退八	将4平5	77. 仕五进六	炮8平5
78. 帅五平六	马3进1	79. 炮八平四	马1进3
80. 仕六退五	将5退1	81. 马二退三	炮5平7
82. 炮四进六	……		

破士才便于造成杀势。

82. ……　　　卒5平4　　83. 相三退五　马3退5
84. 马三退四　卒4进1　　85. 马四进五　炮7平5
86. 炮四平五　将5进1　　87. 炮五平八　卒4平5
88. 兵七平六　炮5退1　　89. 炮八退三　马5退3
90. 炮八进二　马3退5　　91. 马五退三　马5进6
92. 炮八平一　卒5平4　　93. 马三进四　将5平6
94. 炮一退五　马6进5　　95. 炮一平四　马5退4
96. 兵六进一　……

时机已到，果断进兵攻杀。

96. ……　　　炮5进2

应炮5进4，兵六平五，炮5平6，还能支撑一阵。

97. 马四进二　将6平5　　98. 马二进三

黑认输。将5退1，马三退四叫将抽炮红胜定。

第72局　杨官璘 胜 傅光明

1982年10月16日弈于上海

这是上海杯大师赛对局。

1. 炮二平五　马8进7　　2. 马二进三　车9平8
3. 兵七进一　炮8平9　　4. 马八进七　炮2平5
5. 马七进六　卒7进1
6. 车九平八　马2进3
7. 马六进七　车1平2
8. 炮八进四　车8进5
9. 相七进九　……

红进炮封车是杨官璘比较喜欢的着法。

9. ……　　　卒7进1
10. 兵三进一　车8平7
11. 车一进二　马7进6
12. 炮五退一　……

图149，红退窝心炮便于应付黑移炮打马的棋，又可飞相踏车，调整阵型。

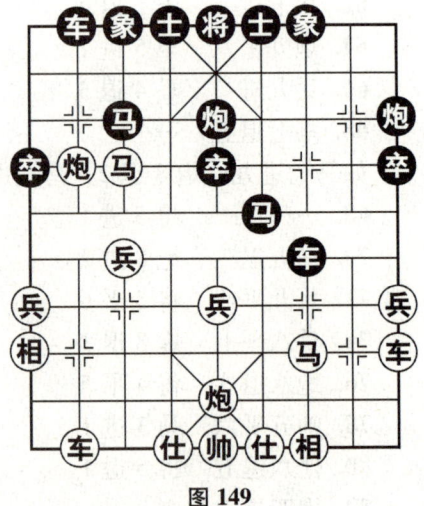

图149

12. ……　　　炮9平7　　　13. 炮五平三　马6进7
14. 车一平二　车7退1　　　15. 炮八平五　……

红敢于炮打中卒，诱马3进5，车八进九，马5退3，马七进五，马3退2，马五进七，将5进1，车二进六，炮7退1，马七进六，将5平6，车二退四叫杀，黑难应付。

15. ……　　　士4进5　　　16. 车八进九　马3退2
17. 马七进八　车7退1　　　18. 炮五退二　炮7退1
19. 马八退六　将5平4　　　20. 马六退五　车7进1
21. 炮五进三　象7进5　　　22. 兵五进一　马2进3
23. 兵七进一　……

弃兵便于控制黑方马跃出支援左翼。如接走象5进3，车二进四，马3进2，车二平六，将4平5，车六退三，仍然牵制黑子。

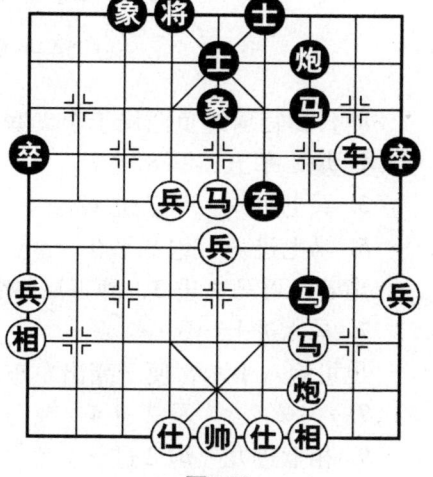

图150

23. ……　　　马3进5
24. 兵七平六　马5退7
25. 车二进四　车7平6

图150，黑可摆脱被拴状态，但红已渡兵占优。

26. 炮三进二　炮7进5
27. 马三进五　马7进8
28. 后马进七　马8退6

退车拦车，防车二平六，将4平5，马七进八叫杀。或直接马七进六咬车抢先。

29. 仕六进五　炮7退5　　　30. 相三进五　车6进1
31. 车二平一　将4平5　　　32. 马五进三　车6平5
33. 马三进一　马6退8

如车5平6，车一平三，炮7平8，马一退二咬双。

34. 车一平三　炮7平6　　　35. 车三平二　马8退7
36. 马一进三　士5进6

红多兵大优，黑超时判负。

九、中炮横车对屏风马

第73局 杨官璘 胜 李义庭

1954年9月2日弈于上海

昨日杨官璘连负两局于李义庭，今重整旗鼓大举进攻，志在必得。

1. 炮二平五　马8进7　　　2. 马二进三　车9平8
3. 兵七进一　卒7进1　　　4. 马八进七　象3进5
5. 马七进六　炮8平9　　　6. 车一进一　车8进1

虚着。可马2进3，静观局势变化。

7. 马六进七　……

也可炮八平六，便于亮出左车。

7. ……　　马2进4　　　8. 马七退六　车1平3
9. 相七进九　炮2进3　　10. 车一平六　马7进8

黑子力位置欠佳，散乱不协调，拐脚马是主要弱点。

11. 马六进四　马8进9

12. 仕六进五　……

准备开出左车贴身捉马，发起攻击。

12. ……　　卒7进1
13. 车九平六　马4进6
14. 炮五平七　车3平1
15. 马四进六　……

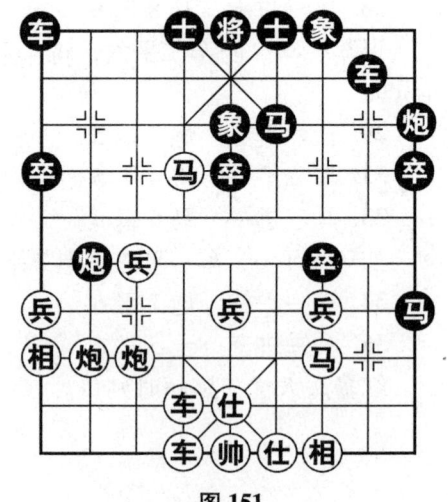

图151

图151，杨官璘卸中炮打车，再跳马准备入卧槽发起攻击，由此显示优势。

15. ……　　马9进7
16. 炮八平三　……

如急于马六进七，车8平3，炮七进六，卒7进1，红攻势稍缓。

16. ……　　　炮9退1　　17. 炮三平五　马6进7
18. 后车平八　车8平2　　19. 兵三进一　炮9平7
20. 马六进七　将5进1　　21. 车八进四　车2进4
22. 马七进九　车2退5　　23. 相三进一　……

赶走黑马，红炮取中卒，立见优势。

23. ……　　　马7进9　　24. 炮五进四　象5进7
25. 车六进五　车2平1　　26. 炮五退二　马9进7
27. 车六平三　炮7平6　　28. 车三平五　将5平4
29. 炮五平六

伏炮七平六杀，黑认输。

第74局　杨官璘 胜 李义庭

1964年12月23日弈于广州

这是全国前6名邀请赛对局。

1. 炮二平五　马8进7　　2. 马二进三　车9平8
3. 兵七进一　卒7进1　　4. 马八进七　马2进3
5. 车一进一　象3进5　　6. 车一平四　士4进5
7. 炮八平九　炮2进4　　8. 车九平八　炮2平3
9. 兵五进一　炮8进4　　10. 兵三进一　……

图152，杨官璘采取少用的横车七路马阵式，使对方布局准备不足，暴露出黑3炮的弱点，怕红车四进二捉死。

10. ……　　　炮3平7
11. 马三进五　炮8平5
12. 马七进五　车8进6
13. 兵三进一　炮7平9
14. 马五退三　象5进7
15. 马三进一　车8平9
16. 车八进七　……

兑子后黑双马不够灵活，右马受攻，处于下风。

16. ……　　　车1平3

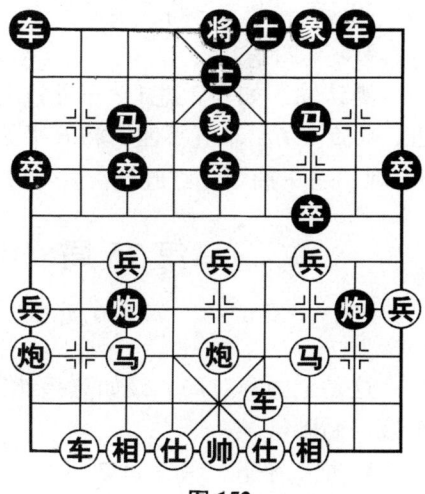

图152

17. 炮九进四	象7退5	18. 炮九进一	马3退4
19. 车四进七	车9平5	20. 仕四进五	车5退1
21. 炮九平五	马4进5	22. 车八平五	马7进6
23. 车五平八	车5退1	24. 车四平三	……

黑象难逃。如象7进5，炮五平二，有沉底叫将的威胁。

24. ……	车5进2	25. 车三进一	车3平4
26. 兵九进一	马6进4	27. 炮五平二	车5平8
28. 炮二平六	马4进6	29. 炮六平五	车8退5
30. 车八平四	马6退5	31. 车四退二	车4进3
32. 炮五平四	……		

图153，红卸炮瞄士，已成入局之势。

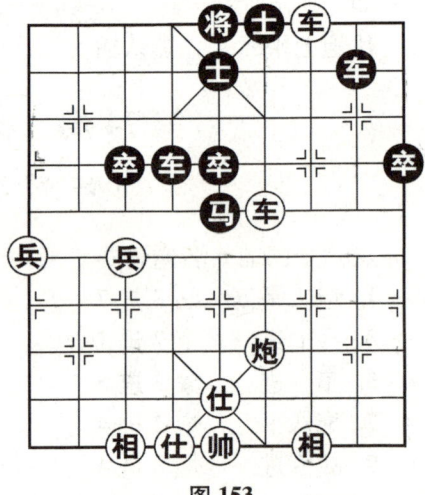

图153

32. ……	车8进1
33. 炮四进七	士5进6
34. 相七进五	车4退1
35. 炮四退一	将5进1
36. 炮四平一	马5进4
37. 仕五进六	车4平2
38. 车三退六	马4进2
39. 车三进五	将5进1

如将5退1，车四平九叫杀，黑亦难走。

| 40. 车三退二 | 将5退1 |
| 41. 车四平九 | |

黑认输。如马2进1，车九进三，将5进1，车九平六，士6退5，车三平五，将5平6，车五平四，将6平5，帅五平四，车8平6，车四进一，士5进6，炮一退一抽车，红胜定。

第75局 臧如意 负 杨官璘

1974年7月27日弈于成都

这是全国赛对局。臧如意是北京棋手，急于攻杀，杨官璘稳扎稳打，以优势残局制胜。

| 1. 炮二平五 | 马8进7 | 2. 马二进三 | 车9平8 |
| 3. 马八进七 | 卒7进1 | 4. 车一进一 | 马2进3 |

九、中炮横车对屏风马

5. 兵五进一　士4进5　　　6. 车一平六　……

红挺中兵攻屏风马，横车占肋控制将门，来势汹汹。

6. ……　　　象3进5　　　7. 兵五进一　卒5进1
8. 马七进五　炮8进2　　　9. 车六进五　卒3进1
10. 兵七进一　马3进5

图154，黑跳盘头马暗藏反击力，如红接走兵七进一，炮8退1，车六退一，马5进3，炮五进三，炮8平5，相七进五，炮2进2，车六平七，象5进3，炮五平八，象3退5，红无先手。

11. 马五进六　炮8退1
12. 车六进二　炮2平4
13. 车六平八　卒3进1
14. 车九平八　炮4进7

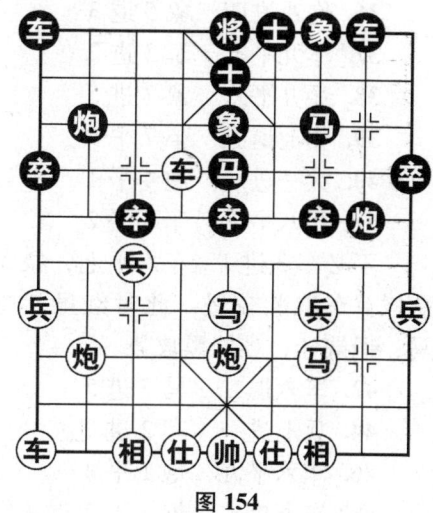

图154

黑卒渡河，又挥炮砸仕，已显示反击力量。红如接走帅五平六，车1平4，前车退三，马5进3，必能吃回一马且占优。

15. 相七进九　炮4退4　　　16. 相九进七　车1平4
17. 炮五平六　马5进3　　　18. 炮八进三　……

不能马六进五踏象，炮8平5，相三进五，炮4平5，再飞象吃马。

18. ……　　　车4平3　　　19. 前车退二　炮8平5
20. 相三进五　车8进3　　　21. 前车平九　……

伏炮八进四叫将有攻势。

21. ……　　　炮5平2　　　22. 炮六平八　车3进3
23. 车九进三　士5退4　　　24. 仕四进五　士6进5

黑势巩固，又有中卒随时渡江，明显占优。

25. 兵九进一　马7进6　　　26. 兵九进一　马6进7
27. 后炮进四　车3平2　　　28. 车八平六　卒5进1
29. 相五退三　卒7进1

黑乘机再渡7卒。

30. 马六进七　炮4退3　　　31. 车六进五　车2退1
32. 马七进八　车8平3

伏车3退3困马。

33. 马八退六　车2退1
34. 车九退二　车2平4

图155，在互缠局势中，黑得子占优。

35. 车九退一　车4平3
36. 炮八进四　象5退3
37. 车九平七　车3进2
38. 兵九平八　象7进5
39. 相七退五　卒7平6
40. 兵一进一　炮4平1
41. 兵八平七　车3平2

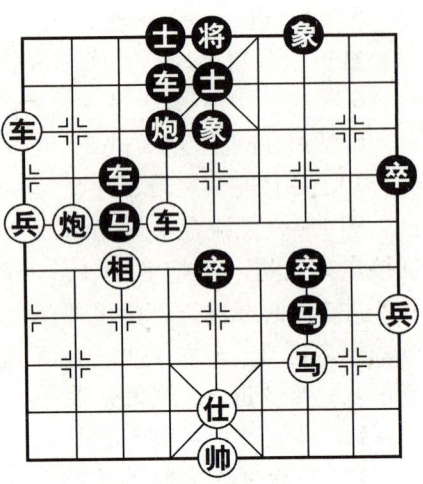

图155

不必车3进1，车六平七，象5进3，这样兑车取胜较慢。此时红虽然吃回一马，但缺仕，难挡黑攻势。

42. 车六退二　马7进5　　43. 相三进五　车2退3
44. 兵七进一　车2进9　　45. 仕五退六　炮1进7
46. 车六平九　炮1平4　　47. 帅五进一　炮4退5
48. 车九进二　炮4平2　　49. 马三进二　卒5进1
50. 相五进七　卒6进1　　51. 马二进四　象5进3
52. 马四进二　车2退1　　53. 帅五退一　卒6进1
54. 车九退三　炮2进3

黑再进卒可胜。红见大势已去，认输。

第76局　杨官璘 胜 沈芝松

1975年6月19日弈于上海

这是全国赛预赛对局。

1. 炮二平五　马8进7　　2. 马二进三　车9平8
3. 兵七进一　卒7进1　　4. 马八进七　马2进3
5. 车一进一　象7进5　　6. 车一平四　……

杨官璘很少用横车攻屏风马。

6. ……　　　马7进8　　7. 炮八进一　……

图156，红高左炮并非佳着，造成右马失根，黑平7炮红就被动。

7. ……　　　炮2退1　　8. 车四进七　车1进1
9. 车九进一　炮8平7　　10. 车九平二　士4进5

九、中炮横车对屏风马

11. 车四退六　炮2平4
12. 马七进八　炮4进6
13. 炮五进四　炮4平7

此炮吃马后无路可逃。可马3进5，车四平六，马5进6，争取对攻机会。

14. 炮五退一　卒7进1
15. 车四平三　车1平4
16. 马八进七　车4进5
17. 车三平八　车8进3
18. 兵七进一　将5平4
19. 仕四进五　象5进3
20. 炮八进四　炮7进4

勉强对攻。应车8平3，车二进四，炮7平2，车八进五，卒7进1，还是平衡局面。

21. 炮八进二　马3退2
22. 马七进八　……

图157，红不吃马而跳马叫将，乃取势之着，表现出杨官璘的对攻勇气。

22. ……　　　将4进1
23. 车二进一　……

准备车4平2兑车后，车二平六，士5进4，马八退六，将4平5，马六退七咬炮及跳中马叫将攻杀。

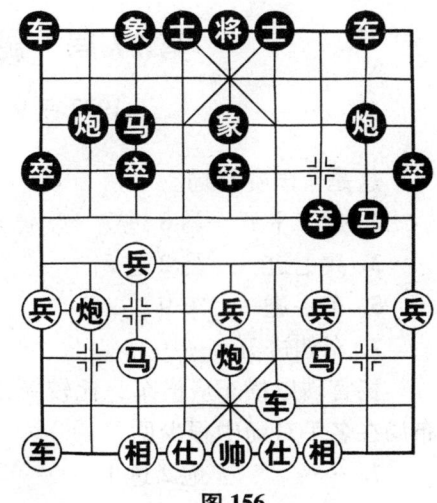

图156

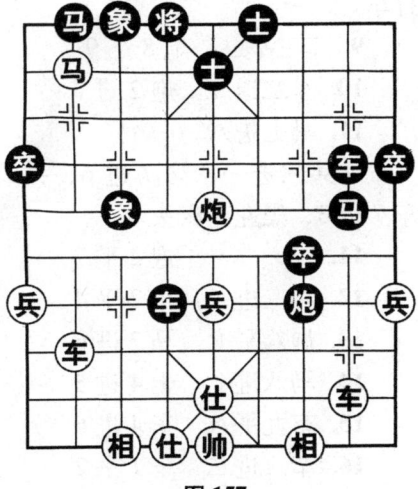

图157

23. ……　　　车8平5
24. 车二进三　车4平2
25. 车八平六　车2平4
26. 车六平八　车4平2
27. 车八平六　车2平4
28. 炮五退一　……

巧着。伏车六进一，炮7平4，车二平六叫将抽吃炮。

28. ……　　　车4进1
29. 车二平七　车5平2

如车4平2，车六平六，士5进4，车六进二杀。

30. 车七进三　将4进1
31. 仕五进六

黑认输。将4平5，马八退七，将5平6，马七退五，将6退1，马五进六叫将抽车，红胜定。

第77局 臧如意 负 杨官璘

1977年9月11日弈于太原

这是全国赛对局。

1. 炮二平五　马8进7　　2. 马二进三　卒7进1
3. 兵七进一　马2进3　　4. 马八进七　象3进5
5. 车一进一　车9进1　　6. 车一平四　车9平4
7. 车四进五　……

杨官璘以横车应横车，比较新颖。臧如意按计划伸卒林车准备压马。黑方布局在名手对局中很少见。

7. ……　　炮2进1　　8. 车四平三　车4平7

图158，黑高右炮怪着，伏挺3卒打车。

9. 车三平二　炮8平9
10. 车二退二　炮2进3
11. 马七进八　……

如兵三进一，马7进6，兵三进一，车7进3，黑左车露头。

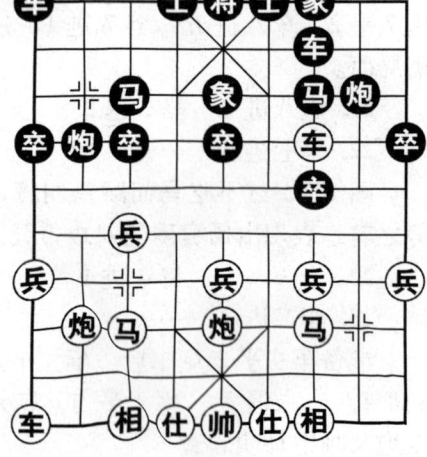

图158

11. ……　　炮2平7
12. 相三进一　车7平4
13. 炮八平七　马7进6
14. 马八进七　士4进5
15. 车九平八　车4进6
16. 车八进二　车1平2
17. 仕四进五　车2进7　　18. 仕五进六　车2退3

黑阵式巩固，但暂时没有便宜。红仕相散乱，缺乏先手。

19. 兵九进一　炮9平7　　20. 仕六退五　卒9进1
21. 炮五平六　车2进2　　22. 车二平四　车2退2
23. 相七进五　后炮平6　　24. 车四平二　车2进2
25. 马七退六　马6进4　　26. 车二平六　马3进2
27. 车六进四　炮6退1　　28. 车六退三　炮6平8
29. 兵七进一　炮8进3　　30. 车六进一　炮8平3
31. 车六平五　炮3退4

九、中炮横车对屏风马

伏马2进4咬双。

32. 车五退二　车2进2　　**33.** 车五平四　炮3平1

双方子力相当。黑发现红边兵是一个弱点，准备马2进3捉死兵。

34. 车四平七　马2进1　　**35.** 车七进二　马1进3
36. 车七退四　炮1进5　　**37.** 车七平九　车2退3
38. 炮六进三　炮7平8　　**39.** 炮六平一　炮8进1
40. 仕五退四　……

防炮8平5打相，但红落仕黑炮仍能打相，因红不敢车九平五，炮1进4，仕六进五，车2进4，仕五退六，车2退2，抽车。

40. ……　　炮1退1　　**41.** 炮一平九　卒1进1
42. 车九平七　车2进3　　**43.** 仕四进五　车2退2
44. 兵一进一　车2退3　　**45.** 相一退三　卒7进1

图159，黑炮牵制车相，得以渡卒，由此占优。

46. 车七进二　卒7进1
47. 马三退四　车2平8
48. 兵五进一　炮8进2
49. 兵五进一　卒7进1
50. 车七平三　卒7平8
51. 车三平四　卒8进1
52. 仕五进六　卒8平7
53. 帅五进一　……

欲跳马摆脱被牵制状态。

53. ……　　车8平4
54. 帅五平六　炮8退1
55. 仕六进五　将5平4

伏车4进4杀。

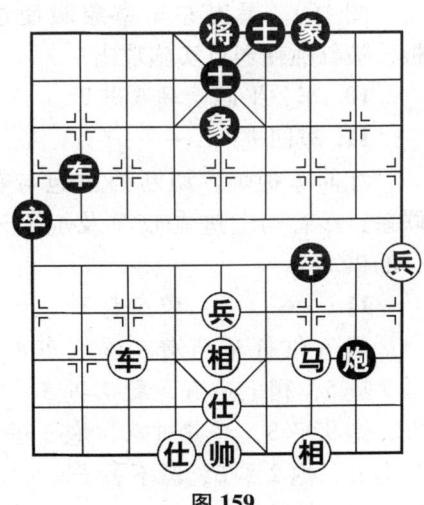

图159

56. 帅六退一　炮8平5　　**57.** 兵五平六　车4进1
58. 帅六进一　炮5进1　　**59.** 帅六平五　炮5平1
60. 车四平八　卒7平6　　**61.** 帅五平四　车4平6
62. 帅四平五　车6进5　　**63.** 车八进五　将4进1
64. 车八退六　卒1进1

形成车炮卒必胜残局，红认输。

第78局 杨官璘 胜 陈新全

1977年9月20日弈于太原

这是全国赛对局。

1. 炮二平五　马8进7
2. 马二进三　车9平8
3. 兵七进一　卒7进1
4. 马八进七　象3进5
5. 马七进六　马2进3
6. 炮八平七　车1平2
7. 车九平八　炮8平9

红先展开左翼子力，故黑得以亮出左车三步虎，但黑右马已潜伏弱点。

8. 马六进七　马7进6
9. 车一进一　车8进1

图160，黑提左车塞象眼使边炮失根，被红抓住弱点实施攻击。

10. 车一平四　马6进7
11. 车四进六　……

红伸车捉炮，切断黑边炮与右马的联系，接有马七进九咬车及炮七进五打马的棋。

11. ……　　　象5退3

黑落象打车巧着。诱红车四平七，马7进5，相七进五，象7进5，马七进九，炮9平3，马九进八，炮3进5，马三退五，炮2平3，黑不丢子。

12. 车四退一　车8平4

应炮2进4还可抗衡。

13. 车八进三　车4进6
14. 马七进九　……

图161，红马跳边，兑子取势，由此占优。

14. ……　　　象3进1
15. 炮七进五　马7进5
16. 相七进五　炮9平5

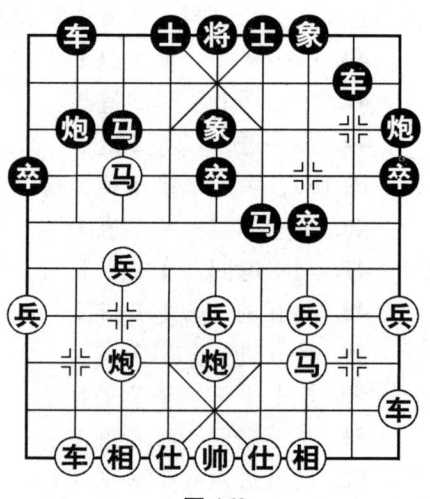

图160

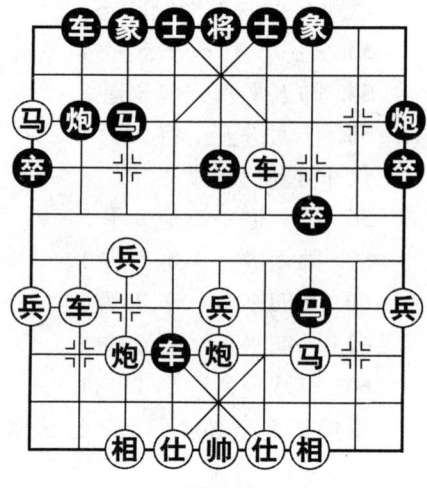

图161

17. 车四平五　炮 2 进 3

炮位不佳。可车 4 退 5，炮七退一，卒 9 进 1，但黑已处下风矣。

18. 仕四进五　车 4 退 2　　　**19.** 炮七退一　卒 9 进 1

20. 炮七平八

困死黑炮，黑认输。

第 79 局　杨官璘 胜 王贵福

1977 年 9 月 20 日弈于太原

这是全国赛对局。宁夏棋手王贵福原是上海人，象棋大师。

1. 炮二平五　马 8 进 7　　　**2.** 马二进三　车 9 平 8

3. 兵七进一　卒 7 进 1　　　**4.** 马八进七　象 3 进 5

5. 车一进一　马 2 进 3　　　**6.** 车一平四　士 4 进 5

杨官璘很少用横车。

7. 炮八平九　炮 2 进 4　　　**8.** 车九平八　……

一般人常挺中兵，但杨官璘喜欢开车捉炮，让黑炮打兵。

8. ……　　　炮 2 平 7

9. 相三进一　卒 7 进 1

10. 相一进三　炮 8 进 7

图 162，黑沉炮叫将引起对攻。如接走马三退二，炮 7 进 3，仕四进五，车 8 进 9，黑有对攻手段。

11. 仕四进五　炮 8 平 9

12. 车四平一　……

红车跟住黑炮，不怕黑车沉底叫将，右翼阵式是稳固的，以后可在左翼展开进攻。

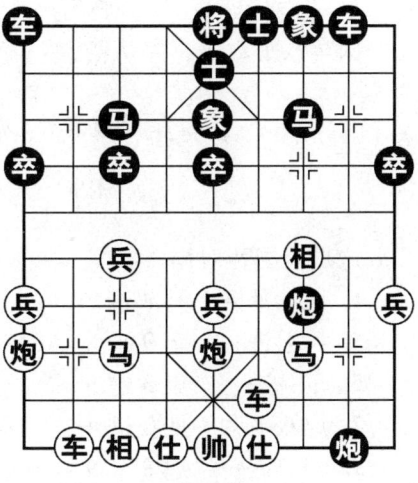

图 162

12. ……　　　炮 9 平 7

13. 车八进七　车 1 平 3

14. 炮九进四　后炮平 8

黑攻势受阻，只吃得一相。

16. 炮九进一　马 3 退 4　　　**17.** 马七进六　车 8 进 4

18. 马三进四　炮 8 平 7　　　**19.** 车二进四　马 7 进 8

20. 马四进五　前炮平 8　　　**21.** 马六进四　炮 7 进 4

22. 仕五进四　马8退6
23. 车八退二　炮8进3
24. 帅五进一　……

图163，黑双炮攻势显得软弱无力，关键是右车未出助战。

24. ……　　　炮7退8
25. 炮九退一　车3平1
26. 炮五平九　炮8平3
27. 马五退四　卒3进1
28. 兵七进一　马4进2
29. 前炮平五　……

红炮镇中，控制局面，明显占优。

29. ……　　　车1进6
30. 后马进六　马6进8
31. 马四进二　炮7平6
32. 马二进四　马2退4
33. 车八进四　马8进6

不弃马亦无棋可走。

34. 马六退四　车1平5
35. 帅五平六

伏车八平六杀，黑认输。

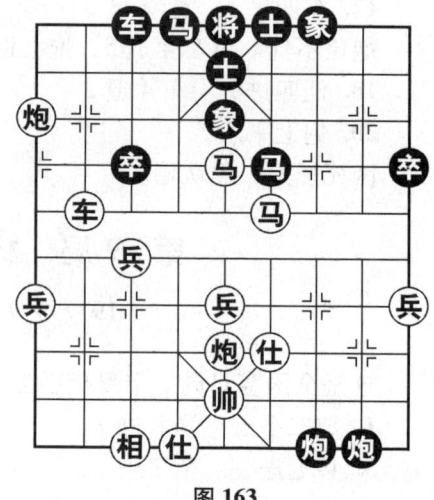

图163

第80局　杨官璘 胜 赵国荣

1981年9月20日弈于温州

这是全国赛对局。

1. 炮二平五　马8进7
2. 马二进三　卒7进1
3. 兵七进一　车9平8
4. 马八进七　马2进3
5. 车一进一　象3进5
6. 车一平四　士4进5
7. 炮八平九　炮2进4
8. 车九平八　炮2平7
9. 相三进一　炮8平9
10. 车四进三　卒7进1
11. 车四平三　马7进6

黑平边炮嫌软，通常为冲7卒过河送吃，然后沉底炮叫将对攻。现在被红肋车升至河口，控制了局面。

12. 兵五进一　车1平4
13. 车八进三　……

图164，红车占据重要据点，布局满意。

13. ……　　　车4进4
14. 仕六进五　车8进6

九、中炮横车对屏风马

15. 兵九进一	车8退2	
16. 车八进四	车8进1	
17. 炮九进四	车8平7	
18. 相一进三	马6进8	
19. 马三退一	炮9平7	
20. 仕五进四	车4进2	
21. 炮九进三	将5平4	
22. 仕四进五	车4平3	
23. 车八进二	将4进1	
24. 车八退七	马8退7	
25. 炮五平六	后炮进3	
26. 相七进五	后炮平8	
27. 炮六退二	士5进6	
28. 炮六平七	车3平4	
29. 车八进六	将4退1	
30. 车八进一	将4进1	
31. 车八平五	车4进2	
32. 炮七平六	车4平3	
33. 马七进六	车3平4	
34. 马六进七	炮7平4	
35. 炮六进三	车4退2	
36. 车五平八	……	

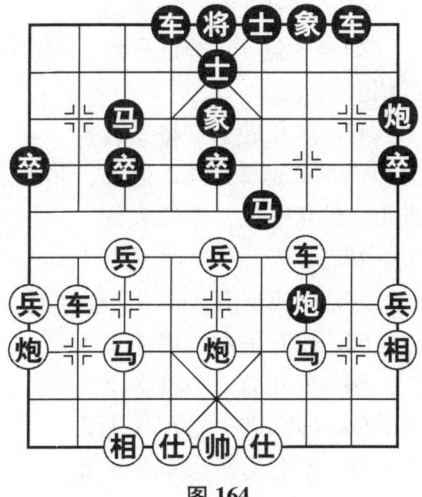

图 164

图165，肋炮被兑掉之后，红车在黑将位已无意义，撤出。如车五平七，炮8平3，车七退一，将4退1，车七平八，象5进3，黑有反击手段。

36. ……	马7进6
37. 相五进三	炮8退4
38. 车八平四	炮8平5
39. 车四平七	……

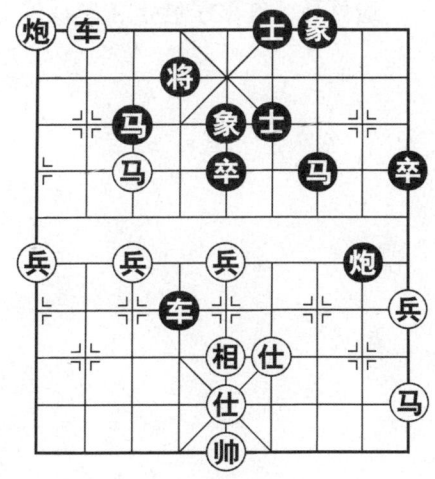

图 165

黑炮退回，右马失根被捉。如接走车4退4，炮九退二打车，红亦得马。

39. ……	炮5平8
40. 车七退二	将4平5
41. 炮九退一	炮8平1
42. 车七进一	将5退1
43. 车七平九	车4平9
44. 马一退三	车9进3
45. 相三退一	马6进8

如车9退2，车九平三，红右马亦得救。

46. 马七进六　马8退7

如马8进7，帅五平六，马7退9，马六退四，将5平6，车九平三，亦红优。

47. 车九进一　将5进1　　　　**48.** 车九退一　……

诱车9退2，马六退五，将5退1，马五退三，象5进7，车九进一，将5进1，车九平三，亦红大优。

48. ……　　　将5退1　　　　**49.** 仕五退四　车9退2
50. 仕四退五　车9平3　　　　**51.** 马三进四　将5平4
52. 帅五平六　将4平5　　　　**53.** 车九进一　将5进1
54. 车九退一　将5退1　　　　**55.** 车九平七　车3进2
56. 帅六进一　车3退3　　　　**57.** 车七进一　将5进1
58. 车七退三　车3平6　　　　**59.** 马六退五　马7进5
60. 车七进二　将5退1　　　　**61.** 车七平六　马5进3
62. 帅六退一　马3进5　　　　**63.** 车六进一　将5进1
64. 帅六平五　车6退3　　　　**65.** 马五进七　将5平6
66. 车六退七　马5退6　　　　**67.** 车六进六　将6退1
68. 马七退六

逼兑马，红多子胜定，黑认输。

十、中炮对三步虎

第 81 局　杨官璘 胜 侯玉山

1954 年 6 月弈于上海

1. 炮二平五　马 8 进 7　　2. 马二进三　车 9 平 8
3. 兵七进一　炮 8 平 9　　4. 马八进七　马 2 进 3
5. 兵三进一　象 3 进 5

杨官璘喜欢走缓开右车跳七路马布局。黑飞象使左马失根，通常车 1 进 1 对攻。

6. 马七进六　车 8 进 4　　7. 车一平二　车 8 平 4

失算，以后被红右马跳出咬车，卸炮打车，黑更加被动，应兑车为宜。

8. 炮八进二　卒 3 进 1　　9. 马三进四　车 4 退 3
10. 炮五平六　车 4 平 6　　11. 兵七进一　象 5 进 3
12. 仕六进五　炮 2 平 1　　13. 炮八平七　车 1 平 2
14. 炮六平四　车 6 平 4　　15. 马六进四　车 2 进 5
16. 相七进五　……

红补仕相先巩固阵式，随时开出左车助攻，又准备车二进六吃卒压马。

16. ……　　马 3 退 5

自造窝心马困局，由此陷入被动。

17. 车二进八　车 4 进 1　　18. 车九平六　车 4 进 7
19. 仕五退六　炮 1 退 1　　20. 前马进二　……

图 166，杨官璘不逃车而跳马，车立险地，艺高胆大。

20. ……　　炮 9 退 1　　21. 车二平三　……

红车继续深入险地，精彩之至！

21. ……　　炮 9 进 5　　22. 马四进三　……

伏马三进五，象 7 进 5，马二进四杀。

22. ……　　　车 2 退 3
23. 炮七平五　车 2 平 6
24. 马三进五

黑认输。①炮 1 平 7，马二进三，车 6 退 1，马五进七杀。②车 6 平 5，炮五进三，马 5 退 3，马二进四，炮 1 平 6，车三平四，象 3 退 5，车四平七杀。

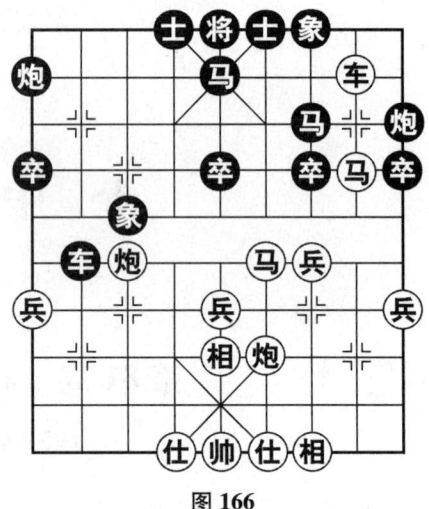

图 166

第 82 局　王嘉良 负 杨官璘

1964 年 12 月 24 日弈于广州

这是全国前 6 名邀请赛对局。

1. 炮二平五　马 8 进 7　　2. 兵三进一　车 9 平 8
3. 马二进三　炮 8 平 9

因红先挺三路兵，黑得以先开左车形成三步虎阵式。

4. 马八进七　马 2 进 3
5. 兵七进一　车 1 进 1
6. 炮八平九　炮 2 进 4
7. 马七进六　炮 2 退 1
8. 马六进五　……

图 167，马踏中卒丢子劣着，应马六进七。

8. ……　　　马 7 进 5
9. 炮五进四　马 3 进 5
10. 炮九平五　车 1 平 5

黑窝心车保马，可得一子，红攻势落空。

11. 车九进二　……

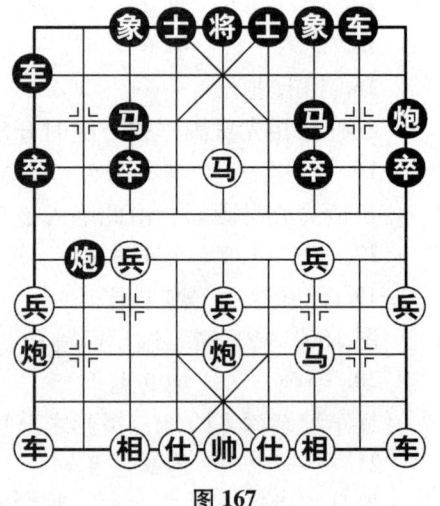

图 167

如兵三进一，炮2进2，炮五退一，车8进7，亦黑易走。

11. ……　　　车8进6　　　12. 车一进一　车8平7
13. 车一平六　马5进6　　　14. 车九平六　……

红抓住黑窝心车弱点，发挥攻击，黑无奈送回一车换炮，以求缓和局势。

14. ……　　　炮2退5　　　15. 炮五进六　士6进5
16. 后车平八　炮2平1　　　17. 车八进一　炮9平8

图168，黑移8路炮准备进5打串车，红难应付。只能退马则丢中卒，局面崩溃。

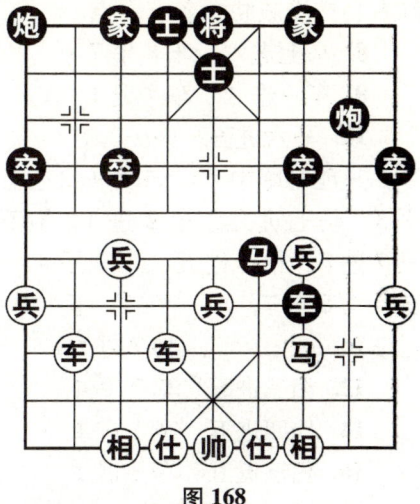

图168

18. 马三退一　车7平5
19. 仕六进五　炮8平5
20. 相七进五　车5平9
21. 相三进一　……

如车六进二，马6进4，车八进七，炮1进6，亦黑优。

21. ……　　　车9平1
22. 车八退二　炮1进2
23. 相一退三　车1平3
24. 车六进二　马6进4
25. 帅五平六　炮1平4　　　26. 仕五进六　马4进6
27. 车八进二　马6进8　　　28. 车八进四　车3进1
29. 仕四进五　炮5进6　　　30. 车六进三　……

希望士5进4吃车，则仕六退五吃炮。

30. ……　　　炮5平9

红逃车则炮9进1，帅六进一，车3进1杀。红认输。

第83局　杨官璘 胜 朱永康

1965年11月23日弈于银川

这是全国赛对局。

1. 炮二平五　马8进7　　　2. 马二进三　车9平8
3. 兵七进一　炮8平9

广东棋手喜欢先挺七兵求变，于是黑方平炮成三步虎阵式。

4. 马八进七　象3进5

通常马2进3，兵三进一，车1进1，双方对峙。

5. 炮八进七　车1平2
6. 车九平八　卒7进1
7. 车八进五　车8进6

图169，黑右翼无根车炮被牵制，而红右马亦受威胁，各有弱点。

8. 马七进六　车8平7
9. 车一进二　车7退1
10. 马六进五　……

只能马踏中卒。如改马六进七，车7平3，马七进九，车2进1，炮五平八，马7进8，相三进五，车3平4，仕四进五，马8进7，车一平二，车4退4，红左马受困。

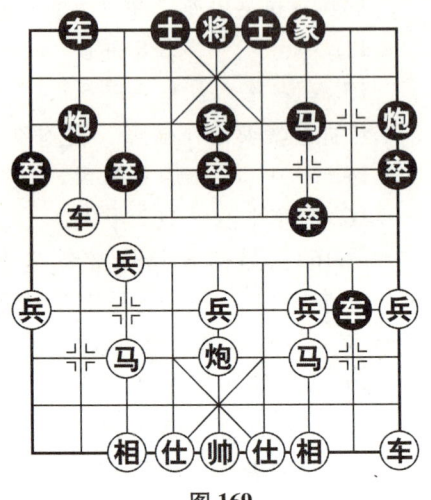

图169

10. ……	马7进5	11. 炮五进四	士4进5
12. 相三进五	车7平4	13. 炮五退二	车2平4
14. 仕四进五	卒7进1	15. 相五进三	前车平3
16. 相三退五	车3退1	17. 车八退二	……

图170，红避免兑车，保留较多变化，虽然先手优势不大，但兵种结构略好，等待占优机会。

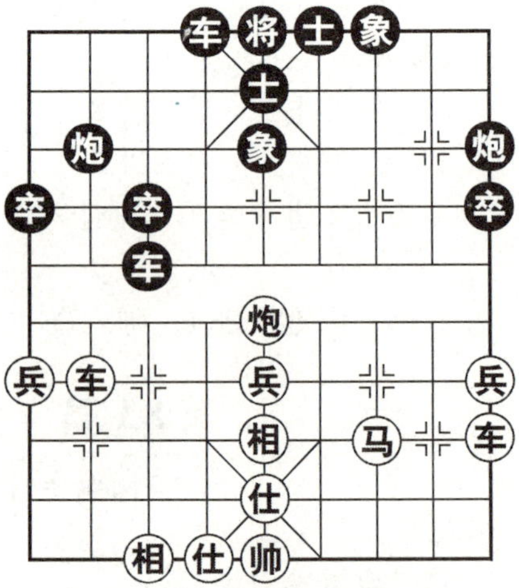

17. ……　　　车3平8
18. 马三进四　车8平6
19. 马四退二　车4进3
20. 车一平四　车6平8
21. 车四进一　卒3进1
22. 马二退四　将5平4
23. 炮五平三　炮9平6
24. 兵五进一　炮6进5

急于兑子造成黑将暴露，有危险。

25. 车八进四　车8进5
26. 炮三退四　炮6平9　　27. 车八进二　将4进1
28. 车四退三　车8退8　　29. 炮三进四　……

黑左车处于守势，而红中兵渡河便有攻击力。

图170

29. ……	炮 9 进 1	30. 兵五进一	车 4 进 3
31. 兵五进一	卒 1 进 1	32. 炮三退二	车 4 平 9

黑走闲着，未察觉危险将临。

33. 车四进四	车 9 平 4	34. 帅五平四	……

红看准黑双车皆不敢离开防守位置，大胆移帅。

34. ……	车 8 进 8	35. 帅四进一	车 8 退 1
36. 帅四退一	车 8 进 1	37. 帅四进一	车 8 平 7
38. 炮三平二	车 7 平 8	39. 炮二平三	车 8 退 1
40. 帅四退一	车 8 进 1	41. 帅四进一	车 8 平 7
42. 炮三平二	炮 9 平 5		

可车 7 退 1，帅四退一，炮 9 平 5，炮二进六，士 5 进 6，仕六进五，车 7 平 5，炮二退八，士 6 进 5，车八退五，也是红胜势。

43. 炮二进六　士 5 进 6

如车 7 退 8，车八退一，将 4 进 1，炮二退一，象 5 退 3，车四进三，象 7 进 5，车四平五杀。

44. 车八退一　将 4 退 1

如将 4 进 1，炮二平六，黑逃车则车四平六杀。

45. 车四进三	车 7 退 1	46. 帅四进一	

伏车四进二杀，黑认输。

第 84 局　杨官璘 胜 赵汝权

1977 年 1 月 31 日弈于菲律宾

这是中国、菲律宾、马来西亚、中国香港邀请赛对局。

1. 炮二平五	马 8 进 7	2. 马二进三	车 9 平 8
3. 兵七进一	象 3 进 5	4. 马八进七	炮 8 平 9
5. 兵三进一	……		

红缓开右车，黑得以实现三步虎阵式，于是红挺两头蛇兵阵活跃双马。

5. ……	卒 3 进 1	6. 兵七进一	车 8 进 4
7. 马七进六	……		

黑弃 3 卒升巡河车。图 171，红跃马盘河，等待车 8 平 3，马六退八，车 3 退 2，炮八进五，车 3 平 2，马八退六，以后车一平二攻黑左弱马。

7. ……	马 2 进 4	8. 炮八平六	车 8 平 3
9. 车九平八	……		

如炮六进六，车3平4捉双，必吃回一子。

9. ……　　　　车1进1
10. 车一平二　炮2平3
11. 相七进九　卒7进1
12. 车二进四　……

红角炮瞄住黑拐脚马，左右两翼子力活跃，控制局面。

12. ……　　　　士4进5
13. 炮五退一　卒7进1
14. 车二平三　炮9退1
15. 相三进五　……

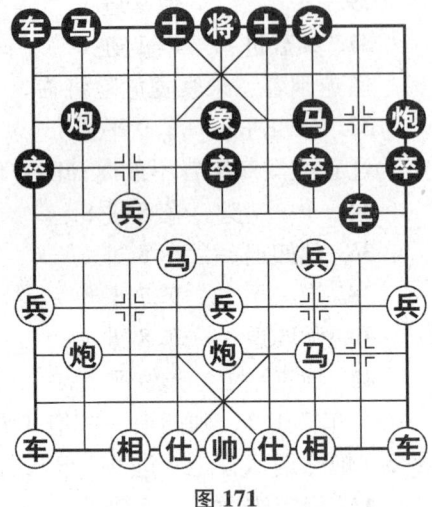

图171

不怕炮9平7，车三平四，炮7进6，炮6平3，马7进8，车四平二，仍红先。

15. ……　　　　马7进6
16. 相九进七　马6进4
17. 车三平六　……

图172，伏炮五平七打串得子。

17. ……　　　　炮3退2
18. 炮五平七　炮3平4
19. 炮七进四　炮4进5
20. 炮七平二　……

伏炮二进三牵制黑车马。

20. ……　　　　士5退4
21. 车八进六　炮4退3
22. 车八平五　马4进6

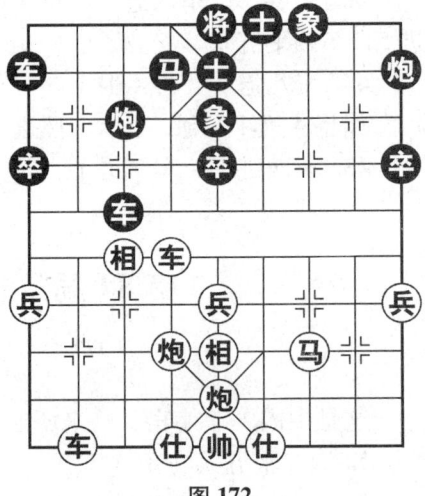

图172

黑弱点在拐脚马，争取尽快跃出。

23. 车五平一　马6进7
24. 车一平四　炮9平2
25. 车四平八　马7进8

劣着。急于反击，未注意红伸炮打车的棋。

26. 炮二进三

黑认输。马8进7，帅五进一，炮2退1，车八进三，象5退3，炮二退四，红多子胜定。

十、中炮对三步虎

第85局　杨官璘 胜 戴荣光

1978年4月26日弈于厦门

这是全国赛对局。

1. 炮二平五　马8进7
2. 马二进三　车9平8
3. 兵七进一　炮8平9
4. 马八进七　车8进5

戴荣光是江苏攻杀型棋手，此着骑河车将挑起对攻。

5. 相七进九　马2进3
6. 车一进一　士4进5
7. 车一平六　象3进5
8. 兵五进一　卒7进1
9. 炮八进二　车8退2

防兵七进一借炮打车强渡兵。

10. 炮八进二　车8进1

图173，双方布局完毕，红持先手。

11. 兵五进一　卒5进1
12. 马七进五　车8进1
13. 兵三进一　车8退1
14. 炮八退一　……

黑车反复进退，浪费了步数，现在又被红炮拴住7卒，更为被动。

14. ……　　　车8退1
15. 兵三进一　卒5进1
16. 炮五进二　车8平5
17. 炮五平三　象5进7

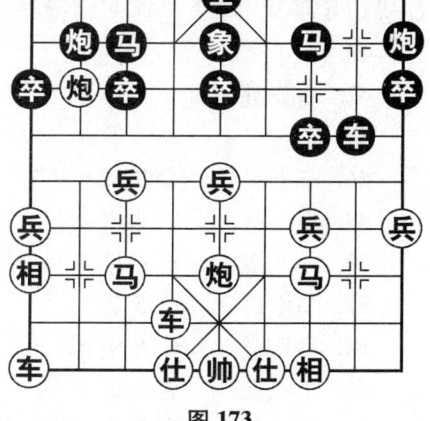

图173

18. 炮八退三　车5平8
19. 炮八平五　马7退9

红退左炮摆中，又获得中炮的威势，且便于亮出左车。

20. 马五进四　炮9平5
21. 炮三平五　车1平4
22. 车六进八　马3退4
23. 车九平八　车8平6
24. 马四退五　炮2平4
25. 车八进六　炮4进5
26. 后炮退一　马9进8
27. 兵七进一　……

图174，红得机渡兵，获得略优地位。

27. ……　　　车6进3
28. 马五进七　马8进7
29. 后炮进六　象7退5
30. 仕六进五　……

如马七退六，马7进6，帅五进一，车6平4捉双，必吃回一子。

30. ……	炮4退2		
31. 兵七进一	马7进6		
32. 仕五进四	车6平5		
33. 仕四退五	车5退1		
34. 马七进六	车5退1		
35. 车八退二	炮4进3		
36. 车八退三	炮4退2		
37. 车八平六	车5平4		
38. 马三进五	车4进1		
39. 马六退四	车4退4		
40. 马四进六	……		

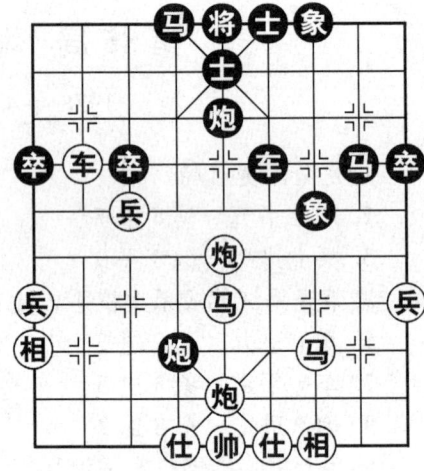

图174

红车牵制车炮,跳马咬车。至此黑如逃炮4平9,马六进四叫将得车。

40. ……	马4进2	41. 车六进二	马2进3
42. 马五进四	车4进1	43. 车六进二	象5进7
44. 车六平七	马3退4	45. 马六退五	马4进2
46. 车七平八	象7进9	47. 车八进一	卒1进1
48. 马五进七	车4进2	49. 马七进八	车4平6
50. 马八退六	车6平4	51. 车八进三	士5退4
52. 马六进四	将5进1	53. 车八退一	将5进1
54. 马四进二	士6进5	55. 车八退一	士5进4
56. 车八退一	将5退1	57. 车八平一	车4进2
58. 车一平五	象7退5	59. 仕五退六	象9进7
60. 马二退四	将5平4		

黑见大势已去,认输。

第86局 杨官璘 胜 梁文斌

1978年9月9日弈于郑州

这是全国个人决赛对局。

1. 炮二平五	马8进7	2. 马二进三	车9平8
3. 兵七进一	炮8平9	4. 马八进七	象3进5
5. 兵三进一	卒3进1	6. 兵七进一	车8进4
7. 马七进六	车8平3	8. 马六退八	车3退2

9. 炮八进五　　车 3 平 2　　　　10. 马八进六　　……

以上是流行着法，红此着另有新变，即马八退六，暂时委屈一下，以后再开右车，攻击黑无根弱马。

10. ……　　　　卒 7 进 1　　　　11. 兵三进一　　车 2 进 3
12. 马六进五　　马 7 进 5　　　　13. 炮五进四　　士 4 进 5
14. 炮五退二　　……

图 175，黑左马弱点自动清除，而红多两兵却晚车。

14. ……　　　　马 2 进 3
15. 相七进五　　车 2 退 1
16. 兵三进一　　车 2 平 7
17. 马三进二　　车 1 平 4
18. 兵一进一　　车 7 进 2
19. 车九平七　　车 7 平 5

红虽渡一兵，但黑双车活跃，红布局不算成功。

20. 车七进四　　马 3 进 2
21. 马二进四　　车 5 平 4
22. 仕四进五　　马 2 退 4

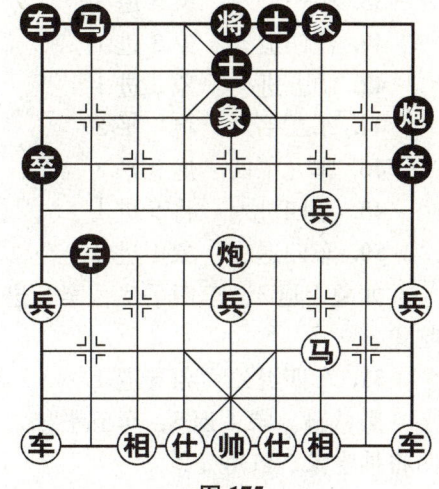

图 175

23. 马四进六　　前车退 3
24. 兵三进一　　前车进 2　　　　25. 车七平六　　车 4 进 5
26. 炮五平三　　卒 9 进 1　　　　27. 车一进三　　炮 9 进 3
28. 兵三进一　　卒 1 进 1
29. 炮三退二　　卒 1 进 1
30. 相三进一　　卒 1 进 1
31. 相五进三　　象 7 进 9
32. 车一平九　　……

图 176，局面平淡，红仅有过河兵，正符合杨官璘的风格。黑方必须有耐心下这种残棋。

32. ……　　　　车 4 平 1
33. 车九平八　　车 1 平 2
34. 车八平九　　车 2 平 1
35. 车九平一　　车 1 进 2
36. 炮三平四　　车 1 平 6

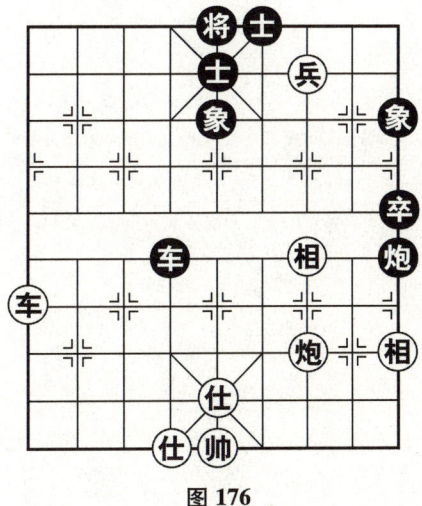

图 176

劣着，急于求和，误以为炮士象全可守和车兵，但在目前炮未归家，红是有机会取胜的，这是一个很有意思的实用残局。其实，黑车不必砍炮，这盘棋是可以成和的。

37. 仕五进四　　象9进7　　　38. 车一平二　　……

黑炮被困，红可巧胜。

38. ……　　　　象5退3	39. 兵三平四　　象7退5
40. 仕四退五　　象3进1	41. 仕五退四　　象1退3
42. 帅五进一　　象3进1	43. 帅五平四　　将5平4
44. 车二平六　　将4平5	45. 车六平九　　象1退3
46. 车九平四　　炮9平8	47. 兵四进一　　士5退6
48. 车四进六　　将5进1	49. 帅四平五　　象3进1

50. 车四退二　　象1进3

如象1退3，车四平二，卒9进1，车二进一，将5退1，车二进一叫将抽吃象。

51. 车四退二　　象3退1　　　52. 车四平五

黑认输。象1退3，车五平二，卒9进1，车二进三，将5退1，车二进一叫将抽吃象，红胜定。

十一、中炮对其他

第87局 杨官璘 胜 胡荣华

1964 年 12 月 25 日弈于广州

这是全国前 6 名邀请赛对局。

1. 炮二平五　马 2 进 3　　2. 马二进三　卒 7 进 1
3. 兵七进一　……

改车一平二较强劲，但怕车 9 进 2，再炮 2 退 1 形成鸳鸯炮阵式。

3. ……　　炮 8 平 6　　4. 车一进一　马 8 进 7
5. 车一平四　士 4 进 5　　6. 马八进七　象 3 进 5
7. 炮八平九　……

图 177，红以横车控制黑马出路，又保证了红跳左正马，准备亮出左车，布局开扬。

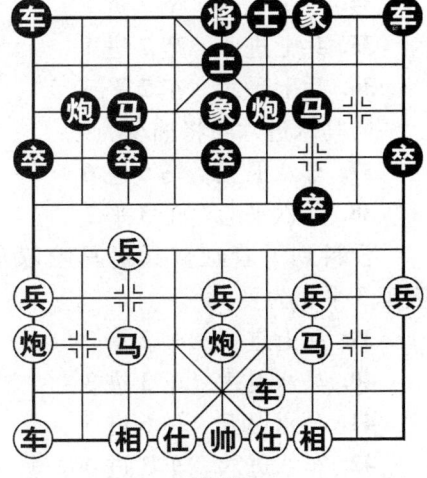

图 177

7. ……　　炮 2 进 2
8. 车四进五　马 7 进 8
9. 车九平八　炮 2 平 1
10. 炮九进三　卒 1 进 1
11. 车四退二　马 8 进 7
12. 炮五平六　……

预防车 1 平 4，马七进六打车，同时又避免黑马兑中炮。

12. ……　　车 9 平 8
13. 马七进六　车 8 进 8　　14. 仕六进五　卒 1 进 1
15. 兵九进一　车 1 进 5　　16. 马六进七　车 1 退 2
17. 炮六平七　车 8 平 7　　18. 相七进五　炮 6 平 8

19. 车四进四　马3退4　　20. 马七退六　……

等待黑误走马7进5，则车四平二捉炮，再吃掉黑马。

20. ……　　车1进5　　21. 车四平二　炮8平7
22. 马六进五　马7进5

黑决心造成对攻之势。如红接走马五进三，马5进3，帅五平六，车7退1，黑优。

23. 相三进五　炮7进5　　24. 炮七平三　车7退1
25. 马五退四　车7平9　　26. 马四进六　车1退6

防马六进八攻杀。

27. 车二平四　……

诱车9平5，马六进四，车5平8，马四进三，车8退6，车八进六，黑难抵挡。

27. ……　　象5退3　　28. 车四平三　象7进9
29. 马六进八　车1平2　　30. 车三退一　马4进5
31. 车三平一　车9平5　　32. 车一退一　车5退1
33. 车八进五　卒7进1　　34. 兵七进一　……

图178，红马过河有势，但黑多象，就看双方兵卒的力量了。

34. ……　　卒7进1
35. 兵七进一　卒7进1
36. 兵七平六　车2平3

防马八进六叫将抽车。

37. 车八退五　马5进6
38. 兵六平七　车3平2

没料到下着红弃兵退马咬双车，故应车3平4为妥。

39. 兵七进一　车2平3
40. 马八退六　车3平3
41. 马六退五　马6进5
42. 车八进六　车3平4

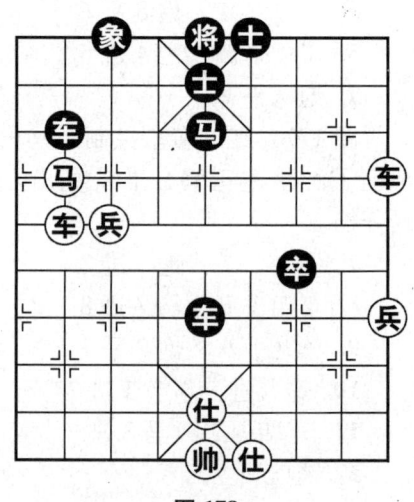

图178

43. 仕五退六　马5退3
44. 车八平七　象3进5

如马3进4，帅五进一，马4退6，帅五退一，逼兑车，红胜定。

45. 仕四进五　卒7进1

诱帅五平四，马3进4，反为黑胜。

46. 车七平五　象5退3　　47. 车五退四　卒7平6
48. 车五平四　卒6平7　　49. 车一平三　卒7平8
50. 车三退三　车3退1　　51. 车四平二　卒8平9
52. 车二进一

伏车三平七邀兑车，黑认输。

第88局　杨官璘 胜 王嘉良

1978年4月23日弈于厦门

这是全国赛对局。

1. 炮二平五　马2进3　　2. 马二进三　炮2退1
3. 马八进九　卒7进1　　4. 车九进一　炮8平6

黑原来准备走鸳鸯炮布局，但红缓开右车，打破了黑的计划。

5. 车一平二　马8进7　　6. 车九平六　象3进5
7. 兵五进一　马7进6　　8. 炮八进一　士4进5
9. 车六进四　马6退7

图179，黑右炮空走毫无意义，左马跃出又被赶回，处处失势。

10. 兵五进一　卒3进1
11. 车六进三　炮6退1
12. 车六退四　车1平4
13. 车二进四　炮6平7
14. 车六进五　士5退4
15. 兵七进一　卒5进1

如炮2平3，炮八进六叫将，亦红先手。

16. 兵七进一　卒7进1
17. 兵三进一　马3进5
18. 炮八进四　……

巧着。红双炮牵制黑双马，准备谋子。

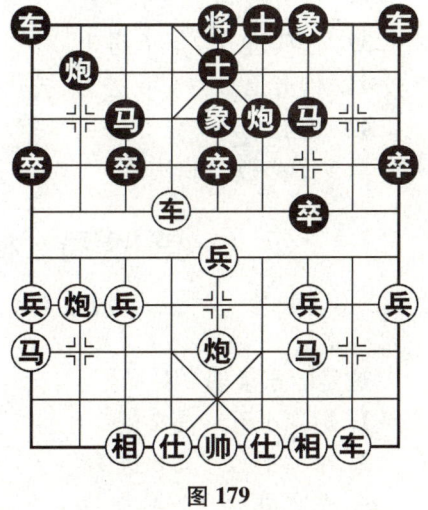

图179

18. ……　　　士6进5　　19. 车二进二　马5进3
20. 炮八平三　车9进2　　21. 炮三退一　马3进4
22. 仕六进五　炮2进6　　23. 马三退一　车9平6
24. 炮三平八　象5退3　　25. 车二平六　……

红得子，黑出车跃马抢先，但无实质性威胁。

25. ……　　　车6进4　　26. 车六平七　象7进5
27. 炮八进三　将5平6　　28. 炮五进五　……

图180，红没有消极防守，而是积极对攻。

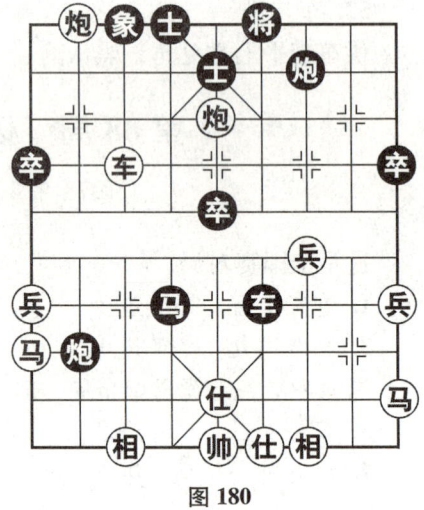

图180

28. ……　　　炮2进1
29. 马九退七　炮2进1
30. 相七进五　马4进3
31. 车七退五　车6平2
32. 炮八平九　炮2平1
33. 车七进八　车2进3
34. 仕五退六　将6进1
35. 炮九退一　车2退8
36. 车七退九　车2平1
37. 车七平九　车1进1
38. 炮五退一　车1平6
39. 仕四进五　车6进1　　40. 炮五进一　车6退1
41. 炮五退一　车6进1　　42. 炮五进一　车6进5
43. 炮五平八　士5进4　　44. 炮八退六

黑少子必败，故认输。

第89局　杨官璘 胜 胡荣华

1982年2月18日弈于北京

这是国家集训赛对局。

1. 炮二平五　马2进3　　2. 马二进三　炮8平6
3. 车一平二　马8进7　　4. 兵七进一　卒7进1
5. 车二进六　士4进5　　6. 车二平三　车9进2
7. 炮八平七　象7进5

考虑到黑车以后从2路亮出，不开贴身车，则飞左象对右翼防务有利。

8. 马八进九　炮2进4　　9. 兵五进一　车1平2
10. 车九平八　车9平8

图181，胡荣华使出擅长的反宫马布局，双方均为流行着法。

11. 仕六进五　炮6进4

伏炮 2 平 7 叫闷杀兼打车。

12. 车三平四　炮 6 平 1
13. 兵七进一　象 5 进 3
14. 兵五进一　象 3 进 5
15. 兵五平六　马 3 退 4
16. 炮七进四　车 8 进 4
17. 马九退七　车 8 平 7
18. 车八进三　车 2 进 6
19. 马七进八　车 7 平 2
20. 车四平三　车 2 退 3

明为捉炮，实则伏炮 1 平 7 叫闷打车。

21. 马三进五　车 2 平 3
22. 车三进一　象 3 退 1
23. 炮五平二　……

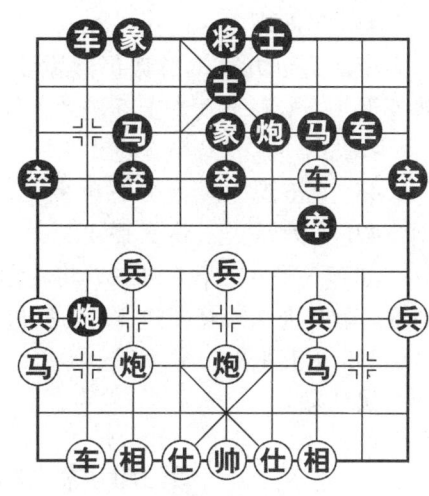

图 181

红弃左相而卸炮偷袭黑左翼，对攻中红马活跃，且有兵过河，较为优势。

23. ……　　　车 3 进 6　　　24. 仕五退六　车 3 退 3
25. 炮二进七　象 5 退 7　　　26. 马五进四　马 4 进 3
27. 车三进二　将 5 平 4　　　28. 兵六进一　马 3 进 4
29. 车三退二　将 4 进 1　　　30. 车三平八　……

图 182，双方对攻，红快一步，马上就有进车杀着。

30. ……　　　炮 1 进 3
31. 帅五进一　车 3 进 2
32. 帅五进一　马 4 进 3
33. 帅五平四　马 3 退 5
34. 帅四平五　马 5 退 4
35. 马四进六　……

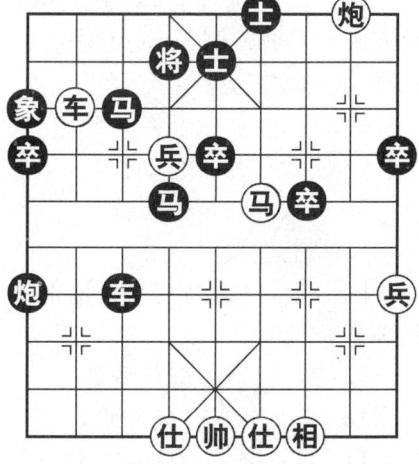

图 182

黑舍马换兵，暂时救命，已丢一子。

35. ……　　　车 3 退 5　　
36. 车八进一　将 4 进 1
37. 炮二退三　卒 7 进 1
38. 车八退四　卒 7 进 1
39. 车八平六　车 3 进 4　　　40. 帅五退一　车 3 进 1
41. 帅五进一　卒 7 进 1　　　42. 马六退五　将 4 平 5

43. 车六进二 ……

卒已逼近九宫，形势仍然紧张。此着伏车六平五，将5平4，马五进七，将4退1，车五平六，士5进4，车六进一杀。

43. ……	卒5进1	44. 车六平五	将5平4
45. 车五退一	炮1平6	46. 车五平六	将4平5
47. 车六平五	将5平4	48. 马五进三	车3退4

如车3平4，车五进二，将4退1，炮二进二，将4退1，车五平九，炮6退8，车九进二，将4进1，马三进五，将4进1，车九退二杀。

| 49. 车五平七 | 象1进3 | 50. 马三进一 |

黑认输。

第90局 杨官璘 胜 任德纯

1958年8月26日弈于广州

| 1. 炮二平五 | 马2进3 | 2. 马二进三 | 马8进9 |
| 3. 车一平二 | 车9进1 | 4. 兵七进一 | 车9平6 |

不怕红接走兵七进一，卒3进1，炮八平七，车6进1，马八进九，士4进5，车九平八，马3进4，黑有对攻力。

| 5. 马八进七 | 车6进4 | 6. 相七进九 | …… |

飞相保兵是杨官璘的稳健着法。如兵五进一，炮8平5，马七进五，炮2退1，形成对攻态势。

6. ……	士4进5
7. 仕六进五	炮2平1
8. 炮八进二	车6退1
9. 马七进六	……

图183，红跃马咬车，抢得先手，布局满意。

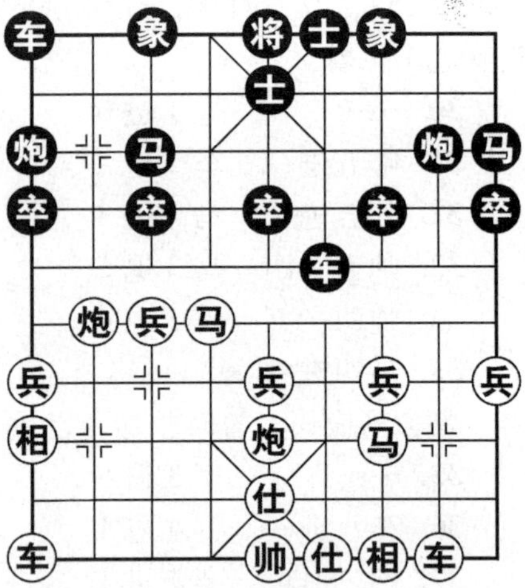

9. ……	车6平2
10. 车九平八	炮8平7
11. 兵三进一	象3进5

稳健。如卒7进1，马三进四，卒7进1，兵七进一，车2平3，马四进五，马3进5，炮五进四，象3进5，炮八平三，仍红先。

图183

12. 马六进七　车2退1　　　13. 炮五平七　车1平4
14. 马三进四　卒1进1　　　15. 车二进五　……
企图保七兵过河护马。
15. ……　　　卒7进1　　　16. 相三进五　炮1进1
17. 兵七进一　车4进5　　　18. 相九进七　……
粗看黑会得子，其实不然。因车4平6，兵七平八，车2进1，炮七平八，车6退1，后炮进三，车6平2，兵三进一，黑无便宜。
18. ……　　　象5进3　　　19. 炮八平六　车2进6
20. 炮六退四　炮7进1
如车2退6，车二平三，炮1平3，车三进二，黑亦难走。
21. 车二进二　……
兑子取势佳着。
21. ……　　　炮7平3　　　22. 车二平七　车2退6
23. 炮七进三　炮1进3　　　24. 相七退九　卒7进1
25. 马四进五　……

图184，兑子后黑缺象，且子力散乱。红伏镇中炮或沉底车两路攻法，黑难抵挡。

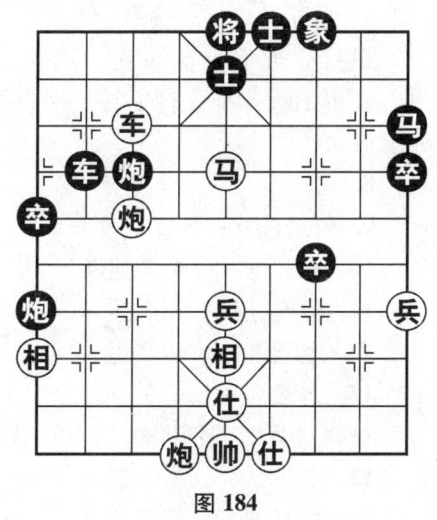

25. ……　　　马9进7
26. 车七进二　士5退4
27. 马五进六　马7进5
28. 车七平六　将5进1
29. 马六退五　车2进1
30. 兵五进一　马5退7
31. 马五进七　车2平3
如将5平6，车六退三叫杀兼捉双。
32. 炮七进二　炮1平8
33. 仕五退四　马7进6　　34. 车六退二　马6进5
35. 帅五进一
黑认输。

图184

第91局　杨官璘 胜 王嘉良

1960 年 10 月 22 日弈于北京

这是全国赛对局。据统计，历届全国个人赛中，两人交锋时王嘉良胜局较多，而全国团体赛中则属杨官璘胜局较多。二人是旗鼓相当的劲敌。本局杨官璘苦心经营，以其擅长的残局优势取胜。

1. 炮二平五	马 8 进 7	2. 马二进三	车 9 平 8
3. 车一平二	卒 7 进 1	4. 兵七进一	炮 8 进 4
5. 马八进七	象 3 进 5	6. 炮八进七	……

图 185，挥炮兑马是流行的下法。如为了保持复杂局面，也可车九进一。

6. ……	车 1 平 2
7. 车九平八	炮 2 进 4
8. 炮五退一	……

退窝心炮的下法少见，通常可车二进一，不怕炮 8 平 5 打中兵，因有炮五进四反叫将。

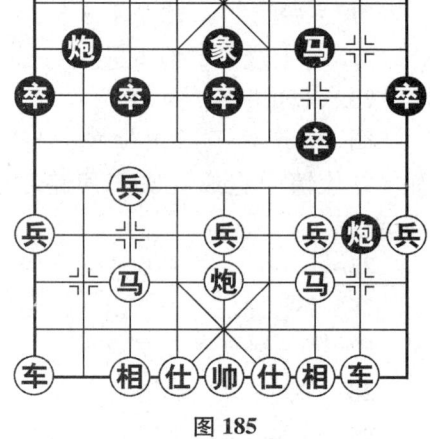

图 185

8. ……	士 6 进 5
9. 相三进五	炮 2 进 1
10. 兵三进一	卒 7 进 1
11. 相五进三	车 8 进 4
12. 炮五进一	炮 2 退 1
13. 炮五平六	……

杨官璘只实现活跃双马，但子力受制，布局并不满意。

13. ……	卒 3 进 1	14. 相三退五	卒 3 进 1
15. 相五进七	车 8 平 4	16. 仕六进五	炮 8 平 7
17. 车二进四	车 4 进 2	18. 车二平三	马 7 进 8
19. 相七进五	车 2 进 4		

双方子力相当，黑子力全部活跃，但暂时未找到攻击点，红方没有失先，而且阵式巩固，严阵以待。

| 20. 车八进二 | 车 2 平 6 | 21. 车三平六 | 车 4 平 3 |
| 22. 帅五平六 | 马 8 进 6 | | |

诱炮六进七，士 5 退 4，车六进五，将 5 进 1，马三退一，车 6 平 4 逼兑

车，黑得子优。

23. 兵一进一　卒 1 进 1
24. 帅六平五　象 5 退 3
25. 炮六退二　……

图 186，在互缠局势下，红无好棋可走，而黑有马 6 进 8 奔卧槽的手段。为了打开局面，杨官璘决定暂弃右马，运炮打车，形成双马换车的局面。

25. ……　　　马 6 进 7
26. 炮六平七　车 3 进 1
27. 车八平七　炮 2 进 3
28. 炮七进一　象 7 进 5

如炮 2 平 6，相五进三，马 7 退 5，车七平四叫杀兼邀兑车，红多子大优。由此可见，上述黑落底象是一步劣着。

29. 车七平八　马 7 退 5
30. 相五退三　……

黑诱红车八退二吃炮，车 6 进 4，仕五退六，车 6 平 3，黑兵种齐全易走。所以红不宜吃炮而落相。

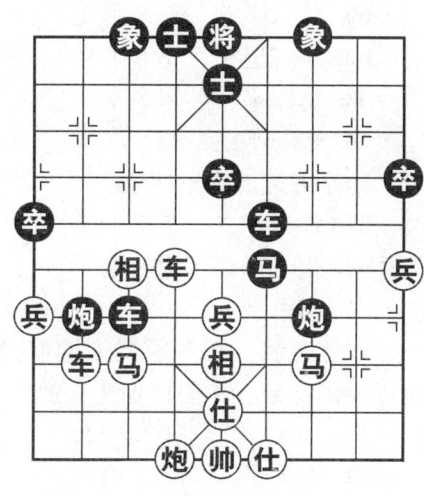

图 186

30. ……　　　炮 2 平 1
31. 车六平五　马 5 进 6
32. 车五退二　车 6 进 1
33. 车五平四　炮 7 平 5
34. 帅五平六　车 6 平 3
35. 炮七平四　车 3 进 4
36. 帅六进一　……

红得马占优。

36. ……　　　车 3 退 4
37. 相三进一　车 3 平 4
38. 车四平六　炮 5 平 4
39. 车六平二　士 5 退 6
40. 车二平三　士 4 进 5
41. 炮四进七　炮 4 平 6
42. 仕五进六　车 4 平 9
43. 车八进一　炮 6 退 2
44. 车三进二　车 9 退 1
45. 车三平六　炮 6 平 4
46. 车八进三　炮 4 退 4
47. 车八平五　车 9 平 6
48. 炮四平一　车 6 进 4
49. 帅六退一　车 6 进 1
50. 帅六进一　车 6 退 1
51. 帅六退一　车 6 平 8

黑炮牵制红车，寻找对攻机会。

52. 帅六平五　车 8 进 1
53. 帅五进一　车 8 退 8
54. 炮一退一　车 8 进 7
55. 帅五退一　车 8 进 1

56. 帅五进一　车8退7　　　57. 炮一进一　卒9进1
58. 车六进四　炮1平4　　　59. 帅五平六　前炮平8
60. 帅六平五　炮8平4　　　61. 帅五平六　前炮平8
62. 车五退一　车8平9　　　63. 炮一平二　车9平8
64. 炮二平一　车8平9　　　65. 炮一平二　车9平8
66. 炮二平三　车8平7

防车五进二吃象叫杀。

67. 炮三平二　车7平8　　　68. 炮二平三　车8平7
69. 炮三平二　炮8退7　　　70. 帅六平五　士5进4
71. 车六平九　……

双方互缠，红多子但未能取得攻势，所以抽闲吃卒，希望增加边兵的力量。

71. ……　　　士6进5
72. 车九平六　车7退1

图187，捉死红炮，黑似乎有求和的希望。但红车吃象，以后又有破士的手段。

73. 车五进二　车7平8
74. 车五平三　卒9进1
75. 车六平七　炮8进7

如将5平6，车三平六照样得士。

76. 车三平六　车8平6
77. 车六平二　炮8退4
78. 车七进一　炮8平5

炮换双象一士，合算。

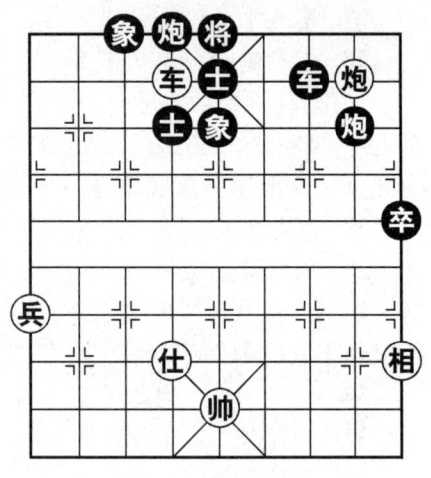

图187

80. 车五平一　炮8退5　　　81. 车一平三　炮8平6
82. 兵九进一　卒9进1　　　83. 相一退三　卒9平8
84. 兵九进一　卒8进1　　　85. 车三退一　车6平8
86. 帅五退一　炮6进2　　　87. 车三进三　炮6退2
88. 车七退一　车8平6　　　89. 兵九平八　炮4进2
90. 车七进一　炮4退2　　　91. 车三退三　炮6平9
92. 车三平三　车6退1　　　93. 车三平四　将5平6
94. 车七退三　炮9进9　　　95. 相三进五　炮9退7
96. 车七平四　炮9平6

捉死卒，红胜定。

第 92 局　杨官璘 胜 王嘉良

1982 年 2 月 15 日弈于北京

这是国家集训赛对局。

1. 炮二平五　马 2 进 3　　　2. 马二进三　炮 2 平 1

王嘉良弈出冷门布局三步虎，企图从右翼展开反击。

3. 马八进七　车 1 平 2　　　4. 车九平八　车 2 进 6
5. 炮八平九　车 2 平 3

如兑车使局面平淡，而不兑则以后右车受到攻击，引起对攻。

6. 车八进二　象 7 进 5
7. 炮九退一　卒 3 进 1
8. 车一平二　马 8 进 6
9. 炮九平四　车 3 平 4
10. 兵三进一　……

图 188，红肋炮暗瞄拐脚马，又伏马三进四咬车的先手。

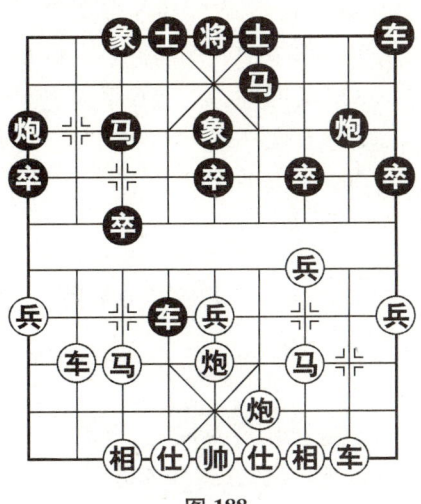

图 188

10. ……　　　马 3 进 4
11. 相七进九　卒 7 进 1
12. 兵三进一　车 9 平 7
13. 炮四进二　车 4 进 2
14. 马七退八　车 4 平 3

不能车 4 平 6，炮五平四打双。也不能车 4 平 7，炮四平三打双。

15. 兵三平四　士 6 进 5

伏车 7 进 7 吃马。

16. 炮五退一　马 6 进 7
17. 车八平六　马 7 进 6
18. 马三进四　马 4 进 6
19. 马八进六　……

巧跳马打死车，都是先前一系列着法的计划，由此奠定胜局。图 189。

19. ……　　　车 3 平 4

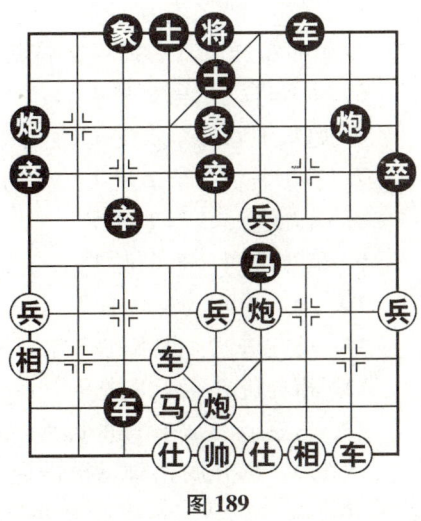

图 189

20. 车六退一	车7进6	21. 车二进四	车7平6

黑吃回一子，局势又发生变化。

22. 车二平三	炮8进7	23. 炮五进五	车6进3
24. 帅五进一	将5平6	25. 车六进三	车6平5
26. 帅五平四	马6进5	27. 仕六进五	马5退3
28. 车三平四	炮8退7	29. 兵四进一	车5平7
30. 车六进五	……		

弃车破士入局，妙绝人间。

30. ……	士5退4	31. 兵四进一	象5退7

如士4进5，兵四进一，将6平5，兵四平五，将5平4，车四进五杀。

32. 兵四进一	将6平5	33. 车四进三	马3退4
34. 车四平五	士4进5	35. 兵四平五	将5平4
36. 车五平六			

红胜。

第 93 局　蒋全胜 负 杨官璘

1982 年 5 月 13 日弈于武汉

这是全国赛对局。

1. 炮二平五	马8进7	2. 兵三进一	车9平8
3. 马二进三	象3进5	4. 车一平二	炮8进2

以左炮巡河飞右象应付中炮，是杨官璘少用的布局，其右翼存在弱点。

5. 马八进九	马2进4		
6. 炮八平六	卒1进1		
7. 车九平八	卒1进1		
8. 兵九进一	车1进5		
9. 车八进四	车1退1		
10. 车八平六	马4退2		
11. 马九进八	炮8平3		
12. 相七进九	车8进9		
13. 马三退二	车1进1		

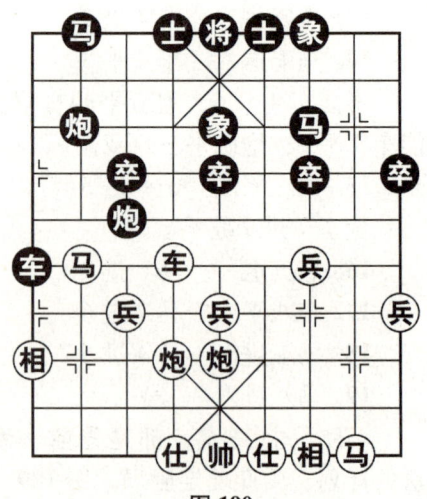

图 190

图 190，黑开局拐脚马被击退，于是兑车并牵制红车马，希望寻求机会。

14. 炮六进七　士6进5
16. 车六平八　马2进4
18. 炮八退一　车1进1
20. 马二进三　卒5进1
22. 马六进四　卒5平4

15. 马八进六　车1进2
17. 炮六平八　车1退7
19. 炮八进一　炮3平1
21. 兵五进一　卒5进1

平卒送吃，希望红接走车八平六，炮1进5，帅五进一，车1进7，车六退三，炮2进6，车六进七，炮2退5，车六退七，车1平4，帅五平六，炮2平6，兑子缓解局势。

23. 炮八平三　炮1平5
24. 炮五进五　将5平6

红炮打象，又形成另一种对攻形势，而黑有空头炮攻势。

25. 车八平六　车1进7
图191，黑伏炮2进7杀。

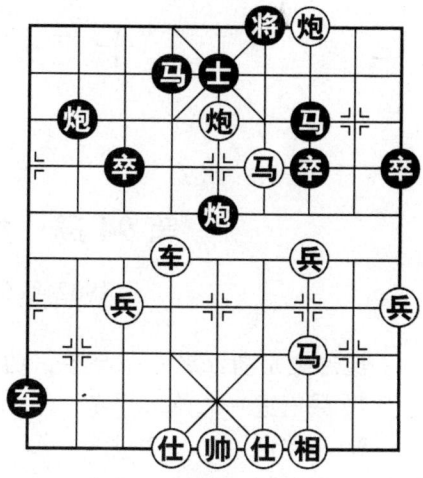

图191

26. 车六平八　车1平6
27. 马四进三　车6退7

黑判断局势对自己有利，不愿兑车。

29. 前马退一　马7进5
31. 车九进五　将6进1

28. 车八平四　炮5平6
30. 车四平九　车6进1
32. 马一进二　……

诱车6平5吃炮，则炮三平五叫将抽车。

32. ……　　　士5退4
34. 马三进五　马5退3

33. 车九平六　将6平5
35. 马五进四　车6进2

如急于马3退4吃车，马四进六，炮2平4，马六进四，炮4平6，炮五退五，双方大子均等但黑缺士象。

36. 车六退一　将5平4
38. 马二退三　车6平7

37. 炮五平八　车6退4

黑得子大优。

39. 马三退一　车7平5
41. 炮八平九　车2平1
43. 炮八平九　马3进5
45. 炮九退六　车2进8
47. 炮九退三　将4平5

40. 仕四进五　车5平2
42. 炮九平八　车1平2
44. 马一退二　马5进6
46. 炮九进三　车2退4

红认输。

十二、非中炮开局

第94局　杨官璘 胜 沈志奕

1962年6月19日弈于广州

沈志奕是浙江老一辈高手，功夫深厚。

1. 兵三进一　炮8平7
2. 炮八平五　象7进5
3. 马二进一　马2进3
4. 马八进七　车1进1
5. 车九平八　炮2平1
6. 车一平二　车1平6
7. 车八进六　炮1退1
8. 兵七进一　车6进4
9. 炮二进二　……

图192，黑上着大意随手走骑河车，误以为控制红左马出路，不料正中杨官璘的布局陷阱。

9. ……　　　车6平7
10. 炮二平一　炮1平9

另有两种走法：①马8进9，车二进七捉双。②炮7平9，炮一进三，马8进9，车八平七，马3退2，车七进二，炮1进1，炮五进四，士6进5，车七进一，炮1平3，车二进八造杀。

11. 炮一进四　车9进1
12. 车二进九　车9平6
13. 车二退二　车7平6

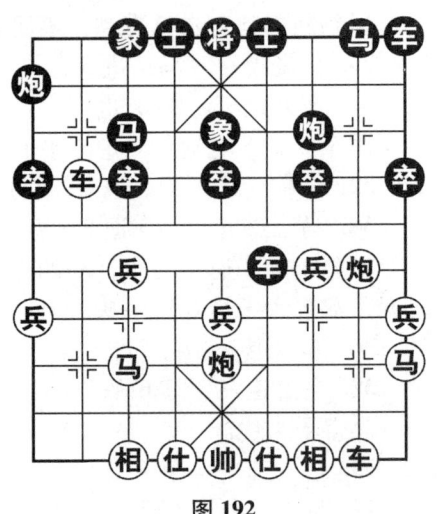

图192

14. 仕四进五　前车平7
15. 车二退七　车7平3
16. 马七进八　车6进3

黑丢一马，但局势平淡，还想寻找谋和机会。

17. 车八进一　卒5进1
18. 相七进九　车3平4

19. 马八进九　马3进5　　　20. 车八退三　车4进1
21. 兵五进一　车4平5　　　22. 兵五进一　车5退2
23. 车二进四　车5进2　　　24. 车八平五　车6进2
25. 马九退八　马5进3　　　26. 车五退一　车6平5
27. 马八进六　……

图193，红多一马但不多兵，目前利用中炮对黑车的牵制发起攻势。

27. ……　　　　车5退3
28. 马六退四　车5进3
29. 车二退一　车5退1
30. 马四进二　炮7进7
31. 马一进三　车5退2
32. 相九进七　士4进5
33. 车二退三　炮7退2
34. 车二进二　……

如马二退四，车5进2，马四退三，车5平7，红弄巧成拙。

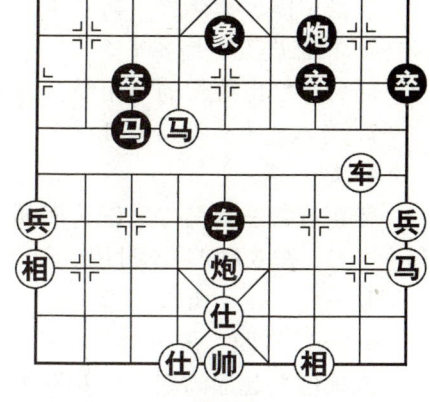

图 193

34. ……　　　　炮7进2

可防马二进一入侵。

36. 炮八进四　车5进1　　　37. 炮八平三　象3进5
38. 马二进三　马3退5　　　39. 前马退一　卒3进1

红还是要吃掉边卒，为必要时下残棋作准备。

40. 相七退九　车5平4　　　41. 车二平四　炮7平9
42. 马一进二　象7退9　　　43. 马三进四　象9进7
44. 马四进六　象5退7

避免车四进六叫杀。

45. 车四平八　马5退6　　　46. 车八进七　士5退4
47. 马二退四　象7退5

如士6进5，马六进七，将5平6，马四进二杀。

48. 炮三平五　士6进5　　　49. 马六进五　车4平8
50. 仕五进四　车8退2　　　51. 马五退七　象5退3

如将5平6，炮五平四，车8平6，车八平六杀。

52. 马七退六　将5平6

如车8平6，马六进五，士4进5，车八平七杀。

· 173 ·

53. 炮五平四

黑认输。车8平6，马六进五，象3进5，车八平六杀。

第95局　胡荣华 负 杨官璘

1977年1月28日弈于菲律宾

这是中国、菲律宾、马来西亚、中国香港象棋邀请赛对局。

1. 相三进五　炮8平5

胡荣华摆出擅长的飞相局，杨官璘喜欢以中炮应战。

2. 马八进七　马2进1　3. 兵三进一　马8进7

4. 炮八退一　……

较正规着法是马二进三，而胡荣华有意走成鸳鸯炮，即黑接走车9平8，车一进二，车8进4。不过用这种冷门布局对付高手杨官璘，恐怕占不到便宜。

4. ……　炮2进2　5. 兵七进一　车9平8

6. 马二进四　……

黑提前升起巡河炮，红就不能车一进二，因炮2平9打死车。现在红被迫跳拐脚马并不舒服。

6. ……　车1进1　7. 仕四进五　卒5进1

8. 兵九进一　车1平4　9. 车九进三　车4进7

10. 炮八进三　炮2退3

11. 车一平二　车8进6

12. 炮二平四　……

图194，黑肋车塞相眼，挺中卒配合中炮攻势，红企图邀兑车减轻压力。

12. ……　车8平9

13. 车二进六　炮2平3

14. 马四进二　……

不能急于车二平三吃卒，车9进3，仕五退四，车4平6吃马。

14. ……　卒3进1

15. 炮八进三　马7退5

16. 炮八退四　车9退2

17. 车二平三　卒3进1

18. 炮八进三　马5进3

19. 炮四退一　车4退4

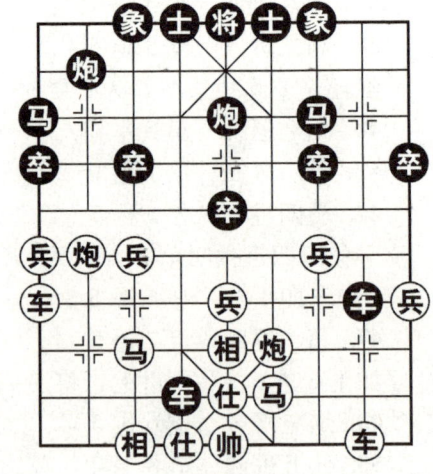

图194

红七线受攻，难以抵挡，子力散乱。

20. 马二进四	象7进9	21. 车三平四	士4进5
22. 车九平八	卒3进1	23. 炮八进三	马1退2
24. 车八进六	车4退4	25. 车八退一	车4进1
26. 车八进一	车4退1	27. 马七退九	炮5进4
28. 马四退二	卒5进1	29. 帅五平四	马3进4
30. 车四退三	炮3进1		

图195，黑跃马提炮，完全进入反攻阶段。

31. 相七进九　马4进6
32. 车八退三　炮3平6
33. 车八平四　车9平8
34. 后车退一　马6退5
35. 后车平三　车8退1
36. 车四退一　马5退7
37. 车四退三　……

黑步步紧逼，红节节败退。

37. ……　　　炮6进6
38. 车四退一　车8进3
39. 马九退七　马7进5　　40. 相五进七　炮5平6
41. 帅四平五　炮6退4　　42. 车四进五　马5进6
43. 车三平八　卒3平2　　44. 车八平四　车4进5
45. 马七进六　卒9进1

黑两卒渡河已够攻杀，其实不必保留边卒。

46. 马二退四　车4进1　　47. 后车平一　炮6平5
48. 车四退一　卒5平4　　49. 帅五平四　车8平9

红见大势已去，认输。车一平二，车9进3，马四退二，车9平8，车二退二，马6进7，帅四进一，马7进8，黑多子得势胜定。

第96局　杨官璘 胜 施觉民

1977年10月13日弈于太原

这是全国赛对局。

1. 相三进五　炮8平5　　2. 马二进三　马8进7

175

3. 车一平二　车9平8　　　　4. 马八进七　马2进1

杨官璘极少用先手飞相,但对方摆中炮后,他又弈成屏风马阵式,是自己熟悉的。

5. 兵三进一　炮2平4　　　　6. 车九平八　车1平2
7. 仕六进五　车2进6　　　　8. 炮二进一　卒1进1
9. 兵七进一　车2退2　　　 10. 炮八进二　炮5退1
11. 车八进三　炮5平3

图196,双方各自部署阵型,红双马活跃。黑只要再补士象,阵式就会巩固。

12. 马三进四　……

如马三进二,炮3平8,红无便宜。

12. ……　　　士6进5
13. 马七进六　象7进5
14. 兵七进一　车2平3
15. 炮八进三　车8进3
16. 炮八平七　车3平5
17. 车八进五　卒7进1
18. 车二平三　……

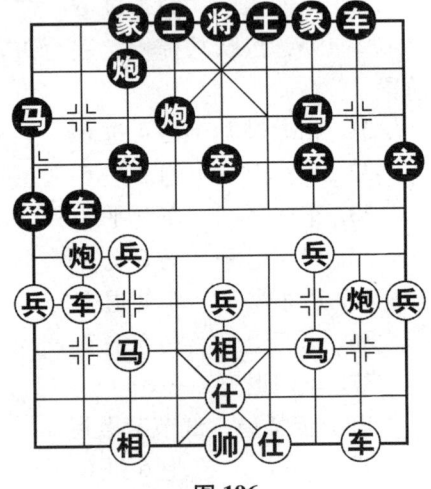

图 196

红弃炮出人意料,因为目前似乎看不出有多大的攻势。但杨官璘艺高人胆大,决心弃子拼搏。

18. ……　　　车8进3
19. 马四进三　车5平4
20. 马三进五　……

图197,红进马踏象,继续攻杀。如黑接走象3进5,炮七平五,将5平6,炮五平九,炮3进1,炮九进二,炮3退2,马六进八,红少一子但攻势强烈,黑难应付。

20. ……　　　士5进6
21. 炮七进二　士4进5
22. 兵三进一　车4进1
23. 兵三进一　马7退6
25. 炮七平九　……

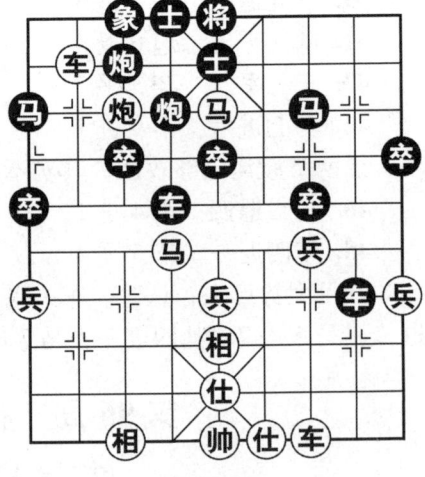

24. 兵三平四　马6进5

图 197

红少三子但攻势强烈，表现出杨官璘敢于搏杀的勇气。

25. ……	车8退3	26. 车八进一	炮4退2
27. 车八退五	炮3退1	28. 车三进九	士5退6
29. 车八平六	炮4平1	30. 车六进三	士6退5
31. 车六平九	马5退3	32. 车九进一	车8平6
33. 车九平七	炮3平4	34. 车七平九	炮1平2

经过一番厮杀，红吃回失子，形成双车对车双炮的优势。

35. 车九平八	炮2平1	36. 车八退五	炮1进2
37. 车三退二	炮1平6	38. 兵五进一	炮4进2
39. 车三退二	炮6平5	40. 车八平五	车6进2
41. 车三平九	炮5进3	42. 车九平三	炮4平5
43. 车五平六	后炮平8	44. 车六平二	……

防炮8进7，车三退五，车6进4杀。

44. ……	炮8平4	45. 车三进一	卒9进1
46. 车三平五	卒9进1	47. 车二平五	炮5平2
48. 前车退二	炮2进4	49. 仕五退六	车6平5
50. 车五进一	卒9进1		

黑双卒保不住，红车兵可胜黑双炮双士。

51. 车五平八	炮2平1	52. 相五退三	炮1退1
53. 车八退三	炮1进1	54. 车八平七	炮1平2
55. 车七进五	炮2退5	56. 车七进三	炮4退2
57. 车七退四	炮2平1	58. 车七进一	炮2退1
59. 车七进一	炮2进1	60. 兵九进一	卒9平8
61. 兵九进一	卒8平7	62. 兵九平八	炮2平7
63. 帅五进一	卒7平6	64. 车七退四	卒6进1
65. 车七平四	卒6平7	66. 车四平三	炮7平5
67. 车三退一	……		

消灭黑卒，避免麻烦。

67. ……	士5进6	68. 车三进七	炮5退1
69. 兵八平七	炮4进1	70. 兵七平六	炮4平5
71. 帅五平六	后炮平4	72. 帅六平五	炮4平5
73. 帅五平六	前炮平1	74. 兵六进一	炮5平4
75. 兵六平五	士6退5	76. 帅六平五	士5进4
77. 车三退五	炮1进4	78. 车三平九	炮1平5

79. 兵五进一　炮 5 平 8　　**80.** 帅五平四　士 4 退 5
81. 车九平五　将 5 平 4　　**82.** 帅四平五　炮 8 平 9
83. 车五平一　炮 9 平 5　　**84.** 兵五进一

黑认输。士 6 进 5，车一进五杀。

第 97 局　胡荣华 负 杨官璘

1978 年 4 月 25 日弈于厦门

这是全国赛对局。

1. 相三进五　炮 8 平 5　　**2.** 马二进三　马 8 进 7
3. 车一平二　车 9 平 8　　**4.** 兵三进一　车 8 进 6
5. 马八进七　车 8 平 7　　**6.** 车二平三　马 2 进 1
7. 兵七进一　车 7 平 8　　**8.** 车三平二　炮 2 平 4

黑摆角炮可防红左炮过河。如红接走车九平八，车 1 平 2，炮八进四，炮 4 进 5，炮二平一，车 8 平 7，车二进二，炮 5 进 4，仕四进五，炮 5 退 2，红右翼受牵制。

9. 炮二平一　车 8 进 3
10. 马三退二　车 1 平 2
11. 炮八平九　车 2 进 4

图 198，黑阵式稳健，红双炮效率不高。

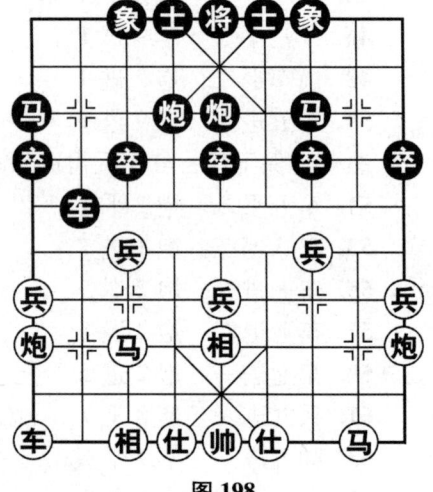

图 198

12. 车九进一　卒 1 进 1
13. 车九平六　士 6 进 5
14. 马二进三　卒 7 进 1
15. 兵三进一　车 2 平 7
16. 马三进四　车 7 平 6　　**17.** 车六进三　马 1 进 2
18. 车六进一　车 6 平 4　　**19.** 马四进六　炮 4 平 1
20. 炮九进三　炮 1 进 4

兑掉双车后，局面平淡，但却是杨官璘施展残棋功夫的机会。

21. 炮一平三　炮 1 平 9　　**22.** 炮三进四　卒 5 进 1
23. 仕四进五　将 5 平 6　　**24.** 炮三进三　炮 9 退 2

红炮不必吃象，应以马兑炮再炮九平五打卒，均势。

25. 马六退八　马 2 退 1　　**26.** 炮九进一　炮 9 进 1

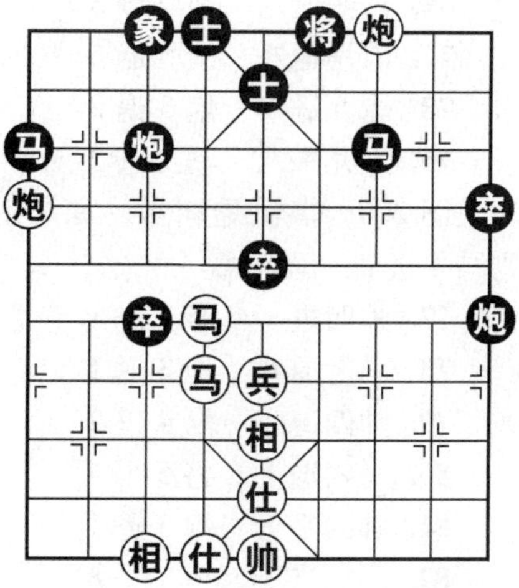

27. 兵七进一　卒3进1
28. 马八退六　炮5平3
29. 马七进六　卒3进1

图199，黑在纠缠中多卒，占得略优。

30. 前马退四　卒3平4
31. 马六退八　炮3退1
32. 马四进三　……

如马四进五，象3进5，红底炮无路可逃。

32. ……　　　炮9进2
33. 炮九平四　将6平5
34. 相五进三　象3进5
35. 相三退一　象5退7
36. 马三退四　马1进3
37. 炮四平六　卒5进1
38. 马四进五　马3进1
39. 兵五进一　卒4平5

黑净多双卒，而红无攻势。

40. 仕五进四　马1进2
41. 马八进六　象7进5
42. 仕六进五　马7进6
43. 相一进三　卒5平4
44. 马六进八　马2进3
45. 帅五平六　炮3进8
46. 炮六平九　卒9进1
47. 炮九退一　马6进5
48. 炮九进四　象5退3
49. 炮九退三　马5退6
50. 相三退五　炮3平1
51. 马八退七　卒4进1
52. 马五退六　马3退5
53. 炮九退四　马5退3
54. 炮九退一　象3进5

黑仅多一卒，但破红双相，又有一番苦战。

55. 炮九进八　象5退3
56. 炮九退八　象3进5
57. 炮九进八　象5退3
58. 炮九退八　马6进4
59. 帅六平五　士5进6
60. 帅五平四　卒9进1
61. 炮九平六　马4退2
62. 马六进七　士4进5
63. 炮六平九　象3进5
64. 前马进五　马2进1
65. 马七进五　……

红方估计如兑马亦处下风。

65. ……　　　卒9进1
66. 前马退六　卒9平8
67. 帅四平五　象5退7
68. 马六进四　马3进1

图199

69. 马四退六　前马进3
71. 前马退八　士5退6
73. 炮九进一　炮3退2
75. 炮九平八　马1进2

70. 马五退六　马3退4
72. 帅五平四　炮1平3
74. 马八进六　卒8平7
76. 后马进七　炮3进2

图200，黑沉炮叫杀。如马七退八，则马4进2，仍黑优。

77. 帅四进一　卒7进1
78. 马七退八　炮3退1
79. 帅四退一　马4进2
80. 马六退七　将5平4
81. 帅四平五　炮3进1
82. 马七进五　卒7平8
83. 马五进三　卒8平7
84. 马三退五　卒7平8
85. 马八进六　炮3平1
86. 帅五平六　马2进3
87. 帅六进一　炮1退8
88. 帅六退一　炮1平5
90. 马三进二　……

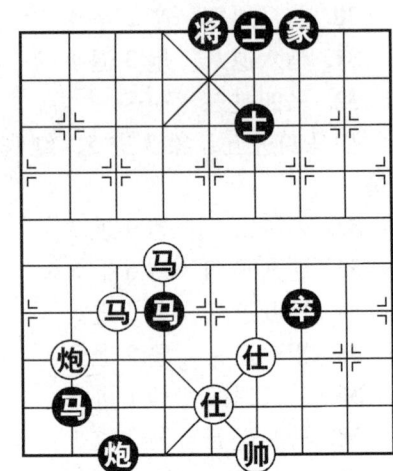

图200

89. 马五进三　卒8平7

诱卒7平6，仕五进四，马3退4，帅六进一，象7进5，仕四退五，捉死黑马和棋。

90. ……　　　马3退1
92. 帅六进一　炮5平1

91. 马二退三　马1退3

伏马3进2，帅六退一，炮1进8杀。

93. 仕五退四　炮1进6
95. 帅六平五　卒7平6

94. 马三退五　马3退2
96. 马六进七　将4平5

红认输。马七进五，卒6平5，帅五平四，炮1进1，后马进七，马2退3，再马3进4杀。

第98局　蒋志梁 负 杨官璘

1982年10月24日弈于上海

这是上海杯大师赛对局。

1. 相三进五　炮8平5
2. 马二进三　马8进7

3. 兵三进一　车 9 平 8　　　4. 车一平二　车 8 进 6
5. 马八进七　车 8 平 7　　　6. 马七退五　……

通常棋手都走车二平三，然后兵七进一或炮八进一，仍可保持先手。

6. ……　　　马 2 进 1　　　7. 兵七进一　炮 5 进 4
8. 马三进五　车 7 平 5　　　9. 马五进三　车 5 平 7
10. 车九进一　象 3 进 5

图 201，黑子力出动较慢，但多中卒似乎有所弥补。

11. 兵九进一　炮 2 平 4
12. 车九平六　士 4 进 5
13. 炮二退一　车 1 平 2
14. 炮二平三　车 7 平 6
15. 炮八平九　车 2 进 7
16. 车六进四　马 1 退 3

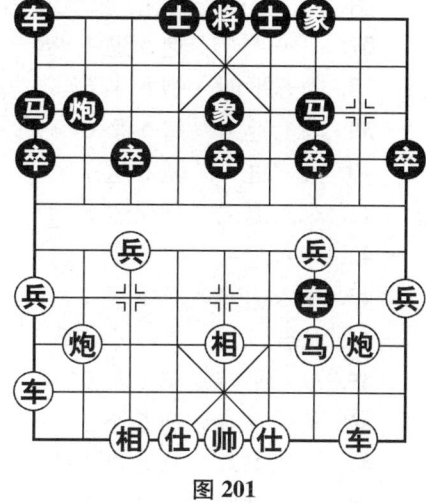

图 201

防兵九进一攻马，又可从马 3 进 2 跃出。

17. 马三进二　车 6 平 7
18. 炮三进一　车 2 退 1
19. 仕四进五　马 3 进 2
20. 车六进一　马 2 进 1　　21. 马二进三　马 1 进 2
22. 炮三平八　……

以防马 2 进 1 再跳卧槽骚扰。

22. ……　　　车 2 进 1　　23. 车二平四　车 2 退 1
24. 兵一进一　卒 1 进 1　　25. 车四进五　……

可车四进八，象 5 退 3，车六平七较有攻势。

25. ……　　　卒 1 进 1　　26. 车四平九　车 2 平 4
27. 车六退三　车 7 平 4　　28. 车九退一　炮 4 进 1
29. 马三退四　车 4 平 6　　30. 马四进六　车 6 平 4
31. 马六退八　……

仍应马六退四，以防右翼空虚。此时双方子力相当，局势平淡，可能下成和棋。

31. ……　　　炮 4 进 2　　32. 车九进五　士 5 退 4
33. 马八进七　炮 4 平 5

黑方巧妙运炮，把红车马赶到无用位置，现黑确立中炮就有势了。顷刻之间，局面发生重大变化。

34. 炮九进二　车4平1　　　35. 马七进九　……

如马七退六，车1平8，帅五平四，马7进6，相五退三，车8平6，仕五进四，车6进1，帅四平五，马6进4，炮九平六，车6平4捉死红炮。

35. ……　　　　车1退1　　　36. 马九进七　将5进1

37. 车九平六　……

图202，黑得子大优，红无反击手段。

37. ……　　　　炮5退1

38. 帅五平四　炮5平6

39. 马七退六　将5平6

40. 兵三进一　象5进7

41. 车六退二　马7进8

42. 车六进一　将6进1

43. 马六退五　车1进1

44. 马五进三　将6平5

45. 车六平四　车1平9

46. 帅四平五　炮6平5

47. 车四退八　马8进7

48. 马三进四　马7进8

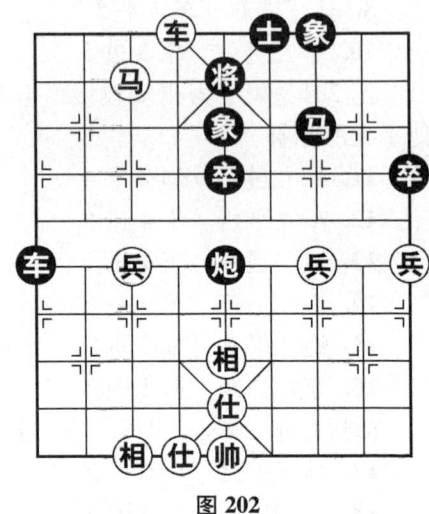

图202

49. 马四退五　马8进6

50. 马五退三　马6退7

51. 马三退一　马7退9

52. 兵七进一　马9进8

黑马必吃边兵，红认输。

第99局　王嘉良 负 杨官璘

1982年5月12日弈于武汉

这是全国赛对局。

1. 炮二平四　卒7进1　　　2. 马二进一　炮8平5

3. 马八进七　马8进7　　　4. 车一平二　马2进1

5. 相七进五　炮2平3　　　6. 车九平八　车1平2

7. 车二进六　车2进6　　　8. 车二平三　象7进9

王嘉良使出仕角炮新布局，但没有新变化，形成单提马阵式。

9. 炮八平九　车2进3　　　10. 马七退八　士6进5

11. 炮九进四　炮5进4　　　12. 仕六进五　象3进5

13. 马八进七　炮5退2　　　14. 马七进五　车9平6

图203，黑得中兵，红车压马略先。

15. 炮四进四　卒9进1
16. 马五进六　炮3平4
17. 马一退三　车6进1
18. 马三进四　炮5进1
19. 兵三进一　士5退6

红全部大子开赴前线，黑消极防守不是办法，于是提车落士准备车6平2对攻。

20. 炮九平八　车6平2
21. 炮四进一　炮4平6
22. 马四退六　炮5退1
23. 车三进一　卒3进1
24. 车三平四　车2进2
25. 前马退五　卒7进1

经过一番子力交换，黑获得子力位置及兵种优势。

26. 马六退七　士4进5
27. 车四退二　卒7平8
28. 车四退一　车2进3
29. 马五进六　车2进3
30. 帅五平六　卒8进1
31. 车四平九　……

图204，红车捉马，诱马1进2，车九进五，士5退4，车九平八牵制黑车马。

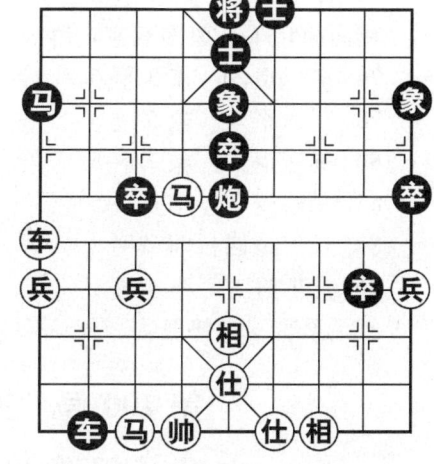

图204

31. ……　　　车2退6
32. 马六退五　车2平4
33. 马七进六　马1进2
34. 车九平八　车4进3
35. 马五进三　炮5平4
36. 帅六平五　车4平3
37. 兵九进一　象9进7
38. 兵九进一　马2退3
39. 车八进三　马3退4
40. 马六进五　车3平4
41. 兵九平八　卒3进1

红可接走相五进七，卒5进1，马五退四，吃掉黑3路卒免除后患。

42. 马五进六　卒3进1
43. 马六进七　炮4退3
44. 马三进一　卒3平4
45. 车八平七　卒8平9

46. 兵八进一	车1平2		47. 马一进二	车2退3

不怕红接走马二进一，车2进6，相五退七，士5进6，马一退三，将5进1，红暂无续攻之着。

48. 车七退七	车2进3		49. 马二进一	士5进4
50. 车七进七	士6进5		51. 车七退三	士5进6
52. 车七平二	将5进1		53. 马一退二	马4进2
54. 车二平四	将5退1		55. 车四进三	士4退5
56. 车四退一	车2进3		57. 仕五退六	车2平4
58. 帅五进一	车4退1		59. 帅五退一	车4进1
60. 帅五进一	马2进1			

黑伺机破仕，再跃出底马，就有反击力。

61. 帅五平四	卒4平5		62. 车四平一	前卒平6
63. 仕四进五	车4退4		64. 帅四退一	车4平6
65. 车一进三	士5退6		66. 车一退一	士6进5
67. 车一进一	士5退6		68. 车一退一	士6进5
69. 车一进一	士5退6		70. 车一退六	马1进3
71. 相五进七	卒6平5		72. 帅四平五	车6平3
73. 车一进五	马3退2		74. 马七进九	马2退1
75. 车一平六	马1进2			

局面简化了，黑多双卒定胜。

76. 车六退六	车3平6		77. 马二进一	马2进3
78. 车六平八	象5退3		79. 马一退三	车6退4
80. 马三退二	象7退5		81. 车八进二	士6进5
82. 马二退三	车6进5		83. 车八平七	车6平7
84. 仕五退四	前卒平4		85. 相三进一	卒4进1
86. 仕四进五	卒4进1		87. 马三进二	士5进4

红无杀着，大势已去，便认输。

第100局　王嘉良　负　杨官璘

1982年10月12日弈于上海

这是上海杯大师赛对局。

1. 炮二平四	卒7进1		2. 马二进一	炮8平5
3. 马八进七	马8进7		4. 兵七进一	……

还是车一平二占领要道为宜，挺七兵又不为跃马。

4. ……　　车9平8　　**5.** 相七进五　马2进1
6. 车一进一　车8进7　　**7.** 仕六进五　炮2平3
8. 车九平八　车1平2　　**9.** 炮八进四　士4进5
10. 车一平三　炮5平4

图205，黑左车捉炮逼红支仕，但红车可从三线挺兵兑卒亮出。

11. 兵三进一　卒7进1
12. 车三进三　象7进5
13. 兵一进一　车8退3
14. 炮四平三　卒1进1
15. 炮三进五　炮4平7
16. 炮八平五　车2进9
17. 马七退八　马1进2
18. 兵五进一　卒3进1
19. 炮五退一　卒3进1
20. 相五进七　车8进2
21. 车三进二　车8平1
22. 马八进九　车1平4
23. 马一进二　马2退4

退马巧着，不仅能吃掉中兵，而且可配合肋车从左翼攻击。

24. 相三进五　马4进5
25. 车三退二　马5进7
26. 相五退三　将5平4
27. 车三进二　象5退7

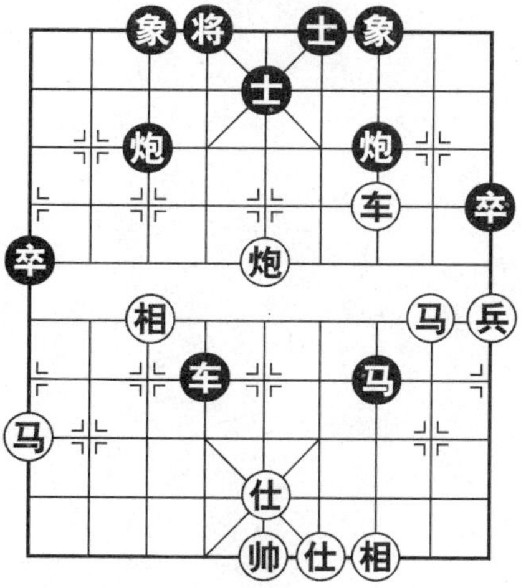

图206，黑落象弃炮妙着，突然间准备摆中炮取杀势。至此红只能车三进一，炮3平5，车三平五，象3进5，黑优。

28. 马九退七　……

弃马换炮，消除黑中炮攻势，但黑又有沉底炮叫杀。

28. ……　　炮3进6　　**29.** 车三进一　马7退5
30. 炮五平三　炮3进1　　**31.** 炮三进四　将4进1
32. 仕五进六　马5进4　　**33.** 帅五进一　马4进2

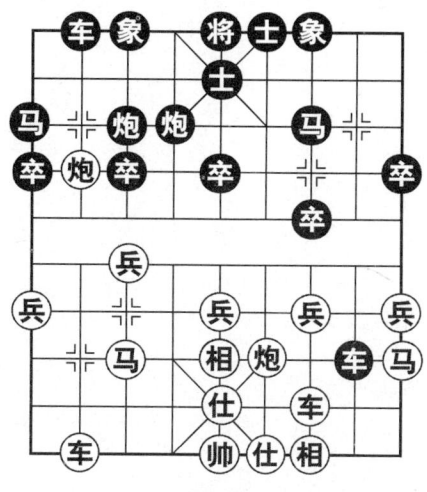

图205

图206

34. 车三平八　……

防车4进2，帅五进一，炮3退2叫杀。

34. ……　　　车4进2　　　**35.** 帅五进一　马2进4

伏车4平6杀，红认输。